한국 근대소설과 섹슈얼리티의 서사학

Korean Modern Novels and Narratology of Sexuality

지은이 **이혜령**(李惠鈴, Lee Hye Ryoung)은 1971년에 태어나 1989년에 성균관대학교 국어국문학과에 입학, 2002년 같은 곳에서 박사 학위를 받았다. 현재 성균관대 대동문화연구원 연구조교수로 재직 중이다. 논저로는 「한글 운동과 근대 미디어」(2004), 「1920년대 동아일보 학예면의 형성과 문학의 위치」(2005), 『한국소설과 골상학적 타자들』(2007) 등이 있다.

한국 근대소설과 섹슈얼리티의 서사학

1판 1쇄 인쇄 2007년 04월 30일
1판 1쇄 발행 2007년 05월 10일

지은이 / 이혜령
펴낸이 / 박성모
펴낸곳 / 소명출판
출판고문 / 김호영
등록 / 제13-522호
주소 / 137-878 서울시 서초구 서초동 1621-18 (란빌딩 1층)
대표전화 / (02) 585-7840
팩시밀리 / (02) 585-7848

somyong@korea.com / www.somyong.co.kr

ⓒ 2007, 이혜령

값 19,000원

ISBN 89-5626-248-9 93810

한국 근대소설과 섹슈얼리티의 서사학

Korean Modern Novels and Narratology of Sexuality
Modern Self, Representation System for Making the Border

이혜령

소명출판

늦었지만, 아예 시효가 다해버린 것은 아니라고 자위하며 이 책을 내놓는다. 이 책의 키워드들은 섹슈얼리티, 근대성, 근대적 자아, 남성성, 여성성, 식민주의, 민족주의, 파시즘, 젠더, 계급, 민족, 타자 등이다. 많은 키워드들의 산만하지만 이유 있는 동거 상태, 이것이 나의 자평이다. 그러하기에 길을 나서게 되었고 돌아올 수도 있었다. 여기서 부려 놓았던 것들 주변을 맴돌고 있는 것인지도 모른다.

'섹슈얼리티'는 개인과 사회, 모더니즘과 리얼리즘, 형식과 내용, 주체와 객체, 성격과 환경 등 소설을 포함한 한국 근대문학을 논하는 완강한 이원적 틀을 가로질러 한국 근대소설의 근대적 자아의 정체, 그 경계 짓기의 표상 체계를 단도직입적으로 질문하고 분석할 수 있는 분석틀이었다. 소설의 형식 내지 서사구조가 이 책의 관심사이기도 한데, 당연하게도 사회문화적 맥락에서 구성된 타자의 표상 체계는 일정한 내러티브의 구조를 수반하고 또 확산시키기 때문이다. 1920년대 동인지를 읽으면서, 특히 김동인과 나도향의 소설을 읽으면서 근대의 문화와 사상을 구조화한 이분법 중 가장 골자가 되는 정신/육체의 이분법을 그리고 그것을 내재화한 낭만적 사랑이 왜 근대적 예술과 등가의 것으로 인식되었는지에 대해 생각하게 되었다. 그리고 염상섭의 소설에 등장하는 자신의 모든 주변상황, 즉 자신의 사회적 관계성을 끊임없이 되새기는 주인공들을 통해서는, 식민지 남성 지식인의 자의정의 문제에 관심을 갖게 되었다. 이러한 관심에서 출발하여 최근 나는 리터러시, 근대의 집단적 주체구성과 지식인의 자기정의의 관련성을 화두로 삼아 공부 중이다. '성적 인간'의 창조자로 당대에 이미 회자된 이효석의 소설에서는 매혹과 불쾌감이 묘하게 착종된 오리엔탈리즘의 무의식이라는 것이 무엇인지를 실감할 수 있었다. 사실주의로의 전환이라 일컬어지는 1920년대 하층민을 그린 소설들, 30년대 하층민과 시골을 그린 인정과 정한의 소설들은 언제 읽어도 불편했다. 그 불편함의 정체를 밝히면서 하층민의 표상을 남성 지식인의 미학적 보상물이라는 관점에서 생각하게 되었다. 그리고 이 소설들이 보여준 순한글과 사투리의 미학은 나로 하여금 한국의 언어 내셔널리즘의 제문제들을 탐사하도록 만든 시원적 계기였다.

공부를 하고 뭔가를 쓰는 자는 반드시 뒤에 오는 자이기도, 그래서 빚을 진 자이기도 한 것 같다. 읽고 또 읽었던 루카치의 『소설의 이론』과 아도르노의 『한줌의 도덕』, 바흐친의 『도스토예프스키의 시학』이 없었다면, 그리고 위대한 저자들, 선학들과 사려 깊은 선배들, 동학들이 없었다면 이나마의 영혼의 체면도 차리지 못했을 것이다. 영혼과 육체라는 숙원의 테마를 일깨우곤 했던 임경순 언니 그리고 김영찬, 손광식, 전상기 선배와 함께 했던 십년도 더 전의 1930년대 소설강독반에서 나는 이른바 B급 작가의 작품까지도 푸지게 읽을 수 있었다. 1920년대 소설사의 시각을 갖추는 데 토론과 조언을 아끼지 않았던 박현수 선배, 그리고 배선애 언니와 함께 했던 메이지 문학사 팀. 지난 세기 말 마지막 열독(熱讀) 모임이라고 해도 과언이 아닌 프로이트 강독반의 박지영, 박헌호,

이승희, 허윤회 선배. 최수일 선배, 이경돈과 함께 했던 동인지 세미나 팀. 무엇보다 지난 이천 년 여름부터 이천오 년 가을까지 네 해 너머 동안 연세대 위당관 3층 강의실을 전전하며 참조와 연대의 가능성을 보여 준 문학포럼 사이 세미나의 멤버들. 이 공부모임들은 모두 과거사가 되었다. 하지만 연구자로서 나의 현재에 여전히 그분들이 놓여 있다. 누군가에게는 그 애정과 신뢰를 표현할 기회가 없었던 것 같다. 미욱한 제자를 추억해 주시던 지도교수 조건상 선생님과 성균관대 국어국문학과의 은사님들께 못 다한 감사의 인사를 올린다. 이참이 아니면 다른 운명이 되었을 원고를 정말 흔쾌히 맡아주신 소명출판의 박성모 사장님, 그 원고를 봄처럼 생기 있게 매만져 준 김혜원 님에게도 감사드린다.

　삼십년 지기의 오랜 벗, 그 이상인 장문정, 살뜰하고 속정 깊은 친구 정경애에게 말하고 싶다. 오랫동안 참 고마웠다. 세민 오빠와 지영 언니, 내동생 혜경 우리 이쁜이도 고맙다. 그리고 육체와 영혼의 기원, 나를 아주 환한 목소리로 이 박사라고 불러주시는 아버지와 어머니, 고맙습니다.

2007년 4월
이혜령 씀

한국 근대소설과 섹슈얼리티의 서사학

제 1 장

소설 · 이원성 · 근대성의 성찰과 섹슈얼리티

1. (식민지) 근대성 혹은 근대적 자아의 젠더

이 글의 목적은 한국 근대소설을 섹슈얼리티라는 방법론적 · 주제론적 개념에 입각하여 분석함으로써, 근대적 자아의 표상 체계를 규명하고 한국 근대문학의 근대성을 다시 성찰하고자 하는 데 있다. 한국문학사에서 본격적인 근대소설의 출현은 문학의 도구성과 집단 및 공동체의 운명에 무게를 실었던 전대의 계몽주의 문학에 대한 반발에서 시작된다. 그러나 예술(문학)의 자율성이건, 근대적 개인의 성립이건 그것에 대한 서술과 이해는 동인지문학 자체의 수사만큼이나 다분히 추상적인 차원에서 전개되었다. 소설을 근대 부르주아의 서사시라 규정한 루카치는 근대―시민 시대의 산문성으로 인해 사적인 것으로의 시선 이동은 필연적이라 했으며,[1] 개인주의의 도래와 함께 소설의 발생과 심화 과정을 분석한 이언 와트 또한 사생활과 사적 경험은 소설의 기본 토대가 된다는 지적을 했다.2) 지금까지 그다지 부각이 되지 못했으나 동인지문학 내 대부분의 소설의 제재는 사생활의 가장 내밀한 영역인 사랑 혹은 성(性) 때문에 겪는 갈등이다. 또한 1930년대 대부분의 장편소설에서 일제 말기 신세대 소설까지 성 문제에 대한 모럴은 작품의 서사와 지향을 규정한다고 해도 과언이 아니다. 하지만 한국문학 연구자들의 문학주의와 고급문학에 대한 편향성 때문에 소설 내 섹슈얼리티의 문제는 단지 상징적인 수사나 작품의 진정성과 문학성을 훼손하는 통속성으로 치부되었고 그 결과 이 부분에 대한 천착은 미진했다. 편재(遍在)하면서도 주목받지 못했던 이 사실은 그 자체의 의미를 복원한다는 차원에서도 분석과 해석이 필요하다.

정신분석학은 성적 존재로서의 인간의 경험, 인간의 성적 관심과 성적 병리들은 개인의 삶을 서사화 하는 욕망과 두려움 등을 외화시킨다는 것을 확인해 주었다. 섹슈얼리티는 주체가 주체 자신을 바라보는 창(窓)일 수 있다는 의미이다. 한편 섹슈얼리티란 단지 자연적으로 주어진 본능이 아니라 역사적으로 구성된 것이라는 푸코의 견해3)를 따를 때, 섹슈얼리티는 관계적인 것이다. 따라서 섹슈얼리티라는 프리즘의 외연은 개인의 내밀한 욕망에서부터 사랑과 결혼, 가족, 나아가 성적 욕망을 통제하는 사회규범과 제도 및 권력관계 등을 포괄한다. 즉, 개인의 가장 내밀한 영역을 근거로 사회적 삶의 구체적인 형태를 일별하는 것을 가능하게 한다. 정리하자면, 섹슈얼리티는 자아의 구성 방식과 사회화와 밀접한 연관을 가지고 있다. 따라서 한국 근대소설에 나타난 섹슈얼리

---

1) Georg Lukács, 김혜원 역, 「시민적 서사시로서의 소설」, 『루카치 문학이론』, 세계, 1990 참조.
2) Ian Watt, 전철민 역, 『소설의 발생 *The rise of the novel*』(Penguin, 1977), 열린책들, 1988 참조.
3) Michel Foucault, 이규현 역, 『성의 역사 I — 앎의 의지 *L'histoire de la sexualite I-La volont'e de savoir*』, 나남출판, 1990 참조.

티의 양상을 분석하고 의미를 부여하는 작업은 근대적 자아의 구성 방식과 사회적 기반을 밝히는 데 효과적이다. 이 글의 보다 근원적인 목적이 섹슈얼리티의 양상과 식민지 권력이 식민지민에게 부과한 규범과 규율 사이의 연관관계를 밝히는 데 있는 것도 같은 맥락에서이다. 이에 일제강점기란 어떤 시대이며 또한 문학과 근대적 자아의 위치는 어떻게 설정해야 하는지에 대해서 개괄적으로 살펴봄으로써 이 글의 문제의식과 목적을 뚜렷하게 밝히고자 한다.

한나 아렌트는 파시즘이 대두하던 서구의 역사적 시기를 '어두운 시대'로 정의한다. '어두운 시대'란 "그 시대 속에서 공적 영역은 희미해지고 세계는 모호해져서 사람들은 자신들의 생명이 걸린 이해나 개인적인 자유에 대한 것 이외의 정치적 문제에 대해서는 더 이상 요구하지 않는" 시대[4]라고 했다. 이러한 의미라면, 한국의 일제강점기를 '어두운 시대'라고 해도 아전인수(我田引水)식 정의는 아닐 것이다. 주체적 역량에 의해 근대국가의 수립이 가능하다는 믿음 하에 애국계몽운동을 펼쳤던 시대는, 많은 이념과 가치관의 유입과 서구 열강을 비롯한 일제의 식민지 쟁탈전으로 인한 혼란의 와중에도 정치적 장으로의 참여가 제한적이나마 가능했던 정치의 시대였다. 공적 영역이 희미해진다는 것은 단적으로 정치의 궤멸을 의미한다. 공적 영역은 흔히 말하는 사회와는 다른 것인데, 사회가 사적 이해관계의 쟁투의 장이자 누가 지배하느냐 즉, 누가 헤게모니를 장악하는가에 의해 위계질서가 정해지는 영역이라면, 공적 영역이란 사적 이해관계를 벗어나서 공공의 가치와 이상을 실현하기 위해 자유로운 소통과 대화가 가능한 장을 말한다. 정치가 이러한 공적 영역의 기능을 담당하지 못하고 지배와 억압의 전략을 일컫는 것이 될 때, 궤멸되는 것은 공적 영역뿐만 아니라 사적 영역이기도 하다. 왜냐하면 개인은 그가 아무리 친밀성과 내밀성의 영역에 몸을 숨긴다고 하더라도

---

4) Hannah Arendt, 권영빈 역, 『어두운 시대의 사람들 *Men in dark times*』(Brace & World, Inc., 1968), 문학과지성사, 1983, 20면.

지배와 억압을 내면화하는 사회화의 메커니즘에 던져진 존재가 되기 때문이다.5) 김동인이 "정치는 그 방면 사람에게 맡기고 우리는 문학으로—"6)라고 하면서 정치로부터 격리된 예술의 절대화를 기도했을 때, 그는 그 예술과 예술가 또한 사회화의 메커니즘 밖이 아니라 안에 있다는 것을 알지 못했다.7) 즉 정치와 예술—여기에는 사회와 개인이라는 대립쌍이 내재해 있다—은 서로 배타적인 영역에서 기원하는 것이 아니라 결국 안과 밖의 경계가 해체된 뫼비우스의 띠와 같다.

식민지 사회화의 메커니즘은 무엇이었던가. 그것은 제국주의에 의한 문명화, 즉 식민화였다. 최근 한국의 근대사를 바라보는 '식민지 수탈

---

5) 이와 같은 공적 영역과 개념과 정치의 기능에 대해서는 Hannah Arendt, 이진우·태정호 역, 『인간의 조건 *The Human Condition*』(Chicago : The University of Chicago Press, 1958), 한길사, 1996, 90~127면 참조. 한편 마루야마 마사오는 유럽의 근대국가가 국가주권의 기초를 순수하게 형식적인 법 기구에 두고 있는 것과 달리, 일본은 근대국가의 성립과정에서 국가를 윤리적 실체로서 가치내용의 독점적 결정자로 자임했기 때문에, 사적 영역 자체가 본래부터 존재하지 않게 되었다고 말한다. "국가질서의 형식적 성격이 자각되지 않은 경우, 일반적으로 국가질서에 의해서 포착되지 않는 사적인 영역이라는 것은 본래 전혀 존재하지 않는다는 것으로 된다. 일본에서는 사적인 것이 단적으로 사적인 것으로 승인된 적이 전혀 없었던 것이다. (…중략…) 따라서 사적인 것은 곧 악(惡)이거나 악에 가까운 것으로서, 어느 정도의 꺼림칙함을 끊임없이 수반하고 있었다. 영리(營利)라든지 연애와 같은 경우, 특히 그러하다. 그리고 사적인 일의 사적인 성격이 단적으로 인정받을 수 없는 결과는 거기에 국가적 의의를 어떻게 해서든 연결시키고, 그렇게 함으로써 꺼림칙함의 느낌으로부터 구원받으려고 하는 것이다. (…중략…) '사적인 일'의 윤리성이 자신의 내부에 있는 것이 아니라 국가적인 것과의 합일화에 있다는 이 같은 논리는 한번 뒤집어보게 되면 국가적인 것의 내부에 사적인 이해가 무제한으로 침입하는 결과가 되는 것이다." 丸山眞男, 김성근 역, 「초국가주의의 논리와 심리」(1946), 『현대정치의 사상과 행동 現代政治の思想と行動』(未來社, 1964), 한길사, 1997, 47~51면 참조.
6) 김동인, 「문단삼십년사」, 『김동인 문학전집』 12, 대중서관, 1983, 255면.
7) 여기에서 일본 근대문학의 성립 메커니즘에 대한 가라타니 고진의 견해를 참조하는 것이 도움이 될 것이다. 가라타니 고진은 흔히 자유민권운동과 입헌민주주의운동의 좌절시킨 정치 제도에 저항하거나 반대하면서 '내면'을 갖춘 일본 근대문학이 발생했다는 전통적인 문학사 서술을 비판한다. 그는 오히려 정치에서 자립하여 성립된 일본의 근대문학이란 정치투쟁을 내면적 과격성으로 전화시킴으로써 당시의 정치 체제를 긍정한 것이었다고 주장한다. 柄谷行人, 박유하 역, 『일본 근대문학의 기원 日本近代文學の起源』(講談社, 1980), 민음사, 1997 참조

론'과 '식민지 근대화론'이라는 쟁점적인 두 가지 관점은 같은 오류를 범하고 있다. 두 관점은 제국주의의 식민 지배에 의해 타율적으로 강제된 근대화가 민족경제에 끼친 결과가 부정적인가 긍정적인가를 두고 상반된 입장을 취하고 있다. 이렇듯 근대화와 민족주의라는 공통된 인식 기반을 공유한다는 점에서, 윤해동은 두 입장 모두 제국주의가 부과한 인식론을 식민지민이 어떻게 수용하고 있었는가를 해명할 수 없다고 비판한다.[8]

> 식민화의 정치 경제는 중요한 것이다. 그러나 식민주의의 조잡함이나 어리석음은 주로 심리학에 해당하며 식민주의 시대의 정신상태를 설명하기 위해 사용된 여러 변수는 근대 식민주의가 세계에 등장한 이래 점점 정치화하였다는 점에서 정치심리학의 영역에 속한다. (…중략…) 식민주의를 언제나 한 사회에 이방의 국가가 서는 것으로 시작되고 그 이방의 지배자들이 식민지에서 철수하는 것으로 종결된다고 여기지 않고 하나의 공유된 문화라고 파악하였다.[9]

'제국주의가 식민지민에게 부과한 인식론'은 인용문에서 아시스 낸디가 말한 바, '하나의 공유된 문화'로 현상하는 식민주의의 정치심리학에 해당한다. 낸디는 인도의 예를 들어, "영국 통치자들은 인도인을 더욱 문명화되어야 할 숨은 야만인으로 여겼던 반면에 스스로를 진보의 요원이자 사명자라고 인식하였다. 그 반대로, 많은 인도인은 더욱 영국인처럼 되고 보다 영국인과 친밀하고 우호적인 관계를 유지하는 일에 인도의 구원이 있다고 생각하였다"[10] 식민 지배를 경험했던 우리가 쉽

---

8) 윤해동, 「식민지 인식의 '회색 지대'—일제하 '공공성'과 규율 권력」, 『당대비평』 13호, 삼인, 2000년 겨울, 137~139면 참조. 식민지근대화론과 관련된 논쟁의 정리와 비판은, 정연태, 「'식식민지근대화론' 논쟁의 비판과 근대사론의 모색」, 『창작과비평』, 1999년 봄 참조.

9) Ashis Nandy, 이옥순 역, 『친밀한 적 *The Intimate Enemy*』(Oxford University Press, Delhi, 1983), 신구문화사, 1993, 30면.

10) 위의 책, 32면.

게 동의할 수 없는 말이겠지만, '문명화의 사명'이란 단지 식민 지배자의 우월적이고 일방적인 자기 역할부여에만 국한되지 않는다. 개항 후 제국주의 침탈경쟁이 이루어진 시기 이후 한국 민족주의 이데올로그의 사명 또한 바로 '문명화'로 포괄될 수 있기 때문이다. 흔히 3·1운동 이후 일본의 문화정치로의 전환은 민족적 저항을 분열시키고 개량화시키기 위한 기만적인 유화 정책11)으로 평가되고 있지만, 그것 또한 '문명화'라는 근본적이고 연속적인 틀 속에서 이해해야 한다. 즉 문명화의 사명을 뺀 식민주의는 결코 존재할 수 없었다. 이 지점에서 식민지 규율권력의 문제가 제기된다.

식민지 권력의 주도 하에 정착한 학교·공장·병원 그리고 각종 근대적 사회 제도는 다만 가시적인 물질적 제도가 아니라 새로운 사회적 규범과 인식의 범주를 내면화시키기 위함이었다. "식민지체제는 기본적으로 군사적 강점에 의해, 그리고 경제적 착취를 위하여 성립한 민족적 지배의 역사적 체제이다. 그러나 식민지 권력은 지배 체제의 유지와 재생산을 위하여 지적 헤게모니 창출 노력과 함께, 미시적 수준에서의 인간 정치를 발전시켰다. 그런 의미에서 식민지 체제는 '근대의 실험장'으로, '진리의 강제'가 이루어진 체제이다. 이 과정은 식민지적 지배의 기본적 전제를 부정하지 않으면서, 스스로를 타자로부터 구별하고, 자기 자신을 자율적으로 규제하는 인간형을 창출하려는 노력으로 특징지워진다."12) 즉, 식민 제도는 사회경제적 또는 심리적인 보상과 처벌을 통하여 식민지인들이 새로운 사회적 규범과 인식의 범주를 받아들도록 유인함으로써 영속할 수 있다.13)

---

11) 망원한국사연구실, 『한국근대민중운동사』, 돌베개, 1989, 276면.
12) 김진균·정근식·강이수, 「일제하 보통학교와 규율」, 『근대주체와 식민지 규율권력』(김진균·정근식 편저), 문화과학사, 1997, 77면. 이 저서의 필자들은 식민지 권력의 주도하에 보급 및 정착된 근대적 사회 제도들을 통해, 식민지 권력이 새롭게 창출하려고 했던 인간형과 그 인간형에 부여된 규범과 규율의 내면화 방식을 밝히고 있다.
13) Ashis Nandy, 이옥순 역, 앞의 책, 31면.

이처럼 장황한 전제(前提) 논리를 펼치고 있는 것은, 한국의 근대문학
은 이러한 문명화 과정에서 예외였는가 또는 1920년대 동인지문학과
함께 본격적으로 추구되었던 근대적 자아[14]는 과연 식민지 규율권력이
창조하고자 했던 인간형과 무관한 것이었을까, 하는 의문에서다. 이 둘
은 적어도 완전히 대립적이거나 배타적인 것이라고 할 수 없으며, 겹쳐
진 부분이 있다고 보아야 할 것이다. 이는 일제강점기의 문학의 근본적
인 조건을 이해하는 데 있어서도 불가피하다. 김우창은 다음과 같이 말
한다.

> 식민 지배의 탄압과 착취는 외부적인 면에서는 비교적 쉽게 알아 볼 수 있는
> 것이지만, 식민지인의 삶의 모든 면에 작용하는 보다 미묘한 영향력으로서는
> 쉽게 보이지 않을 수 있는 것이다. (…중략…) 문화와 같은 보다 무형적인 분야
> 에서, 식민주의는 지배문화의 점진적인 침투와 피지배문화의 내적인 붕괴와 부
> 패라는 형태를 띤다. 그것은 외부적인 강압보다는 내적인 괴멸을 통하여 작용
> 한다. 극단적인 경우, 피지배인이 스스로 그러한 점을 의식하기도 전에 식민주
> 의는 그의 마음에 깊이 자리 잡고, 정복된 문화에 대한 은밀한 경멸과 지배자
> 들의 승리한 문화에 대한 은근한 부러움과 찬양의 심리를 조성해 놓는다.[15]

---

14) 한국 근대문학에서 추구된 근대적 자아는 예술 또는 문학의 자율성 추구의 과정과
긴밀한 연관을 갖는다. 여기에 대한 강상희의 견해를 참조하자면, "문학의 자율성 범
주는 이광수의 계몽주의 문학 이래 근대문학이 줄곧 모색해 온 문학의 내면화 충동
가운데 한 가지이다. 이 내면화 충동은 식민지 근대화 과정에서 개인의 자율성이 제고
되어 온 과정과 긴밀한 연관을 맺고 있다. 이광수의 계몽주의 문학이 개인과 민족의
연속성에 근거를 둔 근대적 자아의 발견에 힘을 쏟은 것이라면, 계몽주의 문학에 반발
한 김동인, 염상섭 등의 시도는 개성의 자각을 통해 자율적 개인의 자기 동일성을 확
보하고자 한 노력이라고 할 수 있다. 자율적 개인이란 근대 자본주의의 산물로서, 사
회 체계의 부분적 요소라는 지위에서 벗어나 자기의식과 타자의식 속에서 공히 독립
적인 단자로 존재할 때, 즉 자기동일성의 원천이 오직 자기 자신에게 있을 때 성립한
다." 강상희, 『한국 모더니즘 소설론』, 문예출판사, 1999, 33~34면. 이 글에서는 한국
근대문학에서 추구된 '근대적 자아'의 개념을 이러한 의미에서 사용하겠지만, 섹슈얼
리티의 문제를 통해 그러한 근대적 자아의 성립에 내재한 식민주의적인 인식론적 기
반을 밝히고자 한다.
15) 김우창, 「일제하의 작가의 상황」, 『궁핍한 시대의 시인』, 민음사, 1977, 14면.

이렇듯 근대문학에서 근대적 자아란 식민지 지배자에 의해 규정된 식민지민이 자기 요구와 욕망을 표현함으로써 탄생한 것이라고 할 때, "욕구의 표현과 공식화가 늘 변증법적인 일이라는 것, 욕구와 욕망이란 늘 어떤 의미에서는 '타자'로부터 돌려받은 것이라는 것"16)이다. 이는 테리 이글턴이 민족주의의 아이러니를 말하는 대목에서 이야기한 것이다. 민족주의는 엄밀한 의미에서는 계급해방이나 여성해방 논리처럼, 특수자가 자신들의 억압당한 보편자의 권리와 요구를 실현할 것을 주장하는 것이다. 즉 민족이나 여성 등 특수자의 욕망과 요구는 그 자체 순수한 자신의 정체성에서 구성되는 것이라기보다는, 자신을 억압하는 타자에 의해서 매개된 것인데, 이를 망각하고 주체를 직관적으로 주체 자체로 존재한다고 가정할 때, 자신을 보편자로 격상시킬 때 자신을 억압해온 상황과 인식 자체를 재생산하게 된다. 1920~30년대 한국 근대소설에 나타난 섹슈얼리티의 양상은 이러한 문제를 논의하는 단서를 제공해 준다.

구체적 양상에서는 차이가 있지만, 1920~30년대 한국 근대소설에 나타난 섹슈얼리티의 양상에는 어떤 일관성이 있다. 첫째, 여성에 대한 남성의 성적 지배이다. 1920년대 동인지문학의 자장 안에 놓인 소설에서 성적 지배는 신여성에 대한 성격 규정을 통해서였다. 신여성을 물질적 허영과 성적 욕망이 가득 찬 존재로 비난함으로써, 지식인 남성으로 표상된 근대적 자아는 도덕적 주체로서의 자기 자신을 획득한다. 1930년대 허다한 장편소설에서는, 여성성을 처녀성과 모성성에 국한시킴으로써 여성을 지식인 남성의 도덕적 우월성을 보증하는 종속적·기능적 존재로 재현했다. 근대적 자아가 텍스트의 내부에서 제거된 1920년대 요부형 여성이 등장하는 소설이나 1930년대 중·후반 토속적 인간형의 세계를 그린 소설에서도, 도덕성은 해체되었지만 남성 중심적 가부장적

---

16) Terry Eagleton, "Nationalism : Irony and Commitment", Terry Eagleton · Frefric Jameson · Edward W. Said, *Nationalism, Colonialism, Literature*, University of Minnesota Press, 1990, p.29.

질서는 철회되지 않았다. 둘째, 하층민의 성적 욕망 특히 하층민 여성의 성적 욕망은 훨씬 본능적이고 자연적인 성격이 두드러졌다. 즉 도덕적 규범과 자기 통제의 능력을 상실한 상태의 것으로 제시되었다.

이러한 공통성이 시사하는 바는 중요하다. 왜냐하면, 여성에 대한 남성의 성적 지배와 식민지에 대한 정치적 지배는 유비 관계에 있기 때문이다. "식민지 또는 신식민지의 사회·역사적인 현실 속에서 여성 주체의 위치는 대개 성애화(sexualized)된 것으로 구성되어 왔다. 서구는 자신을 남성적인 문명의 주축으로 규정하기 위해 동양과 비서구를 여성적 혹은 원시적인 타자로서 구성하였다. 수많은 여성주의 문헌들이 보여주듯이 식민지 종주국인 '자아'와 식민지 '타자' 사이의 차별적 관계는 빈번히 성(the gender)에 의해 표현되었다. 이렇게 젠더화된 관계는 이어서 성적인 은유(sexual metaphor)로 재현된다. 다시 말해 서구와 비서구를 각각 문명 대 원시, 그리고 남성성 대 여성성이라는 이항 대립적인 두 축으로 구성해 왔던 것이다. 물론 수세기 동안 작동해 온 토착 가부장제가 이 이항 대립의 두 축과 교차한다."17) 이는 서구가 동양을 타자화한 방식인 오리엔탈리즘의 핵심적인 내용에 해당한다. 또한 동양의 서양으로 자임하면서 동양의 문명화 사명을 역설했던 일본 제국주의가 식민지를 바라보는 시선 또한 이와 다르지 않았다. 강상중은 후쿠다 토쿠조오[福田德三], 니토베 이나조오[新渡戶稻造] 등 일본의 식민정책학의 시조인 이들의 담론을 분석하면서, 식민지 지배를 정당화할 때 근저에 깔린 이들의 도식은 '보는 쪽'='대표하는 쪽'='보호하는 쪽'과 '보이는 쪽'='대표되는 쪽'='보호받는 쪽'의 이항대립 관계이며, 이는 성차별에 사로잡힌 '남성'과 '여성'의 이미지를 떠올리게 한다고 지적하며, 실제로 성차별을 환기시키는 은유의 사용이 많았다고 지적한다.18) 이러한 인식론은

---

17) Choungmoo Choi, "Nationalism and Construction of Gender of Korea", *Dangerous Women : Gender and Korean Nationalism*, edited by Elaine H. Kim and Chungmoo Choi, Routledge, 1998, p.14.

실제로 식민정책의 근간을 이루었다.

예컨대, 양현아는 해방 후 한국의 가족법을 제정할 때 한국정부가 조선의 양반계층의 부계계승 제도(가부장 제도)를 탈역사화하여 한국의 전통으로 승격시켜 민족의 순수한 혈통을 강조하는 민족정체성의 보루로 삼았던 정황을 분석한 바 있다. 그녀는 한국정부의 이러한 가족법정책을 식민주의의 유산이라고 평가한다. 그도 그럴 것이, 일본은 조선후기 양반의 규범인 가부장 제도를 탈역사화하여, 그것을 '조선문화'로 고착화시키고, 이를 식민지 통합과 지배에 적극적으로 활용했기 때문이다.19) 이는 일본이 천황을 정점으로 한 거대한 가족국가 이념을 현실화해 나갔던 것과 긴밀한 연관을 갖고 있는데, 1930년대 말 식민지 동화정책의 정수가 지원병 및 징병 제도의 실시의 기초가 되는 '호적 제도'의 정비와 밀접하게 된 '창씨개명'이었음을 상기해도 충분할 것이다. 가부장 제도를 하나의 관습적인 것으로 일반화시킨 논리는 그것이 고착화될 수 있는 조선의 현실에 근거하고 있었다. 홍일표에 따르면 '창씨개명' 또한 조선에서 전통적으로 '성씨'가 갖는 사회적·정치적 의미에 대한 주도면밀한 조사과정을 통해 준비되었는데, 이 과정은 '창씨개명'을 단행할 수 있는 토착적 조건을 확인하는 것이었다. 물론 여기는 '성

---

18) 姜尙中, 이경덕·임성모 역, 『오리엔탈리즘을 넘어서』(岩波書店, 1996), 이산, 1997, 89~90면. 이 밖에도 일본의 지정학적 위치가 동양이며 또한 인종적으로 서양의 백인과는 다름에도 불구하고 어떻게 일본이 어떻게 서구 제국주의의 인식론을 내면화하여 자신을 서구적 주체로 내세웠으며, 동시에 자신 이외의 아시아 각 나라와 민족을 타자화하여 제국주의 침략과 식민 지배를 정당화하였는지에 대해서는, Leo Ching의 "Yellow Skin, White Masks : Race, Class, and Identification in Japanese Colonial Discourse", *Trajectories : Inter-Asia Cultural Studies*(edited by Kuan-Hsing Chen, Routledge, 1998)를, 이러한 심상지리가 일본의 패전 후에도 어떻게 일본과 미국의 공모 하에 유지 존속되었는지에 대해서는, 酒井直樹의 「염치없는 내셔널리즘 : 서양과 아시아라는 이항대립의 역사적 역할에 대하여 "Shameless Nationalism : On the Historical Role of the West and Asia Binary"(임성모 역, 『당대비평』, 2000년 겨울)를 참조하면 좋겠다.

19) 양현아, 「한국적 정체성의 어두운 기반―가부장제와 식민성」, 『창작과비평』 106, 창작과비평사, 1999년 겨울, 58~63면 참조.

씨를 통한 동화'의 역사적 경험이라 할 수 있는 세 가지 일본의 경험이 개입되어 있다. 첫째 고대 일본에 건너와 살았던 반도인의 일본식 '씨'로의 개명과 그것을 통한 동화를 부각시키는 작업, 둘째 1875년 2월 모든 국민이 성을 지어 부르도록 한 '평민묘자필칭령(平民苗子必稱令)', 셋째 홋카이도의 내국화(內國化)정책에 동반한 아이누족의 화인화(和人化)정책 등이다.[20] 이렇게 볼 때, 식민지 규율권력이 가장 심층적으로, 또 광범위하게 작용하는 지점은, 바로 식민지배정책의 방식과 의도가 식민지가 종래에 가지고 있는 사회적 의식의 양식과 결합될 수 있는 곳이라고 할 수 있다.

그간에 논의되었던 문학의 다양한 유파와 현실인식은 섹슈얼리티의 문제에서만큼은 다양성을 보여주지 못했다는 것을 확인할 수 있다. 한국 근대문학사에서 예외적 존재로 평가받는 이상(李箱)의 작품에서도 규범적인 성 역할의 전도, 성적 욕망에 대한 도덕적 우월성의 상실이 근대적 자아의 위기를 보여주는 핵심적 징후였다. 즉 여성에 대한 남성의 성적 지배의 공공연한 또는 은폐된 승인은 한국 근대문학사에서 리얼리즘이냐 모더니즘이냐, 또는 문학의 도구성에 강조를 두느냐 아니면 자율성에 강조를 두느냐를 떠나서 공통된 것이었다. 물론 이러한 양상을 야기한 사정은 복잡한 것이었다. 이광수의 『무정』에서도 영채의 수난이 이민족에 의한 민족의 수난과 억압을 상징적으로 보여주는 기제가 되었고, 채만식의 『탁류』에서는 모성의 보호를 위한 부권의 확립이 천명되고 있듯이, 식민지 지배는 무엇보다도 '아비부재'라는 말로 민족의 현실을 상징할 수 있는 사정이었다. 이는 집단화된 민족의 현실을 성적인 것으로 재현하는 민족주의 담론의 한 양상을 말해 주는 것이기도 하지만, 남성의 개인적·사회적 정체성의 위기 상황에 대한 반응이기도 했다. 이와 비슷한 양상은 소설에서뿐만 아니라 희곡에서도 드러

---

20) 홍일표, 「일본의 식민지 '동화정책'에 관한 연구―'창씨개명'정책을 중심으로」, 서울대 석사논문, 1999, 65~71면 참조.

났는데, 일제강점기 사실주의 희곡을 대상으로 이 문제를 분석한 이승희는 이 상황을 "남성의 입장에서 보면 서양·일본으로부터 타자화된 한국의 식민지적 근대 곧 남성들의 식민지적 근대이기도 했으며, 이는 곧 남성성의 약화와 수동적·복종적이라는 의미에서의 여성화를 의미했을 것이다"21)라고 정리한다. 달리 말하자면, 여성에 대한 성적 지배의 고수는 남성의 정체성의 위기를 보완하기 위한 것이었다. 더욱이 성적 욕망의 성격과 실현양상을 계급·계층별로 다르게 형상화했다는 사실 또한 중요하다. 하층민과 하층민 여성의 성적 욕망을 도덕적 규범이 없는 것으로 형상화한 것은 자아와 타자의 관계를 도덕적으로 위계질서화 혹은 계층화 하는 논리를 바탕에 둔 문명과 문화라는 개념과 관련 있기 때문이다. 이러한 양상이 1920~30년대 소설에 두루 나타남에도 불구하고 여기에 누구도 의문을 던지지 않았다는 사실은 다음을 말해 준다. 첫째, 성적 지배 질서의 유지와 고착이 일본 제국주의의 식민 지배의 이해관계와 긴밀한 것이었으며, 따라서 성적 지배 질서는 그 만큼이나 식민지 규율권력이 주도면밀하게 작용하는 곳이었음을 말해 준다. 둘째, 여전히 이러한 인식론이 21세기인 오늘날에도 충분히 도전 받지 않은 채 존속하고 있다는 사실을 역설한다. 섹슈얼리티라는 문제 설정을 통해서 한국 근대소설에서 근대적 자아라는 새로운 정체성 형성의 사회문화적 조건을 밝히는 것, 문학 텍스트에 나타난 근대적 자아의 구성 방식과 식민지 규율권력이 강화시킨 인식론이 겹쳐지면서 야기할 수 있는 위험을 지적하는 것, 이것이 본 논문의 목적이다.

　한편 이 논문의 시각은 일제강점기 문학 연구에 내재한 일반적 경향에 대한 다음과 같은 문제의식을 포함한다. 한국 근현대문학사를 이해하고 서술하는 데 익숙하고도 벗어나기 힘든 틀은 바로 '개인과 사회'이다. 대개의 문학사 서술의 기본 축은 문학에 형상화된 개인과 사회의 관계

---

21) 이승희, 「한국 사실주의 희곡 연구」, 성균관대 박사논문, 2001, 127면.

또는 역학이라 해도 좋을 것이다. 특정 시기 또는 특정 작가의 문학이 개인에 경도되었느냐, 아니면 사회에 경도되었느냐에 따라 한국문학사는 끊임없이 순수·참여 논쟁을 반복했으며, 모더니즘 대 리얼리즘의 경주를 지속해 왔다. 1920~30년대는 한국문학사에서 근대문학의 본격적인 태동과 전개가 이루어졌던 시기라는 데는 이론의 여지가 없다. 기존의 문학사는 1920년대 문학을 사조사적인 전개 방식에 의해 동인지문학 시대에서 신경향파의 발흥과 카프문학의 대두에 이르는 과정을 서술하고 있다. 『창조』·『백조』·『폐허』 등 동인지 각각에 대한 사조적 규정은 혼란상을 보이지만,22) 신경향파와 카프문학의 대두에 대해서 가치평가는 다르나 그 현상 자체의 인정에 대해서는 논란의 여지가 없다. 그러나 1930년대 문학사의 서술은 1920년대의 문학의 자율성을 주창했던 동인지문학과 문학의 사회성을 핵심으로 하는 카프 중 어떤 계보에 중심을 두고 서술하느냐에 따라 명암을 달리하게 된다. 그것은 결국 1930년대 모더니즘 문학의 위치와 평가와 직결된다. 조연현의 『한국현대문학사』(1964)는 1920년대 낭만주의로부터 시문학·시인부락·구인회를 거쳐 해방 이후의 순수문학으로 이어지는 계보를 한국 근대문학의 주류로 설정한다. 조연현의 문학사 인식은 거의 교과서적인 권위를 부여받는다. 반면에 김현·김윤식의 『한국문학사』(1973)는 "개인과 민족의 발견"이라는 테제 아래 일제강점기의 문학사 서술 속에서 소위 순수문학이나 모더니즘 문학을 배제하게 된다. 이러한 문학사의 인식은 1970년대를 거쳐 성숙해진 민중·민족 운동이 그 정점에 달했던 1980년대 문학연구에서는

---

22) 임화는 이 시기 문학의 추이를 『창조』와 『폐허』 등에 의거한 자연주의에서 『백조』를 중심으로 한 낭만주의로의 이행으로 설명한다(「조선 신문학사론 서설」, 『조선중앙일보』, 1935.10.23~10.29). 백철은 『조선신문학사조사』(수선사, 1948)에서 동인지문학의 출현을 근대문예사조의 등장으로 포괄한 후 퇴폐의 문학, 낭만주의 문학, 자연주의 문학으로 나누어 보고 있다. 조연현의 『한국현대문학사』(성문각, 1969)는 '문예사조의 혼류와 그 전개'라는 제목 하에 『창조』를 사실주의 경향으로, 『폐허』를 다양성으로, 『백조』를 낭만주의적 경향으로 분류한다.

리얼리즘의 시각에서 조명된 카프문학의 전면적 복원에 도달하게 된다. 1980년대에서 1990년대 초반까지 헤게모니를 장악했던 문학사 인식은 카프문학과 리얼리즘의 주류성을 승인하는 데 있었다. 김재용·이상경·오성호·하정일의 『한국근대민족문학사』(1993)는 이를 극명하게 보여주는 예이다.

조연현의 『한국현대문학사』와 김현·김윤식의 『한국문학사』, 김재용 등의 『한국근대민족문학사』의 문학사 서술은 이렇듯 차이를 보여준다. 그럼에도 불구하고, 문학의 영역을 자율적 영역으로, 개인을 자율적 주체로 자연스럽게 가정하고 있다는 데에서는 공통의 인식론을 내포하고 있다. 즉 사회와 개인의 관계 속에 대립성을 애초에 전제하고 있는 것이다. 순수문학, 말하자면 정치성과 사회성을 탈각시킨 작품들을 더 높게 평가하는 조연현의 문학사 인식에 이러한 경향이 더욱 농후해 보이는 것은 사실이다. 하지만 김현·김윤식의 『한국문학사』나 『한국근대민족문학사』 또한 마찬가지이다. 왜냐하면 이들의 문학사 서술에서, 일본의 제국주의 지배를 물리적·외재적 수탈과 억압으로만 바라보는 관점은 주체를 애초에 자율적이고 자기 충족적인 존재로 전제하는 것에 기반을 두기 때문이다. 이를 가장 뚜렷하게 보여주는 것은 김현·김윤식의 『한국문학사』가 임화의 이식문학론에 반대하면서 한국 근대(문학)의 자생적 내재적 발전 코스를 입증하기 위해 제시한 '18세기 기점설'이다. 여기에서 주체는 자기 충족적이고 발전의 동력을 내부에 완결적으로 갖고 있는 존재로 상정되고 있는 것이다.

한편 1989년 동구 사회주의권의 몰락과 1991년 소비에트 연방의 붕괴라는 배경 하에서 근대성(modernity)이라는 새로운 화두가 떠오르게 된다. 최근 한국 근현대문학 연구가 그 대상을 1970~80년대 문학으로 넓혀가고 있는 가운데 근대성이라는 화두는, 어느 정도 관심이 줄어들었던 이 시기, 또 그 전시기인 개화기에 대한 연구를 활성시키는 조건이 되었다. 근대성이라는 화두가 지닌 파장은 무엇보다 기존 문학사 인식

에 대한 회의에 있다. 역사법칙의 인도에 따르는 발전사, 또는 자생사로
무리 없이 받아들여지던 기존의 문학사 인식은 반성과 회의의 대상이
되었던 것이다. 이러한 경향은 '프로문학의 주류성 해소'에서 '모더니즘
의 재발견', 나아가 '리얼리즘과 모더니즘의 회통'[23] 등의 테제로 이어
져 왔다. 이러한 테제가 단적으로 드러내듯이, 그것은 1930년대 문학에
대한 지대한 관심으로 집중된다. 특히나 구인회를 위시한 소위 순수문
학파 문학, 1930년대 후반기 단층파와 김동리 등의 신세대 문학 연구는
풍부해졌다.[24] 이와 함께 한국 근대문학의 '기원'을 향한 탐색이라는
차원에서, 과도기적 성격으로 이해되곤 했던 개화기 문학, 1920년대 동
인지를 비롯한 초반기 문학이 조명되고 있는 중이다.[25] 이러한 경향이
전반적인 현상이랄 수도 없고, 또 발본적인 차원까지 나아갔다고는 볼
수 없다. 그러나 이러한 시각 변동은 이른바 리얼리즘의 주류성을 승인
해 온 문학사 인식에 대한 반성에서 시작되었다. 그리하여 근대성이란

---

23) 최원식의 다음 발언은 이를 극명하게 보여준다. "부르조아 문학을 일괄 괄호치고 프
   로문학만을 편애하거나, 또는 프로문학을 중심에 두고 부르조아 문학을 선택적으로
   주변부에 배치하는 편향을 넘어서서 우리 근대 문학 전체상 속에서 프로문학의 주류
   성을 이제 진정으로 해소하자." 최원식, 「한국문학의 근대성을 다시 생각한다」, 『민족
   문학과 근대성』(민족문학사연구소 편), 문학과지성사, 1995, 59면 참조.
      그 밖에도, 백낙청, 「문학과 예술에서의 근대성 문제」, 『창작과비평』, 1993년 겨울;
   진정석, 「민족문학과 모더니즘」, 『민족문학사연구』 11, 민족문학사연구소, 1997; 「모더
   니즘의 재인식」, 『창작과비평』, 1997년 여름; 최원식 외, 「좌담―한국문학에서 식민지
   근대와 민족문제」, 『민족문학사연구』 13, 민족문학사연구소, 1998 참조.
24) 대표적인 논저를 들자면 강상희, 「1930년대 한국 모더니즘 소설의 내면성 연구」, 서
   울대 박사논문, 1997, 김양선, 「1930년대 후반 소설의 미적 근대성 연구」, 서강대 박사
   논문, 1997; 상허문학회, 『이태준 문학연구』, 깊은샘, 1993; 상허문학회, 『근대문학과
   구인회』, 깊은샘, 1996; 상허문학회, 『박태원 소설연구』, 깊은샘, 1995; 조영복, 「1930년
   대 문학에 나타난 근대성 담론 연구」, 서울대 박사논문, 1995; 한형구, 「日帝末期 世
   代의 美意識에 관한 硏究」, 서울대 박사논문, 1992; 황종연, 「한국문학의 근대와 반근
   대―1930년대 후반기 문학의 전통주의 연구」, 동국대 박사논문, 1992.
25) 권보드래, 「한국 근대의 '소설' 범주 형성에 관한 연구」, 서울대 박사논문, 2000; 박
   현수, 「1920년대 초기소설의 근대성 연구」, 성균관대 박사논문, 1999; 상허문학회 편,
   『1920년대 동인지문학과 근대성』, 깊은샘, 2000; 한기형, 「신소설의 근대문학적 위상」,
   성균관대 박사논문, 1997.

범주는 이념적·연대기적 경계의 장벽을 넘나드는 연구를 가능하게 했던 것이다.

하지만 한국문학의 근대성 논의에 딜레마가 없는 것이 아니다. 이를 단적으로 보여주는 것이 바로 한국문학의 근대성을, 미적 근대성과 사회적 근대성으로 나누는 접근법이다. 카프는 문학을 통해 사회적 근대성을, 모더니즘 계열은 미적 근대성을 추구했다는 논리로 귀결된다. 이것이 문학사의 인식으로 옮겨왔을 때 모더니즘, 더욱 정확하게 말하자면 비리얼리즘 비계몽주의 계열의 문학에 비중을 두게 된다. 이러한 사정에 대해 리얼리즘의 신념을 지닌 논자들은 최근 몇 년 동안 반론을 펼치면서, 또 다시 익숙한 리얼리즘 대 모너니즘의 논쟁을 재연했다. 이 모두를 상세히 논의하고 시시비비를 가리거나, 리얼리즘과 모더니즘을 모두 구해내는 방법을 찾는 것은 이 글의 목적이 아니다. 이러한 논쟁이 진일보한 것이라고 하더라도 기존 문학사 인식에 이미 내재해 있던 인식론, 즉 사회와 개인의 관계의 대립성을 애초에 전제하는 논리가 개입되어 있음을 지적해 둔다.

그러나 "자신의 '자아'와 '진정한 정체성'이 '바깥'에 있는 다른 모든 사람들과 사물들에서 격리되어 '내면'에 가두어져 있는 것"[26]이라는 관념은 서구의 근대에 들어 생겨난 인간관일 뿐이다. 그러한 '자아'와 '내면'이란 실상 문명화 과정에 의해 강화되어가는 자기통제의 장벽이다.[27] 이렇게 보자면, 문학의 자율성과 자기 충족적 주체의 자율성과 내면을 처음부터 주어진 것으로 전제하는 인식은 정작 자율성과 내면의 내용이 무엇인가에 대해서는 의심을 품지 않는다. 이미 앞에서 '제국주의가 식민지민에게 부과한 인식론'과 식민지 규율권력이 주조해내고자 했던 인간형과 한국 근대문학에서의 근대적 자아는 결코 적대적이거나

---

26) Norbert Elias, 박미애 역, 『문명화 과정 *Über den Prozeß der Zivilisation*』 I(Haus zum Falken, 1939), 한길사, 1996, 96면.
27) 위의 책, 83~102면 참조.

대립적인 것이 아님을 확인하였다. 또 한편으로 여기서 서구의 한 페미니즘 연구자의 문제의식은 도움이 될 수 있다.

근대성의 젠더(gender of modernity)는 무엇인가라는 도발적인 물음을 제기한 릴타 펠스키에 따르면, 근대성의 담론을 구성하는 서구의 주요 텍스트들은 근대적 개인을 가족적·공동체적 유대로부터 벗어난 자율적 남성으로 가정하고 있다.[28] 이 견해는 서구의 근대성 담론에 의지해 왔던 한국문학의 근대성에 대한 논의가 지닐 수 있는 근본적인 문제가 무엇인지를 암시한다. 즉, 남성성과 여성성의 메타포가 문화 텍스트에 스며드는 현상은 근대의 경우 가장 뚜렷하게 나타남에도 불구하고,[29] 한국문학의 근대성 담론은 여기에 좀처럼 주목하지 않았다.[30] 거의 10년에 가깝게 여러 학계에서 중심적인 화두였던 한국의, 한국문학의 근대성에 대한 논의가 종국적으로 해명하고자 하는 것이 근대적 주체 내지 자아의 성립 메커니즘을 밝히는 데 있다고 한다면, 식민지 근대화와 함께 근대문학이 본격화되던 1920~30년대 문학에서 과연 누가 근대적 자아를 표상했는가를 물어야 한다. 그것이 문학 텍스트 내에서 특정 인물로 구체화되는 한, 당연히 그 인물의 성과 나이, 직업, 계층이나 계급 등에 주목해야만 한다. 또한 이러한 일별은 근대적 자아의 확립을 위해

---

28) Rita Felski, 김영찬·심진경 역, 『근대성과 페미니즘 *The Gender of Modernity*』(Harvard University Press, 1995), 거름, 1998, 21~34면 참조.

29) 위의 책, 21면.

30) 오히려 아래의 사회학계와 역사학계의 최근의 논의는 이 점에 있어서는 진일보하다.
김경일, 「한국 근대사회의 형성에서 전통과 근대―가족과 여성관념을 중심으로」, 『사회와 역사』 54(한국사회사학회 편), 문학과지성사, 1998; 김수진, 「'신여성', 열려 있는 과거, 멀어 있는 현재로서의 역사쓰기」, 『여성과 사회』 11(한국여성연구소 편), 창작과비평사, 2000; 박정애, 「초기 '신여성'의 사회진출과 여성교육」, 『여성과 사회』 11(한국여성연구소 편), 창작과비평사, 2000; 양현아, 「한국적 정체성의 어두운 기반―가부장제와 식민성」, 『창작과비평』 106, 창작과비평사, 1999년 겨울; 전은정, 「일제하 '신여성' 담론에 관한 분석」, 서강대 석사논문, 1999; 정진성, 「동아시아의 공사 개념과 성―근대국가와 민족·성 : 한국과 일본의 비교를 중심으로」, 『발견으로서의 동아시아』(정문길 외편), 문학과지성사, 2000.

주변화 되거나 대상화된 타자의 정체를 밝히는 작업을 필연적으로 수
반할 수밖에 없다.31)

이 점에서 페미니즘 시각에서 1920~30년대 문학을 바라보려는 시
도32)는 시사적이다. 페미니즘에 입각한 연구들은 대개가 문학사 서술에
서는 배제되었던 여성 작가들의 문학적 성과를 문학사로 편입시키는
데 주목적을 두고 있다. 이러한 일련의 시도들은 객관성과 실증성을 보
증하는 문학사 서술의 권위는 사실 남성적 시선에 의해 구축되었음을
간접적으로 증언한다는 점에서 의의가 있다. 또한 여성 작가들의 문학
적 성과에 대한 천착이 가져다 줄 수 있는 이점은 그 뿐이 아니다. 대개
여성 작가의 작품들은 공적 영역에서 소외된 여성의 상태에 대한 풍부
한 진술을 담고 있는데, 이는 가정과 가족관계 등 사적 영역을 중심으
로 한 일상적인 생활 세계에 대한 구체적인 탐색의 중요성을 일깨워 준
다. 비슷한 맥락에서, 근대 초기 텍스트들을 대상으로 가족 담론과 근대
성, 연애와 근대성의 관계를 밝히려는 몇몇 연구자들이 최근 보여준 시
도33)는 "근대를 이념형으로 승인하는 주어 중심적 근대성에서 벗어나
기 위해서는, 연애와 같이 생활 세계적인 영역을 중심으로, 역사적으로
축적된 근대의 경험을 술어화(術語化)하는 방법"34)을 지향한다. 말하자

---

31) 이러한 문제의식을 보여주는 연구로는, 이혜령의 「1920년대 동인지문학의 성격과
여성인식의 관련성」(상허학회 편, 『1920년대 동인지문학과 근대성』, 깊은샘, 2000)이
있는데, 여기에서 필자는 1920년대 동인지문학에서 근대적 자아의 확립은 남성 지식
인이 여성이라는 타자에 대한 동일시와 배제를 통해 이루어졌음을 살펴보았다. 한편,
대상 장르는 다르지만, 이승희는 「한국 사실주의 희곡 연구」(성균관대 박사논문, 2001)
에서 사실주의 희곡양식의 정체성을 밝히는 데 있어서 여성의 문제를 중요하게 다루
고 있다.
32) 주목할 만한 연구는 다음과 같다.
  김미현, 「한국 근대 여성소설의 페미니스트 시학—여성적 글쓰기를 중심으로」, 이
화여대 박사논문, 1996; 김정자, 『한국여성소설연구』, 민지사, 1991; 김정자 외, 『한국
현대문학의 성과 매춘』, 태학사, 1996; 최혜실, 『신여성들은 무엇을 꿈꾸었는가』, 생각
의나무, 2000.
33) 권보드래, 「공화(共和)의 수사학과 일부일처제」, 『문화과학』 24, 2000; 김동식, 「연애
와 근대성」, 『민족문학사연구』 18, 민족문학사연구소, 2001.

면, 텍스트에 제시된 구체적인 삶의 양태들과 다양한 경험들에 대한 귀납적인 분석과 구성이 더욱 효과적일 수 있다는 것이다. 서두에 말했듯이, 소설이란 장르 자체가 대수로울 것 없는 개인의 사생활에 대한 서사(narrative)이다. 이 글이 섹슈얼리티라는 지극히 사적인 영역의 문제에서 출발하고자 하는 이유는 여기에 있다.

1920~30년대 문학의 성의 문제를 중요하게 다룬 연구들이 없었던 것은 아니다. 전광용은 신소설, 이광수의 소설 그리고 1920년대 김동인 등을 위시한 몇몇 작가들의 작품, 1930년대 이효석의 작품 등을 대상으로 하여, 성 윤리의 문제를 검토하였다.[35] 문재구의 「한국 근대문학에 나타난 성 문제 연구」에서는 학위 논문으로는 최초로 시와 소설 작품을 대상으로 전면적인 논의를 펼쳤다. 그러나 전광용과 문재구의 연구는 모두 문학의 성문제를 표현의 수준과 정도에 따라 외설성과 예술성이라는 기준에 의해 재단함으로써, 문학에 나타난 성 문제에 내포된 다양한 의미들을 놓쳐 버렸다.

여기에 비하여 서종택은 1920년대 성의 문제를 사회와 소설의 구조적 차원에서 바라보는 보다 심도 있는 시각을 보여주었다.[36] 서종택은 1920년대에 대해서, "이 시기는 특히 이광수(李光洙)가 제기한 이래의 인도주의적 신인간주의의 이념이 반봉건, 반유교적 양상을 띠고 실천적으로 대두된 때였다. 이른바 자유연애론으로 대표되는 풍속의 변화가 그것이다. 특히 여성해방(女性解放)을 부르짖는 소위 신여성(新女性)들의 성윤리와 여성의 사회적 지위는 다양하게 모색되고 주창되었다"[37]고 말한다. 그는 전근대적 윤리질서의 완고성과 근대적 인간관의 대두의 충돌은 자유연애를 매개로 성적인 것을 통해 형상화되있으며, 성 윤리의

---

34) 김동식, 위의 글, 302면.
35) 전광용, 「근대 초기소설에 나타난 성문제 연구」, 『예술논문집』 14집, 1975.10.
36) 서종택, 「성윤리의 파멸적 전개」, 『한국 근대소설의 구조』, 시문학사, 1982; 서종택, 「성 모티브와 윤리의식」, 『염상섭 소설 연구』(김종균 편), 국학자료원, 1999.
37) 서종택, 『한국 근대소설의 구조』, 시문학사, 1982, 123면.

파멸적인 전개가 이 시기 소설을 특징짓는다고 평가한다. 서종택의 연구는 섹슈얼리티의 문제를 사회 구조는 물론 서사 구조의 차원에서 분석하는 선례를 남겼다는 점에서 의미가 있지만, 분석 대상인 작품이 염상섭의 「제야」, 현진건의 「불」, 나도향의 「물레방아」에만 국한되었다는 점에서 아쉬움을 남긴다. 또한 이들 작품에서 나타난 성 윤리를 '파멸'이라고 평가할 수 있는 잣대에 대해서는 의문을 제기하지 않음으로써, 통념상의 인식에 안주하는 경향을 극복하지는 못했다.

이런 점에서 보자면, 이경의 「1920~30년대 소설에서의 매춘—제도의 거울」[38]은 김유정·이상·현진건·염상섭·이태준 등의 작품 중에서 가족의 생계를 위한 매춘을 주요한 모티프로 삼고 있는 작품을 대상으로 하여, 매춘을 강요하는 사회상의 고발이라는 역사적 의미를 넘어서 제도 자체에 대한 균열의식을 드러내는 데 주의를 기울인다. 이러한 접근 방식은 많은 연구자들에게도 내면화되어 있는 제도화된 성 규범에 문제의식을 제기하고 있다는 점에서 신선하다. 하지만 치열한 문제의식이 오히려 작품의 역사적 실재성을 무시하는 결과를 낳기도 했다. 가령, 김유정의 들병이 모티프 작품에서 결혼과 매춘의 경계가 허물어진 금기의 위반 양상이 역으로 타자성의 승인, 동일자의 확장으로 연결되어 인간에 대한 긍정으로 귀결된다는 평가가 그 예이다. 결혼과 매춘의 경계 해체에 의해 정상/비정상, 도덕/타락 등의 위계질서화된 도덕적 서열을 상대화한다는 데에는 동의할 수 있지만, 그럼에도 불구하고 결혼과 매춘 모두의 토대인 남성 중심적인 가부장적 질서가 해체되지 않고 있음을 간과한다. 더욱이 분석 대상인 작품들이 대부분 하층민을 주요 인물로 삼고 있는데, 왜 유독 하층민의 성을 도덕적 규범이 해체된 상태의 것으로 그렸는가에 대한 근본적인 질문을 던지지 않음으로써 작품의 역사적 실재성을 소홀히 하게 된다. 이 작품들은 지식인을 주요인

---

38) 이경, 「1920~30년대 소설에서의 매춘—제도의 거울」, 『한국 현대문학의 성과 매춘 연구』(김정자 외저), 태학사, 1996.

물로 한 작품들과의 대위법적 관계에서 바라볼 때만이 그 의미가 보다 분명하게 드러날 수 있다. 이 글의 본론에서 논증하겠지만, 섹슈얼리티의 문제에서의 도덕적 우위가 지식인 남성으로 표상된 근대적 자아의 우월성을 드러내는 지표였으며, 역으로 도덕적 우위의 상실이 근대적 자아의 위기를 상징했다는 것을 고려한다면, 하층민의 섹슈얼리티를 자신의 그것과는 다르게 그린 의도는 다른 차원에서 규명되어야 한다.

김윤선의 「1920년대 한국소설에 나타난 성담론 연구」[39)는 문제의식의 면에서나 방법론의 면에서 많은 시사점을 준다. 일제에 의해 파행적으로 진행되었던 근대의 문제 뿐 아니라, 오히려 일제의 수탈을 촉발하고 묵인하면서 그것을 합리화시킬 수 있었던 '근대'가 당시 한국 현대소설 안에서 어떻게 형상화되었는지 고찰하려는 목적 하에 김윤선은 이때 성이 유용한 주제가 될 수 있음을 다음과 같이 말한다. "'성(sexuality)'은 개인의 미묘한 감정에서부터 각 개인의 생존 방식과 사회 구조 안에서 법과 도덕을 통해 끊임없이 재구되는 인간들 사이의 공통의 관심사에 이르기까지 인간과 인간 사회를 탐구할 수 있는 주제이다."[40) 또한 성적인 욕망들, 성적인 정체성 및 성적 실천을 의미하는 섹슈얼리티의 개념과 함께 생물학적으로 결정된 본질적인 성이 아니라 젠더 관계와 함께 제도들과 감정들, 사회와 개인이 뒤얽혀 있는 관계망으로서의 섹슈얼리티의 개념을 설정한다. 이 글 또한 이러한 관점과 개념정립에 입각해 있다. 김윤선의 논문은 1920년대가 일제에 의해 성매매가 식민지 조선에 본격적으로 정착된 시기라는 것에 주목하여 성매매의 문제를 중심으로 이광수의 『무정』을 위시한 당대의 작품을 분석한다. 성매매의 양태를 여학생과 기생으로 나누고, 각각의 서사구조의 양상을 제시힌다. 여학생과 기생의 대별이 당시 성 매매의 양태와 실상, 소설 내의 각각의 반영상을 보여줄 수 있다는 이점은 있다. 그러나 과연 당대의 지배적인

---

39) 김윤선, 「1920년대 한국소설에 나타난 성담론 연구」, 고려대 박사논문, 2001.
40) 위의 논문, 2면.

성담론에서 여학생과 기생을 나눠야 할 만큼의 차별적인 층위가 존재했느냐는 의문의 여지가 있다. 기생이든 여학생이든 이들을 바라보는 시선은 남성 주체의 그것이자 가부장적 질서에 속박된 시선이라는 것을 도외시하고 있기 때문이다. 이는 기생과 분석대상의 작품에서 주체인가 타자인가의 문제를 간과했기 때문에 야기된 것이다. 예컨대 저자는 여학생과 기생이 동시에 등장하는 『무정』 이후의 작품을 『무정』에 근거하여, "기생(영채—인용자)을 구원할 수 있었던 병욱(여학생—인용자)과 같은 인물은 더 이상 존재하지 않는다"[41]고 평가하고, 그 원인을 3·1운동의 실패에서 찾는다. 더 나아가, 이광수의 『재생』에서의 여 주인공 순영의 죽음에 대해 여학생의 타락에서 벗어나 자신이 추구했던 가치를 지키기 위한 선택이었다는 점에서 희망을 내포한다고 평가한다. 이러한 평가는 극히 피상적일 수밖에 없다. 기생이든 여학생이든 여성 개인의 사적 욕망으로서의 성적 욕망을 부정적인 것으로 낙인찍음으로써 정결로 상징되는 도덕성의 회복을 제시했던 소설들이 궁극적으로 어떤 이데올로기적 지향을 드러내고 있는가, 그리고 그러한 지향이 결국에는 누구를 위한 것이며, 어디에 기여하는가에 대해서 김윤선은 텍스트 문면 이상의 의미를 찾아내지 못했다. 따라서 애초에 저자가 푸코의 입론에 힘입어 제시한 "상이한 입장과 이념과 계급에 힘을 발휘하고 그 이념과 계급을 위해 대립하고 갈등을 드러내기도 하는"[42] 담론 분석의 과제는 좌초되고 만다.

　이상에서 살펴본 기존의 연구들은 섹슈얼리티가 내포하고 있는 풍부한 함의들을 놓치고 말았다. 이 글은 1920~30년대 한국 근대소설의 섹슈얼리티의 양상을 다음과 같은 차원에서 살펴보고자 한다. 성적 욕망의 주체는 누구였으며, 대상은 누구였는가, 또 성적 욕망에 어떠한 의미가 부여되었으며 그 지향은 당대의 역사적·사회적 상황 속에서 어떤

---

41) 위의 논문, 208면.
42) 위의 논문, 12면.

인식론과 맞닿아 있는가를 해명하고자 한다. 이러할 때만이 한국 근대 소설에 나타난 근대적 자아의 구성 메커니즘과 근본적 조건을 밝힐 수 있기 때문이다.

2. 섹슈얼리티의 서사로서의 소설

이 글에서 사용하는 섹슈얼리티의 개념은 이미 위에서 밝혔기 때문에 굳이 재론하지 않겠다. 다만 섹슈얼리티가 소설 분석에 있어 어떤 유용한 틀을 제공하는지에 대해서는 구체화할 필요가 있겠다. 우선, 성적 갈등은 개인의 삶을 하나의 서사로 읽게 만든다. 특정한 인물이 성적 욕망에 어떤 의미와 동기를 부여하느냐, 또 어떤 대상을 향해 그 욕망을 실현시키고자 하는가가 소설의 서사구조로 도입될 수 있다. 바로 성적 욕망의 대상을 밝히고 그 대상에게 접근해 가는 과정인데, 이는 욕망의 대상인 타자를 어떻게 인식하고 자신과의 관계 속 어디에 위치시키느냐의 문제와도 관련된다. 한편 욕망의 의미지향과 욕망의 대상을 밝히는 과정에는 내면화되고 또는 외적 장애물로 존재하는 금기와 규범 때문에 금지와 억압이 수반된다. 이러한 과정은 시간의 성적 동기화(eroticization of time)로서 그 자체가 서술적 시간성의 창조와 관련된다. 피터 부룩스에 따르면, '시간의 성적 동기화'란 금지와 억압을 수반하기 때문에 욕망의 방향과 욕망의 대상을 밝히는 과정은 복잡하고 간접적이며 또한 필연적으로 실수를 수반하는, 즉 에로틱한 결말의 추구와 그것의 지연이 동시에 이루어지는 과정을 말한다.[43] 이 두 과정은 늘상 현재적

---

43) Peter Brooks, 이봉지 · 한애경 역, 『육체와 예술 *Body Work : Objects of Desire in Modern Narrative*』(Harvard University Press, 1993), 문학과지성사, 2000, 57~58면 참조. 시간의 성

상태만을 지시하는 것이 아니다. 욕망이 성취되거나 금지된 미래에 대한 상상과 과거의 재구성과 재해석이 동시적으로 이루어진다. 쉽게 말하자면, 사랑의 역사가 한 개인의 인생사를 대신할 수도 있다

둘째, 섹슈얼리티는 소설 속 개인의 정체성과 그가 맺는 사회적 제관계의 양상을 드러내준다. 금지와 억압 내용 그리고 그것의 거부나 수락 혹은 내면화 양상의 해부는 필연적으로 사회적 규범과 제도, 도덕적 가치를 드러낸다. 이들 범주들과 개인이 맺는 관계는 성욕의 문제에서 밝혀졌을지라도, 그것이 함의하는 바는 그 외연의 여타의 사회적 제관계에서의 욕망의 주체와 타자의 위치를 지시하며 그 주체를 채우고 있는 정체성의 내용이 무엇인가를 증언한다.

이와 관련해 덧붙일 것은 젠더적 위계질서의 문제는 중요하게 부각되어야 한다는 점이다. 욕망의 주체와 대상의 젠더를 고려해야 한다는 말이다. 허다한 예를 들 필요도 없이, 성욕의 영역에서 대개가 남성은 욕망의 주체이며, 여성은 그 타자이다. 더욱이 사회적 제관계에서 어떤 역할과 지위를 부여받는가, 또 받고자 하는가의 기본항은 제도화되고 규범화된 성 역할이 놓여 있으며, 주어진 성 역할에서 벗어나고자 할 때 갈등을 빚기 마련이다. 이에 대한 고려는, 가족관계는 물론 한 개인의 사회화의 과정 그리고 좌절과 극복 등을 살펴보는 주요한 준거가 될수 있다. 여성의 역할에 대한 수도 없는 많은 담론들은 문학 작품 속에서 또 그 밖에서 나름대로의 경향성을 띠고 변모해 가는 것을 확인할수 있다. 그것은 단지 여성의 성 역할에 국한된 것이라고는 볼 수 없으

적 동기화라는 개념은 피터 부룩스 자신이 밝혔듯이, 프로이트의 정신분석학에 기초를 두고 있다. 프로이트의 이론에 따르면, 히스테리와 정신신경증 환자들의 현재적 증상은 과거(특히 유아기)의 성적 억압과 금지에서 기원을 두고 있으며, 그 경험이 이후 환자의 애정의 대상 선택이나 행위에 결정적인 영향을 미친다. 그리고 더욱 중요한 것은 프로이트의 정신분석학 방법론 자체가 바로 환자들의 고백에 기초하고 있으며, 그 고백의 무수한 내용 중에서 주요한 결절점을 이루고 있는 것은 바로 성적 경험이라는 것이다.

며, 가족 나아가 계급의 위계질서, 지배 권력과의 관계를 상징적으로 보여주기도 한다. 즉, 섹슈얼리티의 문제는 남성과 여성의 관계, 부모와 자식 간의 관계, 개인적이고 이기적인 욕망과 사회적 상호작용의 필요성간의 갈등의 양상을 총체적으로 담지한다.

셋째, 섹슈얼리티를 통해서 한 시대와 사회의 상황을 들여다 볼 수 있다. 우리 시대에도 여전히 순결성의 신화가 지배하고 있듯이, 지배적인 성 제도와 성 규범의 변화는 완만하고 심지어 완강하기조차 하지만, 섹슈얼리티의 어떤 양상이 새로 대두되며 주류적인 경향을 띠는가는 한 사회와 시대의 균열과 변모를 짐작하게 한다. 예컨대, 1920년대 초기 소설에서 육체와 정신의 합일을 지향하는 낭만적 사랑과 1930년대 장편소설에 드러난 탈관능화된 사랑은 육체와 정신의 이분법이라는 동일한 토대에 기초해 있다고 하더라도 그 궁극적인 지향에서 차이를 드러낸다.

이러한 방법론에 기초하여 이 글은 소설사의 전개상 섹슈얼리티의 문제에 있어서 일정한 경향성을 띠고 있는 작품들을 분석하고자 한다.

이 글은 특히 섹슈얼리티의 지배적 발현태와 그것이 소설에서 서사구조화 되는 방식을 밝히는 것을 각 장의 목표로 삼았다. 이리하여 각 장의 소절은, 첫째 근대적 자아의 성격 내지 상황에 따라 섹슈얼리티의 양상이 어떻게 드러나는지를 살펴보고, 둘째 젠더와 계급 등을 고려하여 성적 욕망의 타자 설정 문제를 분석하면서 근대적 자아의 인식론 내지 도덕적 판단의 내용과 성격을 해명하며, 셋째 섹슈얼리티의 제 양상이 어떻게 서사구조화 되었는지를 밝히면서, 거기에 내재되어 있는 사회·심리적 기반 그리고 당대의 지배적 인식론과의 의식적 무의식적 공모지점을 밝힌다. 끝으로 이를 총괄하여 1920~30년대 한국 근대소설에 나타난 섹슈얼리티의 의미와 성격을 전개양상에서 변모의 지점과 그 변모의 과정에서도 지속되는 연속성 내지 공통성을 중심으로 정리한다.

제2장 낭만적 사랑과 욕망의 주관적 형식화

1. 근대적 자아의 폐쇄성과 낭만적 사랑의 추구

주요한은 「성격파산(性格破散)」(1921)이란 글에서 김동인의 「마음이 여튼 자(者)여」(1919)의 K를 조선 청년의 전형이라고 못 박으며, 그러한 전형을 그리고 있기에 가장 예술적인 작품이라고 평가한다.[1] 물론 주요한이 "原作品에는 主人公을 産호 時代와 背景이 그리 分明하지 못호다"고 이 작품이 성취한 리얼리티의 한계를 지적하면서도 K를 전형이라고 한 사정에는, 그 만큼 현실에서도 그러한 지식인의 형상이 많았음을 기늠해 볼 수 있다. 그런데 당시 조선 청년의 전형인 K는 스스로에 대해 이렇게 토로한다. "이때에 나의 량식은 女子들을 바라보는 것과 空想

---

1) 주요한, 「性格破散」, 『창조』 8호, 1921, 2~8면 참조

두 가지밧게 없엇다."[2] K가 문학가라는 점을 염두에 둔다면 공상의 영역이 예술과 근사하다고 보아도 무리가 없을 것이다. 예술과 연애는 비단 「마음이 여튼 자(者)여」의 K만의 삶의 양식은 아니었다. 염상섭의 「표본실(標本室)의 청(靑)게고리」(1921)의 김창억이 광인이 되었던 결정적인 계기는 김창억이 불의의 사건으로 4개월 동안 옥중에 수감되어 있는 동안 아내가 다른 남자에게 도망갔기 때문이며, 이로 인한 광기는 김창억을 창조주의 위치에 육박하는 예술가로 만들었다. 「암야(闇夜)」(1922)의 다민한 주인공 또한 연애냐 예술이냐를 두고 번민한다. 한편 나도향의 「젊은이의 시절」(1922)의 철하는 음악가가 되려는 지향이 아버지에 의해서 꺾여 번민과 고뇌를 겪는 와중에 뮤즈의 여신으로 화한 누이와의 근친상간적 사랑을 백일몽 중에 경험하며, 「별을 안거든 우지나 말걸」(1922)의 습작기의 문학청년 DH는 MP라는 여성을 흠모하여 크나큰 고민 중에 있다.

1920년대 동인지문학 시대를 수놓았던 소설의 인물들에 대한 이러한 대략적인 일별은 바로 근대적 자아의 구성이 어떤 요소들로 이루어졌나를 보여주기 위해서이다. 이광수가 대표하는 계몽주의 문학에 반대하면서 예술(문학)의 자율성을 내세웠던 1920년대 동인지문학의 주도자들이 구축하고자 했던 근대적 자아의 소설적 형상화는 예술과 사랑을 통해서 이루어졌다. 더욱 적확히 말하자면, 이광수의 『무정』(1918)의 이형식과 변별되는 동인지문학의 근대적 자아는 '사랑을 갈구하거나 사랑에 실패한 예술가의 초상'이다.

마르쿠제에 따르면, 오로지 예술가가 자기 나름의 개성이 되는 때, 본질적으로 더 이상 주변의 생활양식과 일치하지 않는 고유한 생활 형식의 대표자가 되는 때, 예술가는 한 소설의 '주인공'이 될 수 있다.[3] 이 작품들이 어느 정도 '예술가 소설'의 성격을 지니고 있는 저간의 사

---

2) 김동인, 「마음이 여튼 者여」, 『창조』 3호, 1919, 29면.
3) Herbert Marcuse, 김문환 편역, 『마르쿠제의 美學思想』, 문예출판사, 1989, 8~13면 참조

정은 동인지문학 자체가 예술(문학)의 자율성을 주창하며 탄생했으며, 예술가가 그들이 추구한 근대적 자아의 대명사이라는 데 있다. 예술가 됨을 보여주는 것, 예술가로서의 고유한 생활양식을 형상화하는 것이 소설적 형상화의 과제라고 하였을 때, 이 형상의 구체성을 사랑에서 찾았다는 것, 이러할 때 예술과 사랑은 상동적인 성격을 전제할 수밖에 없다는 것에 먼저 주목하고자 한다.

　□ 1920년대 초반 동인지문학을 중심으로 예술가소설이랄 수 있는 작품들이 등장한다. 예술가소설들은 '참 자기의 표현'을 갈망하는 근대적 자아가 '인습'이라는 말로 요약되는 조선적 후진성과의 대결에서 예술이라는 '거룩한 성전'으로 들어가 자신의 정체를 찾으려는 시도였다. 여기에서 근대적 자아에 대한 인습적 사회의 억압성은 예술가적 주체에 개인과 사회 사이의 적대성으로 나타난다.4) 앞서 언급한 작품들의 예술가들은 사회 전반의 주류적인 생활형식과 화합할 수 없어서 세상과 불화감을 느끼는 존재들이다. 이는 주로 예술을 하는 자신에 대한 가족들의 몰이해로 드러나곤 한다. 가령 동경에서 문학을 공부하는 『만세전』(1924)의 이인화는 "생각하면 우리 三父子가티 極端으로 다른길을 게각기 거러나가는 사람들은 업다. 세상에는 政治밧게 업다는 父親의 피를 바덧스면서 保守的 典型的인 형님과 無理想한 感傷的 遊蕩的 氣分이 濃厚한내가 태어낫다는 것이 不可思議의 「아니로니」다"5)라고 진술한다. 이인화의 아버지는 서양 의학을 믿지 못해 며느리 병구완을 고집스럽게 한의에게만 맡기는 구식이고, 이인화의 형 또한 아들을 얻기 위해 첩을 들이는 봉건적 윤리의 소유자이지만, 이것만이 이인화와 구별되는 점은 아니다. 아버지의 정치활동과 형의 치부행위의 궁극적인

---

4) 서재길, 「1920~30년대 한국 예술가소설 연구」, 서울대 석사논문, 1995, 25면 참조.
5) 염상섭, 『만세전』, 『염상섭 전집』 1(권영민·김우창·유종호·이재선 편), 민음사, 1987, 62면.

목적이 실리 추구에 있다는 점에서도 이인화와는 다르다. 말하자면, 흔히 『만세전』의 세계가 반(半)봉건적 현실에 대한 근대적 지식인의 비판으로 읽혀지지만, 이인화가 충돌하고 있는 부형의 세계는 단지 반봉건의 현실만이 아니라, 입신출세식 '실리의 추구'나 '유용성'이라는 근대적 가치에 함몰된 세계이기도 하다. 또한 이인화 자신의 의지적인 선택이겠지만, 이는 그가 공적 영역으로부터 단절 내지 소외되어 있음을 의미한다.

　이인화의 부형(父兄)과 같이 전세대의 예술에 대한 몰이해를 보여주는 예는 이 밖에도 많다. 김환의 「신비(神秘)의 막(幕)」(1919)에서 세민의 아버지는 미술을 하고 싶어서 동경 유학을 가길 원하는 아들에게 "大體 美術이란 무얼하는 것이냐? 美術! 美術! 얼골을 어엽부게 하는 術이라는 말이냐? 옷을 곱게 닙는 術이란 말이냐?"[6]로 힐난한다. 또 김동인의 「음악(音樂)공부」(1921)에서 '그'는 고향에 돌아오라는 아버지의 편지에 음악공부를 하기 위해 돌아가지 않겠노라는 편지를 보내자 아버지는 "이즈음 藥 장사들이 留聲機라는 것을 가지고 音樂을 ᄒ는데 참조터라"며 그 좋은 것을 너 혼자만 배우지 말고 가족 모두 함께 배우자고 하면서 "내 어늬 新聞廣告를 보니 留聲機 한 개에 八원이라ᄒ엿기에 八圓을 동봉히 보내니 꼭 닛지말고 사가지고 하로 밧비 도라와서 모도 音樂을 배호자"[7]는 답장을 보낸다. 이 두 작품의 아버지들은 예술을 화장이라든가 옷, 유성기와 같이 물질적 현시의 차원에서가 아니라면 이해할 여지가 없으며 더욱이 예술을 위해 가업의 계승을 포기하고도 집안의 재산을 축낸다는 것은 용납할 수 없는 일로 믿어 의심치 않는 존재이다.[8] 그러할진대 예술을 하는 '삶' 특히, 시간적 과정으로서의 삶에

---

6) 김환, 「神秘의 幕」, 『창조』 창간호, 1919.2.
7) 김동인, 「音樂공부」, 『창조』 8호, 1921.1. 77면.
8) 증기 기관차·전화·학교·유성기는 현시적(顯示的) 물질문명으로 표상되는 근대가 감각적 직접성과 필요성으로 다가오는 데 반해 예술, 특히 건축과 미술과 같이 물질로 매개되어 현시될 수 없었던 문학 행위에 대한 대중적 이해곤란이 동인지문학이 운동

대한 이해를 요구하기란 실로 어려운 노릇이었다.

한편 예술가로서의 삶 자체가 지니는 또 다른 곤혹성은 사회적 관계가 어떠한 정도로든 단절될 수밖에 없다는 데 있다. 이인화의 아버지는 비록 일제가 체제 내화를 위해 조성한 왜곡된 형태의 장이기는 하지만 정치 방면에서 사회적 삶을 영위하며, 형은 보통학교의 교사생활을 하면서도 집안의 재산을 불리는 수완을 가지고 있다. 형이 어떻게 치부를 하였나는 작품 속에 나와 있지 않지만, 경찰과도 안면이 있는 등 나름대로의 사회적 관계의 확장과 도모를 통해 치부를 했으리라는 사실은 짐작 가능하다. 정치활동이나 경제활동의 궁극적 목표가 개인의 입신과 출세에 있다고 하더라도 그 목표를 위해 사회적 영역에 발을 들여 놓으며 관계를 추구한다는 점에서 이인화와는 다르다. 예술을 한다는 것은 사회의 제도와 일반적 삶의 형식을 지배하고 있는 정치와 경제의 영역에서 비켜선 주변적 존재가 되는 것은 감수해야 하는 일이었다. 예술을 업으로 택할 때, 인간관계 면에서 무엇보다 가족과의 단절을 야기한다. 이는 삶의 방식을 실리 추구에서 찾는 부형(父兄)에게 더 이상 자신이 문학을 하는 것에 대한 정당한 이해를 요구하는 것을 포기한 이인화의 심정에 잘 나타난다.

> 그들의 世界와 自己의 世界에는 通路가 全然히 杜絶된 것을 發見하얏다. 그것은 마치 무덤 속과 무덤 밧이, 判然히 다른 딴世上인 것과 가튼 것이라고 생각하게 되엇다. 그리하야 그後부터는 夫子나 兄弟로서 할말이외에는, 그리고 學費 이약이 以外에는 아모 말도 입을 버리지 안키로 決心을 하얏다. 母親이나 自己妻나 누이동생에게 하듯 이만하면 집안에 큰소리가 업슬 쭐 알앗다. 되지 않은 理解니 說明이니 思想發表니 하기 때문에 感情이 傷하고 衝突이 생기는 것이라고 생각하얏다. 그러나 이러케 생각을 하고 나니까, 自己의 周圍가 어쩐지 寂寞하야진 것 갓고, 家庭이란 것은 밥이나 먹고 잠이나

의 성격을 가질 수밖에 없었던 원인이라는 견해에 대해서는, 황호덕, 「1920년대 초 동인지문학의 성격과 미적 주체 담론」, 성균관대 석사논문, 1997, 97~104면 참조.

재어주는 旅館가타얏다. 旅館中에도 第一마음에 맛지 안는 旅館가타얏다.9)

　　아내의 임종이 임박했다는 전보를 받은 이인화가 동경에서 조선의
서울로 돌아갔다 다시 동경으로 떠나는 것이 『만세전』의 여로이다. 급
박한 전보에도 불구하고, 카페에 가서 정자를 만난다든가, 을라를 만나
고, 부산에서는 술집에 들르는 그의 여정을 구인환은 개인적인 욕구를
우위에 두는 '생활을 즐기는 의식'이라고 정의하고, 이인화에게는 그 대
상이 여인과 술이라고 말한다.10) 여기서 한걸음 더 나아가, 그가 자의에
의해 의식적이고 계획적인 만남을 갖는 사람들이란, 일본인 카페 여급
정자와 조선의 여자 유학생 을라, 이렇게 두 여성뿐이라는 사실에 주목
해 보자. 나중에 다시 언급하겠지만, 『만세전』은 사실 아내, 정자, 을라
등 세 여성과의 관계 방식을 청산 내지 재정립하여 이인화 단독의 '개
인'으로 복귀하는 과정의 서사라고 할 수 있다. 이 서사에서 조혼의 관
습에 의해 제 뜻과 무관하게 결혼한 아내와의 관계에서가 아니라 정자
와 을라와의 관계에서 그가 주체적이고 의지적인 이유는 바로 이 두 여
성들이 도덕적이고 인습적인 반봉건의 현실과 무관하고, 또 유용성과
실리 추구의 세계, 즉 남성적 영역의 세계와는 거리가 있는 존재들이기
때문이다. 이것과 앞서 말한 예술 때문에 부형(父兄)의 세계에서 이해 받
지 못하고 가족과의 단절 속에서 고독감을 느끼고 있다는 것, 이는 낭
만적 사랑이 자신을 드러낼 수 있는 가능성의 지대임을 보여준다. 즉,
'나'는 누구인가 특히, 예술가적 삶의 양식이란 어떠한 삶을 말하는 것
인가를 드러낼 수 있고, 그것이 용납될 수 있는 방식 낭만적 사랑을 통
해서였던 것이다.

　　② 공적 영역으로부터의 고립과 소외는 자아실현이 가능한 지대를

---

9) 『염상섭 전집』 1, 62~63면.
10) 구인환, 『한국 근대문학의 비평적 연구』, 삼지원, 1997, 138면 참조.

사적 영역, 그것도 한 사람과의 사랑이라는 극히 폐쇄적인 사적 영역으로 옮겨 놓는다. 전영택의 「운명(運命)」(1919)[11]은 오동준이라는 인물의 실연담으로 정신적·육체적 합일을 지향하는 사랑의 파탄을 그리고 있다. 줄거리는 다음과 같다. ○○사건으로 경성감옥에 수감 중인 오동준은 감옥의 불결하고 억압적인 환경 속에서 동경에 있는 애인 H에 대한 추억과 공상을 하면서 하루하루를 보내는 것을 낙으로 삼는다. 일본의 M대학 법과를 졸업했으나 사회에는 그를 받아줄 곳이 없었으며, 부모도 없는 것이나 마찬가지이며 어릴 적 얻은 아내가 있었으나 아내가 아니라 처(妻)라는 노예일 뿐이었다. 그래서 가출한 동준은 나를 위할 자는 나밖에 없다는 생각으로 '극단의 개인주의자'가 되었다. 이러던 중 영어교습을 계기로 알게 된 H와 사랑하는 사이가 된다. H는 결혼을 원하기도 하였으나, 동준에게 사랑이란 신성한 것임에 반해 결혼이란 자유를 구속하는 '인공적(人工的)'이요 '허위적(虛僞的)'인 것이기에 반대하고 H에게 피임법을 권한다. 수감 중에도 H에게서 엽서 한 장 오지 않아 몹시 초조하던 동준은 백 일만에 출감하여 동경에 가서 수소문을 한다. 그 결과 H는 다른 남자와 동거를 하고 있을 뿐만 아니라 임신 중이었다. 이에 동준은 친구 C에게 보내는 편지를 통해 여자란 생식의 도구로밖에 쓸모가 없는 존재라고 말할 정도로 크나큰 환멸을 느낀다. 한편 H는 동준에게 자신의 과거를 고백하는 편지를 보낸다. 내용인즉, 동준과 헤어진 후 자신은 분출하는 성욕을 어쩌지 못하는 상황 속에서 불안과 번민을 느꼈다, 같이 음악학교에 다니며 평소 자신과 말벗과 친구가 되어준 A가 자신을 간호하던 중에 병에 걸리자 그를 간호하면서 "女子의 本能, 아니 사람의 本能이 發動하였든" 것이다.

　줄거리에서 뚜렷하게 드러나듯이, 오동준이 사랑에 빠지게 된 조건은 가족과 사회로부터 자기 자신을 고립시킨 데에 있다. "나를 爲하야

---

11) 전영택, 「운명」, 『창조』 3호, 1919.12.

깁버할 쟈도 나요 나를 爲하야 슬퍼할 쟈도 나다. 아―나는 나밧게 업다. 나는 나를 살어야겟다"는 동준의 의지는 자아추구의 지향이기도 하지만 '제손으로 눈물을' 씻어낼 수밖에 없는 고독한 자의 오열이기도 하다. 그래서 통정(通情)할 친구도 없는 상황에서 동준은 자신에게 다가온 H와 사랑에 빠진다. 오동준은 ○○사건으로 수감된 처지에 있으면서도, 그리고 누구도 엽서 한 장, 면회 한 번 오지 않는 상황에서도 "나는 내 愛人이 잇다. 나를 위하야 몸과 마음을 다 바친 사람이 잇다. 天下사람을 다 졋겨 놋코 나만 사랑하는 사람이 잇다. 그의 사랑은 온전히 내거시다. 그의 몸도 내거시려니와 그의 靈魂은 꼭 내거시다. 아니 그의 全生命이 내거시다"라며 자신을 행복한 사람이라고 긍정할 정도로 자기존재에 대한 충만감을 표한다.

자기 존재에 대한 충만감 그 자체를 추구하는 것, 이는 낭만적 사랑의 특성이다. E. 쇼터는 낭만적 사랑에 대해 다음과 같이 말한다. "남녀 관계에 자유로워지고자 하는 바람은 낭만적인 사랑의 형태로 나타난다. 개인적 행복을 추구하려는 충동과 내적(內的) 탐구에 대한 열정, 즉 성격의 발전과 자아발견의 기나긴 여정을 시작하려는 욕구는 로맨스의 모습으로 의식의 표면에 떠오른다. 연인들은 자기 자신의 모습을 발견하고 싶어서 상대방의 눈을 쳐다보는 것이다."12) 이렇듯, 낭만적 사랑은 무엇보다 자아의 감정과 의지, 그리고 선택을 우선시 하며 사랑하는 대상을 이상화하여 그에게 자신을 투영하고자 하는 것을 특징으로 한다. 즉 자기 자신의 요구로부터 출발하여 자기 자신의 내적 요구의 충족으로 완결되는 것, 1920년대 낭만적 사랑에 대한 추구는 자신의 영혼과 육체 모두를 받아들여 주는 한 여성과의 만남을 통해 그 밖의 외적 관계와 사회적 요구와 무관하게 자기 자신의 존재를 완성하는 양상을 띤

---

12) E. Shorter, *The Mking of the Modern Family*(Glasgow : Collins, 1975; Fon-tana Edition), p.245, J. Sarsby, 박찬길 역, 『낭만적 사랑과 사회 *Romantic love and society*』, 민음사, 1985, 24면에서 재인용.

다. 1920년대 낭만적 사랑은, 『무정』에서 이형식이 영채가 아니라 계층적 상승을 염두에 두고 선영과 결합한다거나, 『무정』의 서사는 결국 사랑이 아니라 계몽의 서사라는 데서 단적으로 드러나듯이, 개인의 선택에 기반을 둔다고 하더라도 계몽주의 문학에서의 사랑이, 자아 충만감 자체보다는 계몽 주체로서의 지위 획득을 위한 하나의 수단적·단계적 조건으로 제시되는 것과는 거리가 있다.

그런데 왜 「운명」의 오동준은 정치활동, 고학으로 쌓은 지식 추구에서보다 사랑에서 자기 존재에 대한 충만감을 느끼는가. 이 물음에 대한 답은 사랑의 성격을 보다 분명하게 밝히는 데 도움을 준다. 정치활동이나 지식의 추구는 사회적 객관화의 요구 속에 포섭되며 그 과정에 수렴되는 순간부터 개인 앞에 일일이 현시되거나 감지되지 않는 추상적 보편적 실체로 군림한다.13) 반면에 이성과의 사랑은 언제나 감지될 수 있고 교감할 수 있는 구체적 실재를 지니고 있으며, 이 구체적 실재가 현전하는 육체라는 것은 두말할 나위도 없다.

1920년대 낭만적 사랑에 관한 메타포가 노자영의 「표박(漂泊)」에서는 "엇던 軟하고 짜듯하고 달콤한 世上,"14) 나도향의 『환희』(1919)에서는 "달콤하고 꿈속 같고 붉고 즐거운 몽환적 새 생명"15)과 같은 감각적 표상으로 드러나는 사정은 단지 통념적인 사랑의 수사로만 치부할 수는 없는 국면이 있다. 촉감과 미감 등을 유발시키는 인간의 육체를 통한 대상에 대한 '접촉'이 자신을 살아 있는 존재로 느끼게 한다는 점이 명

---

13) 이러한 경향을 루카치는 헤겔이 말한바 근대―시민 시대의 산문성의 문제로 지적하는데, 근대―시민 시대의 산문성은 자기 활동성 및 사회와의 실재적 통일이 불가피하게 파괴된다는 데 있다. 이러한 상황에서 사적인 것으로의 시선이동은 불가피해지며, 이는 "이리하여 보편의 태양이 지나고 나면 나방은 사적인 것의 등불을 향해 날아간다"(마르크스)라는 집약된 표현을 얻는다. Georg Lukács, 김혜원 역, 「시민적 서사시로서의 소설」, 『루카치 문학이론』, 세계, 1990 참조.

14) 노자영, 「표박」, 『백조』 창간호, 1922.1, 8면.

15) 나도향, 「환희」(『동아일보』, 1922.11.21~1923.3.21), 『나도향 전집』下(주종연·김상태·유남옥 편), 집문당, 1988, 103면.

시되어 있는 것이다. 이리하여 사랑은 "그의 全生命이 내거시다"에서처럼 사랑은 '생명'의 향유가 되었다.

③ 여기에서 다시 예술의 영역으로 시선을 이동해 보면, 육체의 존재 없이 생각할 수 없는 '생명'의 수사학은 비단 사랑에 국한되지 않았음을 알 수 있다. 즉 예술에 관한 수사에도 '생명'은 빈번하게 등장한다. 대표적인 예로 "우리 朝鮮은 황량한 廢墟의 朝鮮이요, 우리 時代는 悲痛한 번뇌의 時代이다"라는 말로 시작되는 『폐허』의 창간 취지를 역설한 오상순의 글을 보자.

> 果是, 廢墟는 死亡과 죽음이 支配하는 것 갓다. 그러면 우리는 고만 죽고 말 것인가? 안이다! 안이다!
> 오늘날 우리는 四柱八字運動等의 迷信을 打破해 버렷고 「샤자」의 쇠사슬도 우리 손에 드러와 녹는 것을 배왓다. 우리의 生은 實로 宇宙的 對生命의 流動的 創造요, 그 活現임을 깨다랏고, 우리가 이 天地에 主人임을 확실히 알엇다. 우리의게 엇지 永久한 죽음이 잇스랴. 果然 陰部의 權威가 어듸잇스며, 死亡의 가시가 어듸잇느냐. 荒凉한 廢墟를 뒷고선 우리의 발밋헤, 무슨 한 개의 어린 싹이 소사난다. 아—貴ㅎ고도 반갑다.16)

"실로 우주적 대생명의 활동적 창조요, 그 활현"이 '우리의 생' 즉 예술가로서의 삶을 의미하며, '어린 싹'이란 바로 예술을 일컫는 것임은 굳이 말하지 않아도 될 것이다. 생명은 폐허의 상태인 죽음과 대립적 짝을 이룬다. 예술을 '생명'으로 일컫는 상징적 수사는 예술과 인생의 일치를 의도하고 있겠지만,17) 다른 한편에서는 예술의 자체 특성을 이

---

16) 오상순, 「시대고와 그 희생」, 『폐허』 창간호, 1920.7, 53면.
17) 동인지문학의 예술론의 내용과 성격에 관한 더욱 자세한 논의는 앞의 황호덕 논문(1997)과 『상허학보』 2집(상허학회 편, 깊은샘, 2000)에 실린 차승기의 「'폐허'의 시간—1920년대 초 동인지문학의 미적 세계관 형성에 대하여」, 그리고 오문석의 「1920년대 초반 동인지에 나타난 예술이론 연구」 참조.

해하는 방식과도 무관하지 않다. 오상순은 「종교(宗敎)와 예술(藝術)」에서 종교와 예술의 공통점을 감정의 향상이나 만족을 목표로 한다는 점, 상상력과 밀접히 관련이 있다는 점, 직각력(直覺力)을 사용한다는 점을 든다.[18] 또 한편, 최승만은 「르네쌍스」라는 글에서 조선 문예의 르네상스를 고대하며 서구 르네상스의 특색을 개인의 해방, 비평적 정신의 발달, 그리스 로마 연구열의 고양과 함께 탐미적 경향을 들고 있다. 그는 "肉이 靈의 支配下에 잇서서, 秋毫의 自由活動이 업섯든 것이 生의 喜悅을 불으고 肉을 認定하야 地的, 自然的, 人性的 思想의 復活이 잇섯습니다"[19]라고 탐미적 경향을 설명한다. 뚜렷한 것은 예술이란 이지와 도덕 등 합리성의 영역이 아니라, 감정과 감성의 영역에 속한다는 인식이다. 이렇게 인식된 예술의 성격은 여성 그리고 여성과의 사랑의 성격과도 상통하는 점이 있다. 이를 극명하게 보여주는 작품은 김환의 「신비의 막」과 나도향의 「젊은이의 시절」이다.

김환의 「신비(神秘)의 막(幕)」은 세계와 절연하고 예술의 극치를 추구하는 예술가의 초상을 그리고 있다. 소설의 주인공 이세민은 부모의 명령을 절대적으로 복종하기를 강요하는 완고한 아버지 아래서 어렵사리 보통학교와 고등보통학교를 졸업한다. 그의 아버지는 보통학교를 보내라는 나라의 명령 그리고 아들을 고등보통학교에 보내라는 청원이 인민의 어버이인 군수에게서 나왔기에 세민을 학교에 보냈을 뿐이다. 그러나 세민이 동경에 건너가 미술을 공부하고 싶다는 소원에는 완강하게 반대한다. 이에 세민은 누이의 도움으로 아버지 몰래 돈 팔백 원을 변통하여 일본으로 건너가 고학을 하며 미술에 전념한다. 세민은 하숙생활에서 자취생활로 옮겨야 히는 경제적 곤궁 속에서도 "나는 녀익 몰으는 神秘한 것을 안다"는 자부 속에서 예술에 전념하고, 이런 자신을 "自己를 爲하야의 自己"로 인식하고 자랑스러워한다. 그러던 중 음악

---

18) 오상순, 「宗敎와 藝術」, 『폐허』 2호, 1921.1 참조.
19) 최승만, 「르네쌍스」, 『창조』 2호, 1919.3, 35면.

학교 성악과 학생인 희경이라는 여성이 세민의 모델이 되는데, 그녀는
세민의 친구이자 사촌 오빠인 춘광을 통해 세민을 먼저 알고 있었다.
희경은 세민의 예술추구에 이해와 존경을 표하고, 세민은 희경과 사랑
하는 사이가 된다.

> 한번은 世民이 毒感으로 病床에 누엇슬 째에 喜卿은 몃칠 동안 學校에도
> 가지 안코 自己 손으로 미움과 죽을 민들어 世民에게 勸하기도 하고 째째로
> 머리도 집허쥬며 脈搏의 鼓動도 집허본다. 二三日이 지내여 病이 좀 나은 뒤
> 에 世民은 머리를 집퍼보는 喜卿의 손을 꼬—ㄱ 쥐였다. 喜卿은 손을 쑤르치
> 려고도 아니하고 가만히 잇다. 沈默에 잠겨잇는 이 두 사람 사이에는 엇던
> 神秘의 幕이 열니려 한다.[20] (강조는 인용자)

이 소설에서 세민의 예술가의 지향을 이해하는 존재는 누이와 희경
이라는 여성이다. 그러나 세민의 아버지와 친구인 춘광은, 즉 남성은 유
용성의 차원이 아니라면 예술의 존재의의를 인정하지 않고 따라서 세
민의 예술 추구를 환쟁이나 미친 짓으로밖에 보지 않는다는 점이다. 예
술가의 이해자나 원조자로서의 여성의 존재는 나도향의 「젊은이의 시
절」에서도 드러난다. 「젊은이의 시절」에서 철하의 아버지와 누이의 연
인 영빈은 예술 자체를 이해 못하거나 예술을 이성(異性)을 유혹하는 도
구로밖에 사용하지 않는 예술의 적대자인 반면, 누이 경애는 음악가가
되기를 간절히 원하는 철하의 유일한 원조자이자 이해자이다. 「젊은이
의 시절」 또한 결말이 에로티시즘적 몽환 속에서 누이의 손길을 지각하
는 장면에서 마무리된다는 점에서 「신비의 막」과 같다.
 이러한 양상을, 남성과 세속적 가치가 공모하고 있다면 다른 한편에
는 여성과 예술이 공모하고 있다고 해도 좋을 것이다. 「신비의 막」의
희경은 세민에게 "先生님! 저는 世上에서 道德이니 法律이니 하는 소

---

20) 김환, 「신비의 막」, 『창조』 창간호, 1919.2, 35면.

리는 참 듯기 실혀요 先生님 말슴과 갓치 사람이 自然이 나고 自然에
서 살다가 自然으로 도라가지 안어요 (…중략…) 오직 져는 몸과 마음
을 선생님끠 밧치겟습니다. 永遠히 ……"21)라고 말한다. 여기에서 예술
이란 도덕·법률과 같은 제도와는 대립적인 것이며, 그 대립성이 자연
(自然)이라는 말로 강조되고 있다. 말하자면 예술은 자연과 같이 이해관
계를 떠난 무목적성 내지 자기목적성의 존재인 것이다.

　「신비의 막」에서 '신비'라는 말은 예술가 세민에게 있어서 예술의
성격을 단적으로 드러내준다. '신비'라는 말 자체가 말해 주듯이 예술
이란 불가해하지만 우선 감성과 정서상의 지각의 영역이며 세간의 이
해관계와는 동떨어져 있는 영역이라 할 수 있다. '신비'라는 말은 예술
만이 아니라 여성과의 사랑의 성격을 포괄한다. 이는 곧 이성적이라기
보다는 감성적·감정적 나아가 자연적인 존재로 여성을 바라보는 시각
과 상통해 있다.22) 여성을 자연적인 존재, 바꾸어 말하자면 세속적인
현실의 때가 묻지 않은 순결한 존재로 바라봄으로써, 그러한 여성과의
사랑은 예술과 등가가 될 수 있었으며 예술과 사랑 사이에는 교환법칙
이 성립될 수 있었다. 이러한 여성의 이상화는 유럽의 낭만주의 운동이
보여줬던 여성의 이상화 방식과도 유사하다. 조지 모스에 따르면, 여성
의 이상화는 유럽의 낭만주의 운동의 한 특성이었다. 슐레겔이나 노발
리스에게 있어서 아름다운 여성에 대한 에로티즘은 눈에 보이지 않는
신성(神性), 세계와 천체의 조화를 드러내는 외적 표지(outward sign)였다.
여성은 한편으로 꽃이라는 상징적 의미를 지녔는데, 특히 노발리스에
게서 '푸른 꽃'은 언제나 신비로운 아름다움으로 귀착되며, 영원히 인
간의 접근을 피해 가는 구원의 상징이있다. 노빌리스의 소설 『하인리

---

21) 위의 책, 35면.
22) 여성을 전적으로 본능적·원시적 존재로 바라보는 시각과도 멀지 않은 거리에 있으
　　며, 본질적으로 동일하다. 이러한 시각 등 여성에 관한 인식 문제에 대해서는 2장에서
　　자세히 다뤄진다.

히 폰 오프터딩겐』(1802)에서 "푸른 꽃"은 천상의 얼굴을 한 아름다운 여성이자 자연적 매력이기도 했다. 따라서 '푸른 꽃'인 여성은 현재와 동떨어진 영원성과 불변성을 암시했다.[23] 1920년대 동인지문학에서도 여성은 비슷한 방식으로 이상화되었다. 속화된 세계에서는 찾아 볼 수 없는 가치의 구현체를 의미했다. 예술가적 지향이 사랑에서 끝나는 구조는 바로 이러한 인식 속에서 가능했던 것이었다.

한편, 감성적·감각적이고 자연적인 여성의 성격은 여성의 육체를 떼어놓고서는 생각할 수 없다. 따라서 '여성의 손길'을 느끼는 장면에서 끝나는 이 두 소설의 결말은 새롭게 해석될 여지가 있다. 「젊은이의 시절」의 몽환적 결말 처리는 습작기의 유치한 감상성으로 치부되거나 철하의 심리와 공상을 중심으로 이 작품 전반에 노정되는 감상적 분위기 내지 서정성을 극대화함으로써 결국에는 모든 실제적 갈등을 무화하면서 작품 전체를 종결짓는 역할을 한다[24]는 해석이 일반적이다. 이러한 해석 또한 타당하지만, 그보다 중요한 것은 여성의 육체-손길이라는 감각적 직접성을 매개로 예술을 향한 지향이 구체적인 형상성을 얻을 수 있었다는 점이다.

이와 관련하여 박영희가 술회한 '처녀작 발표당시의 감상'은 주목할 만하다. 박영희는 창작이라 할 만한 최초의 것은 『장미촌』에 발표한 「적(笛)의 비애(悲哀)」이지만, 활자로 인쇄된 자신의 시를 보아도 과연 자신

---

23) 이러한 모스의 견해에서 더욱 주목해야 할 것이 있다면, 유럽 낭만주의 운동에서 여성의 이상화는 당대 유럽의 민족주의가 자신의 고결한 목적을 설명하기 위해 순결하고 정숙한 여성이라는 민족 전범(the national stereotype)을 내세운 것과 맞닿아 있으며 상호 작용했다는 것이다. 이러한 여성 전범은 19세기 동안 사회 전계급에 스며들었던 부르주아 예의범절 내지 규범(respectability)을 강화시키는 결과를 낳았다고 지적한다. 즉, 계몽주의 기간 동안 여성이 얻었던 작은 성취마저 잃어버리게 만들고 여성을 탈-해방(de-emancipation)으로 몰아넣은 것은 이러한 여성의 이상화였다는 것이다. George L. Mosse, *Nationalism and Sexuality : Middle-Class Morality and Sexual Norms in Modern Europe*, The University of Wisconsin Press, 1985, pp.90~100 참조.

24) 박상준, 「1920년대 초기소설 연구」, 서울대 석사논문, 1993, 28면 참조

이 문학을 하고 있는 것인가라는 의구심이 들었는데, 그때 개최한 시낭송회를 통해서, "自己自身이 엇더한 具體化한 文學이라는 形式을 通해서 再現되엿다"는 홍미를 느꼈으며 바로 자기재현의 즐거움이라고 할 수 있다고 술회한다.25) 즉, 작품의 활자화만으로는 자신이 예술가라는 것을 스스로 느끼고 세상에 자부하기란 어려웠다는 것을 말하고 있다. 당대의 문인들에게 예술가됨이란 단지 예술작품을 창조한다는 것이 아니라, 전혀 다른 삶의 양식으로 살아가는 사람임을 의미했는데 작품만으로는 예술가 자신의 인격적 실체를 보여주기란 힘들었을 것이다.26)

이는 작품 내에서도 마찬가지이다. 예술에 대한 신념을 토로한다든가, 작품 창작의 과정을 형상화한다든가 하는 식으로 작품 전체를 일관할 수는 없는 것이기 때문이다. 문제는 어떻게 예술에 대한 동경을 통해서 예술적 삶의 실감을 보여 주느냐였다. 마침 한설야의 「동경」(1925)은 미적 도취와 사랑의 설렘이 하나로 통일되는 황홀경을 보여주고 있다.

> S와 K는 이 째까지 먼하니 그림만 드려다보고잇섯다. S는 거긔만 정신쌔진 사람 갓했다. K는 점점 생각하는 것을 잇고 거게만 시선을 박고 잇섯다. K와 S의 정신은 지금 그림을 통하야 빙빙도라기는 외에 다른 곳에는 조곰도 새어 나지 안엇다. 도시 갈릴 수 업게 한데 합실리고 만 것이다. 최고의 절정에서 완전한 나라로 조화되여버린 것이다. 모다 싸라진 것 갓했다. 아모것도 업는 것 가햇다.27)

묘사된 바에서 알 수 있듯이, 예술작품에서 맛보는 희열을 일종의 관능적 도취상태에 가깝게 그리고 있다. 또한 그 상태는 이 소설에서 두

---

25) 박영희, 「再現의 喜悅과 反省의 悲哀」, 『조선문단』 6호, 1925.3 참조.
26) 동인지들마다 동인들의 사진을 돌려가며 싣는다든가, 편집 후기에 해당하는 난에서는 문사들의 이러저러한 행보들을 알린다든가 더 나아가 특정 문인에 대한 인상기를 고정 난으로 게재한다든가 하는 방식도 예술가를 인격적 실체로 현시하기 위한 일환이었을 것이다.
27) 한병도(한설야), 「동경」, 『조선문단』 8호, 1925.8, 54면.

남녀의 영혼의 교감, 즉 사랑을 은유하는 것이기도 하다. 즉 관능에 가까운 감각적 직접성을 매개로, 미적 도취 상태와 사랑의 설렘은 거의 분간을 할 수 없도록 일치된다.

이상을 통해서 유추할 수 있는 바는, 당대의 문인들이 예술적 삶의 실감을 다른 것에서가 아니라 바로 사랑에서 찾고자 했으며, 그럴 수 있었던 토대는 바로 여성의 육체가 환기하는 감각적 직접성에 있었다고 할 수 있다. 당대의 문인들에게 예술가란 예술적 삶의 양식을 살아가는 사람이어야만 할 때, 그 남다른 삶의 표상으로서 사랑은 예술과 등가를 이루며 예술적 삶을 형상화하는 데에도 더 구체적인 형상성을 확보할 수 있었기에 예술가로서의 지향을 대리 표상했다고 볼 수 있다.

④ 낭만적 사랑과 예술이 등가일 수 있었던 것은 반봉건적 인습과 관습으로부터의 해방의 지표였다는 점에 있다. 그 둘을 위해서는 모두 전통적 가정을 뛰쳐나와야만 했던 것이다. 달리 표현하자면, 낭만적 사랑과 예술은 그것의 선택에서부터 추구에 대한 최종 판단을 개인 자체에 둔다. 이는 둘 다 사적 영역 중에서도 가장 폐쇄적인 사적 영역에 속한 것이라고 할 수 있겠는데, 이러한 폐쇄된 영역은 바로 세속의 가치에 휘둘리지 않는, 즉 소외되지 않고 파편화되지 않은 자아 정체성의 거처가 됨으로써 사회적 고립과 소외를 보상하게 된다. 즉 낭만적 사랑과 예술은 자존심을 지켜 주던 그 무엇으로서, 제도와 관습은 물론 물질적 이해 영역의 차원을 넘어선 정신적인 것임을 짐작할 수 있다. 그런데 앞에서 살펴보았듯이 낭만적 사랑과 예술의 추구가 한데 엉켜 예술적 삶을 대리하고, 개인의 충만한 확충과 삶의 지표를 가리키는 '생명'의 표상을 얻을 수 있었던 것은 낭만적 사랑의 대상인 여성의 '육체'를 매개로 했기 때문임은 이미 앞에서 언급하였다. 여기에서 육체는 '성적 욕망'의 문제를 제출하고 있다는 점에서 또 다른 의미를 지닌다.

『조선문단』 9호에 특집처럼 마련된 「제가(諸家)의 연애관(戀愛觀)」에

드러난 당대 문인들의 생각을 보자면, 대부분이 성욕(육적 요구)을 연애 혹은 사랑에 있어서 배제할 수 없는 계기로 인정한다. 하지만, 성적 욕망은 자아의 정체성 차원에서라기보다는 종족보존의 본능이나 본능 그 자체로 인식된다. 따라서 육체적 본능만의 사랑은 진정한 사랑일 수 없다는 인식이 지배적이다.[28] 이러한 연애관 안에서는 정신적 사랑과 육체적 사랑이라는 이분법적 도식과 거기서 파생되는 갈등의 계기가 존재한다. 「마음이 옅은 자여」의 K의 독백은 이를 어느 정도는 보여준다.

C와 함께 잇는 거슨 자미잇다. 거긔는 精神上의 娛樂 —물론 그와 함끠 이슬 때는 精神上壓迫도 적지 안치 만— 이 있다.

Y와 함께 잇는 것도 자미잇다. —오히려 더 C와보담 더 즐겁달 수가 잇다. 그러치만 아 – 쓰기도 실타.

「너는 Y의게서 무어슬 求하느냐! 精神上 娛樂보다, 오히려 情慾의 ……」, 뉘가, 내귀에 속삭이는 것갓다. 아–나는 Y에게서 정욕의 만족을 구하지 안앗는가?

—精神上 즐거움보다도 오히려!

내가 그와 좀 정답게 이야기하게 된 다음에 첫 번 물은 말은(?)

「잉태하면? ……」이 아닌가?[29]

아–精神上 즐거움! 때때로 머리를 드는 이 참사랑으로 나와 Y는 맛매우고 싶다. 肉을 떠나고 人間的을 떠난 이 理想의 순간이 —이 神聖한 순간이— 이 참의 순간이, 순간 —이 련속되여 時로 되고 日로 되고 年으로 되어, 우리 두사람으로 하여금 그의 우를 것게 하여, 肉的俗的인 우리 사랑으로써 神聖한 理想的 사랑으로 변하게 하면, 아–그때는 …… 그때는 …… 나는, 누리에 대하여 布告하리라 –

「오– 나는 너희보담」이라고 …….[30]

---

28) 「제가의 연애관」, 『조선문단』 9호, 1925.7 참조.
29) 김동인, 「마음이 여튼 者여」, 『창조』 4호, 1920, 11면.
30) 위의 책, 13면.

K는 함께 문학을 하면서 정신적 교감을 나누는 친구 C와 연애 중인 Y에게서 얻은 쾌락의 성격을 비교하면서, Y에게 얻는 기쁨이 더 큰 것은 그것이 정욕이기 때문임을 시인하면서도 자조적인 기분을 드러낸다. 두 번째 인용문에서는 신성하고 이상적인 사랑이란 정신적인 사랑임을 이야기하는데, 그 성격을 "肉을 떠나고 俗을 떠나고 人間的을 떠난" 것으로 규정하고 있다. 이러한 성격의 정신적 사랑이란 단지 정신적 교감의 차원으로만 설명되는 것이 아니라 사회적 제관계를 넘어선 것, 자신의 폐쇄적인 자장만을 허락하는 것을 의미한다. 이 폐쇄적인 자장의 울타리 속에서만이 자신과 연인과의 육체적인 교섭은 별다른 무리 없이 긍정의 계기를 얻을 수 있었던 것이다. Y와의 사랑이 정신적인 것이냐 육체적인 것이냐를 두고 끊임없이 번민하던 K가 "나를 사랑하는 여자를 내가 사랑하는데 그거시 육의 사랑이던 참사랑이던 관계가 무어시며 마음의 아플거시 무어시랴? 그러타—나의 의무는 다만 Y를 사랑할 거시지, 그거시 무슨 사랑이던 분석기에 올녀노아서 이러타저러타 할 필요는 없다", "맹목적이라야 할 사랑에, 육적이니 영적이니를 구별할 필요는 없다"31)는 자리합리화에 도달한다. 이러한 합리화를 통해 성적 욕망과 결부된 자신의 갈등은 은폐되고 더 이상 의문시되지 않는다. 이는 극단의 자기 폐쇄적 개인주의가 가져온 논리의 귀결이다. 가령, 염상섭의 「제야(除夜)」(1922)의 최정인이 성적 방탕을 자초할 수 있었던 논리가 "主觀은 絕對다. 自己의 主觀만이 唯一한 標準이 아니냐. 對己의 主觀이 容許하기만 하면 고만이다. 社會가 무엇이라 하든지, 道德이 무엇이라고 抗議를 提出하든지, 神이 滅亡하리라고 警告를 하던지, 귀를 기울일 필요가 어디 있느냐"32)는 식으로 표명되고 있는 것을 보면 더욱 그렇다.

그러나 「마음이 옅은 자여」는 물론 「약한 자의 슬픔」, 나도향의 『환

---

31) 위의 책, 15면.
32) 염상섭, 「除夜」(『개벽』, 1922.2~6), 『염상섭 전집』 9, 61면.

희』, 염상섭의 「제야」 등도 성적 욕망을 주인공의 정체성에 어떻게 위치시키느냐의 문제를 제기하고는 있지만, 그 귀결은 극단의 개인주의가 취할 수 있는 국면과는 다른 의외의 국면에 도달한다. 이들 작품에서 성적 욕망으로 인한 갈등은 그 자체로 자아의 내적 분열과 파괴를 낳는 국면까지 간다든가 해야 할 터인데 그렇지도 않다. 또한 그들의 사랑이 애초에 사회적 제도와 세속적 가치를 거부한 데서 출발했다면 그 궁극인 에로티즘의 경지를 개척해 보여야 하지만, 오히려 사회 제도의 완강함을 확인하고 제풀에 꺾여 버리거나, 도덕의 교훈을 얻는 데서 끝나버린다. 가령, 『환희』의 두 남성 주인공은 정조의 확인을 요구하는 완강한 사회 인습이 존재하는 이상 자신들의 사랑은 이루어질 수 없다면서 방랑길을 떠나고, 「마음이 옅은 자여」의 K는 결국 실연의 방황 끝에 아내의 무덤에서 회한의 반성을 하고, 「제야」의 최정인은 자신의 부정(不貞)과 오만을 용서하고 남의 자식을 낳은 그녀를 받아들이겠다는 남편의 편지에 도덕적으로 정화(淨化)된다. 왜 이러한 결론에 도달했는가는 좀 더 자세한 규명을 요구하는데, 이는 성적 욕망을 환기시켰던 육체의 존재, 즉 여성에 대한 인식과 빈틈없이 관계되어 있기에 절을 달리하여 서술하도록 한다.

2. 부도덕한 신여성과 도덕적 주체의 확립

나도향의 『환희』는 적어도 도덕으로의 귀환을 보여주지 않는 작품이다. 그런데 『환희』에서 두 남성 주인공은 살고, 두 여성 주인공은 죽는다는 것은 눈여겨보아야 할 가장 중요한 대목이다. 영철과 선용은 사랑을 단념하고 유학길에 오른다. 이는 남성이 사회적 관계와 제도에 더 견고하게 얽혀 있다는 사실과 연관되어 있다. 이것은 근대의 사회적 관계와 제도가 남성에게 더욱 억압적이라는 사실을 말한다기보다 남성에게 자아실현을 위한 더 다양한 가능성들이 사회적으로 열려 있다는 것을 의미한다. 쉽게 말하자면 남성에게 사랑이란 선택할 수 있는 것 중에 하나이지만 전부는 아닌 것이다. 반면에 여성들은 그렇지 않다. 분명 근대에 들어 가족 간 유대의 약화와 개인주의의 대두는 여성에게 제한적이라 할지라도 전에는 생각할 수도 없는 사랑하는 사람을 선택하고 결혼할 수 있는 자유를 부과하였다. 그러나 보통의 여성들에게 사랑이란 자아를 실현시킬 수 있는 거의 유일하고 결정적인 기제라는 의미에서, 이 자유에는 파멸적 결과를 초래할지도 모른다는 역설이 도사리고 있다. 정월이 선용과의 사랑을 단념하고 돌아갈 수 있는 곳이란 백우영과의 지리멸렬한 결혼생활이며, 설화가 돌아갈 수 있는 곳이란 생계를 위해 육체를 파는 창부의 삶이다. 그러나 그곳은 일단 자기 자신에게 눈뜬 그녀들이 자신을 스스로 능멸할 생각이 아니라면 돌아갈 수 없는 곳이다. 더욱이 사랑에 있어서 순결성의 이상이 여성에게 더욱 고착적인 형태로 내면화될 뿐만 아니라 사랑을 하고 받을 수 있는 현실적 조건이라고 할 때, 정월의 결혼과 설화의 창부라는 신분은 변경 불가능한 육체의, 영혼의, 그리고 사회적인 낙인이기까지도 하다는 점을 상기해본다면, 그녀들에게 돌아갈 곳이란 없으며 달리 추구해야 할 가치도 없었던 것이다. 즉 정월과 설화의 자살은 자신의 정체성을 수호하고자 한 의지적인 것이 동시에 현실의 조건이 강요한 필연적인 것이었다.

특히나 기생 설화의 자살은 어떤 면에서는 정월의 자살보다 리얼리티를 얻고 있다. 영철과의 사랑은 설화에게 있어서 영혼과 교통할 수 있는 새로운 육체의 발견에 다름 아니었지만, 이 발견은 생계가 관장하는 창부로서의 육체와 영혼이 관장하는 연인으로서의 육체로의 분열의 계기이다. 이 분열은 쉽게 극복될 수 없다는 점에서 비극의 전초이기도 하다. 밥을 선택하느냐, 사랑을 택하느냐의 문제에서 끝나는 것이 아니라 자아분열의 양상으로 치달을 수도 있기 때문이다. 정월이 영철의 애인임을 가장하여 설화를 찾아온 후 설화가 자포자기의 심정으로 백우영에게 자기를 내맡긴 것이라든가, 그 상황을 영철에게 목격 당한 후 설회가 실성한 사람처럼 되어버린 것은 자아분열 현상이라 할 수 있다. 여성에게 영혼과 육체의 갈등이 더욱 격화된 양상을 띠게 되는 이유는 순결이 실제로는 여성들에게 부과되는 가치이고 여성은 남성에 의해 보여지는 존재라는 사실에 있다. 따라서 『환희』의 두 여 주인공의 자살이 어떤 의미에서는 폐쇄적인 자기 내부에서의 쟁투와 침잠의 결과라고 할지라도 리얼리티를 획득할 수 있었던 것이다.

　1920년대 소설에서, 정월과 설화 이 두 여 주인공은 비극적이지만 어쩌면 가장 명예로운 여성 주인공으로 남아 있을 수 있었는데, 그녀들은 죽음으로써 적어도 자신들의 사랑의 순수성을 증명할 수 있었기 때문이다. 역으로 1920년대 많은 소설에서, 대부분의 여성들 특히, 신여성들은 방탕한 성적 욕망과 자신의 육체를 도구화하면서까지 좇는 물질적 욕망 때문에 도덕적 비난의 대상으로 형상화되었다. 신여성의 문학적 형상화가 어느 정도나 당대의 사회적 실상에 접근해 들어가고 있는가는 별도의 문제이지만, 1920년대 소설에서 형상화된 신여성의 존재 방식과 그에 대한 가치판단은 역설적으로 낭만적 사랑과 예술의 추구에서 그 성격을 부여받았던 근대적 자아의 관념성과 빈약함을 폭로해 준다.

　① 『만세전』은 아내·정자·을라 등 세 여성과의 관계 방식을 청산 내지 재정립하여 이인화 단독의 '개인'으로 복귀하는 과정의 서사라고 할 수 있음은 앞에서 짐깐 언급하였다. 이인화는 조혼이라는 판습 때문에 결혼한 아내에 대해서는 새길만한 추억이라든가 아니면 인륜적인 인지상정의 연민조차 갖지 않았다. 그래서 아내가 곧 임종을 앞두고 돌아오라는 전보를 받고서도 자신이 왜 서둘러 가야 하는가에 대해서 회의를 한다.

그러나 저러나 只今 이다지 時急히 떠나랴는 것은 무슨 理由인가. 내가 가
리고, 죽을 사람이 다라날 理도업고, 己爲 죽엇다할 地境이면, 내가 안이 간
다고 감장할 사람이야 업슬가. 六七年이나 갓치 사라온 情으로? 참 正말 情
히 드럿다할가? 입에 부튼 말이다. 그러면 義理로나 人事治禮로? 그러치 안
으면 一家들에게 대한 體面에 그럴 수가 업다거나, 男便된 責任上, 避할 수
업서서 나간다는 말인가. 흥! 그런 생각은 애當初에 念頭에도 업거니와 그런
虛僞의 짓을 하지 안으면 안될 理由는 어데 잇는가. 그럼 웨 가랴나?33)

아무리 조혼에 의한 강제적인 결혼이었다고 하더라도, 육칠 년을 같
이 살았고, 자신의 아들을 낳은 아내가 이제 곧 임종을 맞이한다는 정
황에서라면, 누구라도 미안함이나 안타까움이 들 만하다. 그런데 이인
화의 번민은 이런 인지상정의 심정조차 느끼지 못한 데서 오는 게 양심
의 가책이 아니다. 그런 심정조차 들지 않는데 서둘러 가려고 여장을
꾸리는 것 자체가 자신을 속이는 위선이라는 것이 번민이다. 이렇듯, 인
정이나 인륜의 양식이 통하지 않을 만큼 이인화는 철저한 반(反)봉건론
자이자 개인주의자이다. 이는 아내와의 관계를 완벽히 청산하는 것이
아내의 죽음에서 끝나는 것이 아니라, 자신의 아들을 김천 친형이나 큰
집 형의 양자로 들이도록 갈무리하는 것에서도 확연히 드러난다. 물론
큰집 형댁이나 김천의 친형에게 아직 대를 이을 종손이 없다는 봉건적
인 요구와 결탁한 일이기는 하지만, 이인화는 아들 문제를 형과 결론짓
고 나서, "簡單한 일이지만, 이러케 穩順하게 끗치 나니까, 한시름 니즌
것 같고 새삼스럽게 自由로운 天地에 뛰어 나온 것" 같은 심정을 느낀
다. 이렇듯, 구습에 의해 결혼한 아내란 살아 있는 동안에는 북박혀 있
는, 처치곤란한 자연적인 상태의 존재로 그려진다.
　구여성의 이러한 성격은 신여성과 비교되면서 부각된다. 이러한 사
정은 오히려 김동인의 「마음이 옅은 자여」의 K가 그의 조혼한 아내를

---

33) 염상섭, 『만세전』, 『염상섭 전집』 1, 15면.

어떻게 보았으며, 그 인식이 어떻게 변화했는가를 통해서 잘 드러난다. 서울 B학당을 졸업한 후 평양의 고향으로 내려가면서 K는 아내에게 많은 기대를 갖고 있었다. K는 "五年이나 내가 떠나 잇는 사이에 그는 갑갑하여 심심거리로라도 工夫를 많이 하여슬여니ㅡ. 지금은 훌륭한 夫人인 되어슬여니ㅡ. 그새 내가 없음으로 대단이 파리하여슬여니ㅡ."[34] 하고 기대 했다. 즉 지적·정신적 수준에서도 자신에게 걸맞는 아내가 되어 있기를 바랐던 것이다. 그러나 K의 기대는 좌절된다.

> 二三日 뒤에 나의 안해는 내가 왔다는 말을 듯고 나의 집으로 왔다. 색감앗케 타진 얼골, 살진 허리는, 그가 本집의 農事는 도아주면서도 마음은 걱정 없이 지난 것을 나타내엇다.
> 마음이 여튼 者여!
> 나의 헛튼 規則업는 生活은 이때부터 시작되엇다.
> 異性의 合, 거기서 男女의 정은 생긴다 한다. 나도 그런 理由로인지는 모르지만 五年前에는 나의 안해를 서로마조 잇을 때에는 사랑하엿다. 或은 그 사랑이 肉의 사랑일지도 모르거니와, 엇잿던 나는 그를 사랑하엿다. 그러치만, 지금 나와 그는 다른 사람 以上이다.[35]

K가 5년 동안 공부를 하고 있는 동안 아내가 친정에 가 있었다는 사실에 먼저 낙담을 하지만, 돌아온 아내의 모습이란 시골 농사꾼 아내의 몰골이라는 데서 더 큰 실망을 한다. 구여성의 이러한 외모 자체가 자기 계발과 함양과는 무관한 존재임을 드러내 준다. K의 아내는 '남산현 예배당 특유의 R학당식 머리를 하고 쌍쌍이 몰려다니는 이팔 혹은 이구의 여학생들', '검은 파라솔에 책보를 끼고 바쁘게 지나다니는 S여중학생'[36]과는 까마득한 거리를 만들어 내며 K를 절망 그리고 새로운 욕

---

34) 김동인, 「마음이 여튼 者여」, 『창조』 3호, 1919.12, 27면.
35) 위의 책, 28면.
36) 위의 책, 28면.

망의 미로에 빠뜨린다. 그러나 이들 '신여성'은 근대적 교육의 수준에서 '구여성'과 비교되는 것 같지만, 그것을 알려주는 지표 자체가 복장과 머리 모양 등 보여지는 외모에 있었다는 것은 강조할 필요가 있겠다. 즉 구여성이든 신여성이든 남성 주체의 시선 속에 보여지는 존재라는 점에서는 공동의 운명에 놓여 있다. 더욱이 신여성은 어디까지든지 성적 욕망을 환기하는 남성적 시선에 갇힌 존재로 그려진다. "여자는, 더구나 새로운 학문을 배우는 여학생은 인생이란 거친 들의 꽃일세, 어두운 밤의 불일세. 햇발이 왜 따스한 줄 아나? 그들의 가슴을 덥히기 위함일세. 달빛이 왜 밝은 줄 아나? 그들의 얼굴을 바래기 위함일세. 꽃이 핏기도 그들의 눈을 기쁘게 하려는 까닭이요, 새가 울기도 그들의 귀를 즐겁게 하려는 까닭일세[37]"라는 식이다. 그러면 『만세전』에서 정자를 바라보는 이인화의 시선을 보자.

일본인 카페 여급인 정자에 대해서 그 이력이 구체적으로 서술되어 있지는 않지만, 그녀는 실연이라는 '과거의 쓴 경험'으로 인해 거기에서 벗어나려는 '자각'과 진실히 '자기의 생활을 인도하려는 노력' 중에 있으며, 임시방편으로 카페 여급 생활을 하고 있다. 현재 불안정한 처지에 있으며 미래 또한 불투명하지만, 가족과 사회의 통념이 요구하는 삶을 그대로 받아들일 여성은 아니다. 위 인용문에서 보자면, 정자의 시선과 미소 속에서 이인화는 무엇보다 억압과 분출의 경계 사이에 놓여 있는 정자의 성적 욕망을 읽어낸다. 일본 고베[神戸]에 있는 C음악학교 유학생인 을라를 바라보는 이인화의 시선도 마찬가지이다. 이인화가 을라에게 관심을 갖는 이유는, 병화와 은밀한 관계에 있으면서도 이인화에게 유혹의 추파를 대담하게 보내고, 또 제3의 인물과 '폭발탄정사(爆發彈情死)'라는 스캔들을 일으키며 살고 있는 을라의 성적 분방함 때문이다. 그러니까 두 여성에 대한 이인화의 시선—이는 이인화 스스로가 "自

---

37) 현진건, 「까막잡기」(『개벽』, 1924.1), 『현진건 전집』 4(이재선·김시태 편), 문학과비평사, 1988, 153~154면.

己에게 娼婦的 根性이 잇기 때문에 사람을 娼婦視하는 것이 안인가"
라며 자조적으로 시인하듯이, 자신의 성적 욕망을 투사하여 전도시킨
것이다.

그러나 그것만이 아니다. 이인화는 결국에 을라와 정자 모두와의 관
계를 말끔하게 청산하는데, 이는 그녀들이 자신의 성적 매력을 도구로
삼는다는 것 때문이다. 이인화가 끊임없이 유혹의 손길을 보내오는 을
라와의 관계를 청산한 이유는, 그녀가 성적으로 방탕한 것은 물론, 유부
남인 병화에게 학비를 원조 받고 있다는 사실 때문이었다. 또한 정자에
게 이별의 의사를 밝힌 답장을 보낸 것도 아내의 상중에 받아 본 정자
의 편지에는 "암만해도 學費를 대어달라거나 어떠케 갓치 사라보앗스
면 하는 意思"38)가 있었기 때문이다. 이인화는 아내의 상에 든 경비가
예상외로 절약되었고 또 상중에 큰 소리 낼 수도 없을 것이라는 상황을
틈타 김천 큰형에게 삼백 원을 얻어내어 정자에게 답장과 함께 보낸다.
이렇게 상황을 놀라우리만치 민첩하고도 타산적으로 이용해서 정자에
게 보낸 삼백 원이란 그녀와의 관계를 신사적이고도 깨끗하게 청산하
게 위한 위자료라고 해도 무방한데, 기실 이인화는 정자가 자신에게서
원하는 것이 사랑이라기보다는 돈이라고 인식했기 때문이다.

② 최숙경 등은 신여성에 대해 다음과 같이 범위 규정을 내린다. "당
시 사회의 신여성은 외형적으로는 이른바 하이칼라 여성이라고 하는
단발에 개량한복 또는 양장, 구두신은 모던 여성으로 상징되었다. 그러
나 껍데기만의 신여성은 오히려 당시 사회에서도 비판의 대상이 될 수
있었고 진정한 의미의 신여성은 일정한 고등교육을 빋고 직업을 가진
의식 있는 신여성이거나 일정한 직업은 없어도 직업적인 여성운동가,
또는 고등교육은 받지 못했어도 공장노동자로 일하는 노동자여성도 신

---

38) 위의 책, 101면.

여성이라 하였다. 왜냐하면 신여성이란 새로운 사회의 산물이자 그 사회를 변화, 발전시키는데 일정한 생산적인 기여를 하는 여성을 말하기 때문이다."39) 이러한 진술은 그만큼 신여성이라는 범주에는 많은 유형이 포함되고 있었다는 사실을 알려준다. 뿐만 아니라 '진정한' 신여성과 '껍데기' 신여성이라는 이항대립에서 드러나듯이, 공적 영역에 등장한 신여성이 이데올로기적 쟁투의 담론적 대상이 되었음을 보여준다.

　신여성은 1920년대 들어 사회의 담론에 중심적이 위치를 차지했을 뿐만 아니라, 문학적 관심의 대상이 되기도 하였다. 사회의 교육 수준이 전반적으로 높아지고, 서구 개인주의에 힘입어 자유연애가 교육받은 남녀 지식인들 사이에서 추구되었던 역사적 상황 때문이었다. 앞선 논의에서 이미 확인되었듯이, 신여성에 대한 문학의 관심은 이중적이었다. 지식인 남성들 자신의 교육과 지적 수준으로 볼 때는 연애와 결혼을 해야 하는 마땅한 대상은 구식여성이 아닌 신여성이었으나, 그것을 실현시키려고 할 때는 많은 어려움이 있었다. 대개가 그러한 난관을 신여성의 도덕적 문제의 탓으로 돌리려고 하는 양상으로 나타났다. 이는 문학에서 집중적인 조명을 받은 신여성은 고등교육을 받은 소위 부르주아적 자유주의자로 분류되는 여성들이었다는 사정과도 연관된다. 이러한 신여성들이 당대 언론을 통해 주된 비판의 표적이 되었다는 사실에 주목해야 한다. 이들은 민족·계급·국가 등을 위한 보다 중요한 일을 제쳐두고 일신의 향락과 즐거움만을 구하는 이기주의자·향락주의자 등으로 낙인찍혔다.40) 신여성에 대한 문학의 관심은 이러한 현실에 기반하고 있는 것이겠지만, 당시 신여성에 관한 담론은 일부 신여성들의 행태를 비난하는 것 이상의 내용을 담고 있었다. 우선 신여성에 대한 비

---

39) 최숙경·이배용·신영숙·안영성, 「한국 여성사 정립을 위한 여성인물 유형연구 Ⅲ」, 『여성학논집』 10, 1993, 12~13면.
40) 전은정, 「일제하 '신여성' 담론에 관한 분석―여성주체 형성과정을 중심으로」, 서강대 석사논문, 1999, 38~40면.

난은 조선이 처한 식민지적 현실에 대한 인식과 맥락을 함께 하고 있었다. 즉 민족이 위기에 처했는데 어떻게 개인의 향락과 안일을 구가할 수 있느냐는 것이었다. 이러한 민족주의 담론은 1920년대만이 아니라 근대 계몽기부터 지속된 것이었다. 『대한매일신보』의 논설들을 살펴보면, 개인주의는 오직 자기 일신을 위해 민족을 망치는 근성으로만 규정된다. 이렇게 개인과 민족을 대립적인 선 위에 배치하면서, 개인은 민족이라는 대타자에게 포함될 때만 존재 의미가 부여되는 결과에 이른다.41) 신여성에 대한 비난 또한 이러한 민족주의의 담론의 연장선상에 있었던 것이다. 여기에 '여성'을 민족으로 구성하는 데 있어서는 성차별주의가 함께 작동했다는 사실이 중첩되어 있다. 대개 신여성에 대한 비판 담론의 귀결은 가정으로 돌아가라는 것이었다. 1920년대 신여성의 대두는 근대 계몽기 때부터 관과 민 모두에 의해 적극 추진되어온 여성 교육의 산물이었다. 여성 교육의 중요성에 대한 인식은 문명화론에 기반을 둔 것이었다. 여성의 문명개화 정도로 민족의 문명개화 정도를 측정할 수 있다는 논리에 따랐던 것인데, 문명화의 사명에서 여성이 맡아야 할 책임은 미래의 "전 민족의 장래, 전 민족의 운명"이 달린 인재 생산과 양육에 있었던 것이다.42) 이러한 논리에 따를 때, 재생산과 양육이라는 목적을 벗어난 여성의 섹슈얼리티는 용납되지 않았던 것이다.

1920년대 소설에서 신여성들은 성적 욕망과 물질적 욕망 때문에 도

---

41) 고미숙, 『한국의 근대성, 그 기원을 찾아서—민족·섹슈얼리티·병리학』, 책세상, 2001, 42~43면 참조. 고미숙은 이러한 유기체적 논리에서 파생된 민족의 순수성 논의가 결부되어 성 윤리의 문제는 더욱 중요한 지점을 보이게 되었다고 지적한다. 매국노, 탐관오리 등을 '적국놈에게 시집하는 년', '적국의 년에게 장가가는 놈'과 유사한 위상에 놓는 근대 계몽기 남론의 수사학은 인종주의적인 것일 수밖에 없네, 반민족인 행위는 민족의 순수성, 결국 피를 더럽히는 행위로 인식되었던 것이다. 49~60면 참조 덧붙이자면, 1920년대에 특이 서양인이 세운 여학교에 다닌 신여성, 양장을 한 신여성, 서양인과 어울리는 신여성에게는 더욱 가혹한 비난이 쏟아졌는데, 이는 우월한 서구의 물질문명에 대한 열등감과 함께 인종적 편견이 동시에 작용한 것이라고 볼 수 있다. 아래 주 46) 함께 참조.
42) 전은정의 앞의 논문 41~45면 참조, 고미숙의 위의 책, 105~121면.

덕적 비난의 대상이 되었다. 이러한 인식에는 여성이란 원래 성욕이 걷
잡을 수 없고, 또 허영심이 많다는 존재론적 차원의 성격 부여가 일차
적이다. 이는 결론적으로는 여성에게는 괄목할 만한 정신적·지적 능력
이 존재하지 않는다는 인식, 즉 독립된 인격으로 성장할 수 없다는 인
식과 공모하고 있다. 「약한 자의 슬픔」의 강 엘리자벳트를 진찰하는 의
사의 손길에서도 성적 쾌락을 느끼는 여성으로 형상화하였던 김동인은
「령혼」에서 여자에게 영혼이란 게 있는가라는 질문을 던지면서 여자에
게는 과학문명과 인류의 문화를 만들어낸 창조력—영혼의 요체가 없다
고 못 박고 있을 정도이다. 여성에게는 다만 원숭이보다는 나은 모방력
이 있을 뿐이라고 일축하는데, 여성을 인간의 요체인 이성을 갖지 못한,
그리하여 동물에 더 가까운 존재로 바라본다. 이렇게 주장할 수 있는
근거를 김동인은 남성과는 다른 여성의 생리학상 신체구조에서 찾고
있다.[43] 여성을 성적 욕망과 금전이라는 물질적·육체적 욕망의 포로로
간주하는 인식은 단지 여성에 대한 존재론적 성격 부여에서 끝나는 것
이 아니라, 자신을 도덕적 주체로 내세우는 메커니즘에 포섭된다.

전영택의 「운명」에서 오동준의 실연은 H가 다른 남자와 동거를 하고
임신한 사실에서 비롯된다. 즉 다른 남자와의 육체적 관계의 성립 때문
이다. 이는 단지 자신을 사랑하던 여자가 다른 남자를 사랑하게 되어
헤어지게 되었다는 사실 이상의 의미를 띤다. H가 다른 남자와 관계를
맺었다는 그 이유로 오동준은 "여인이 아니면 인류의 생식이 되지 못하
게 한" 것은 하나님이 유일하게 잘못한 것이며 "天女와 가치 情操가 곳
은 烈婦도 잇기야 잇겠지오만은 썩 好運兒가 아니면 一生涯에 한번도
만날 수 업는 難事겟지오"[44]라는 결론을 내린다. 자신에게 전세계를 얻
었다 할 만큼 충만함을 준 구원의 여성이 금세 요부가 되어버린 것이다.
이러한 인식은 자신의 경험에 국한되지 않고 여성일반에 대한 규정으

---

43) 김동인, 「령혼」, 『창조』 9호, 1921.5 참조.
44) 전영택, 「운명」, 『창조』 3호, 1919.12, 57면.

로 확대된다. 작가는 이 작품을 H의 편지로 마감함으로써 이 사태의 핵
심을 여성의 본능적인 성적 욕망으로 보고자 한다.

　하지만 성적 욕망이 문제시되는 것은 다른 타자와의 관계 속에서 또
다른 가치판단을 요구하기 때문이다. 이 가치 판단은 "정조가 곧은 天
女 對 생식 밖에는 쓸모가 없는 여자"에서 보듯이 정신과 육체를 대립
시키는 방향으로 작동한다. 자신의 연인일 때 여성은 더할 나위 없이
순결하고 아름다운 존재이지만, 다른 사람의 연인일 때 그녀는 인격적
인 가치를 부여받지 못하고 환멸의 고깃덩어리가 되어버리는 것이다.
사랑하던 여성의 배반의 원인으로 파악된 또 하나는 물질적 욕망이었
는데 여기서도 마찬가지의 판단이 이루어진다. 가령, 이일의 「피아노의
울림」(1920)라는 작품에서는 웰쓰여대생이자 도덕관과 재주가 뛰어났던
박마리아가 재산가이자 첩의 자식인 김인환과 약혼한 것에 대해서 '재
신(財神)'의 유혹에 홀려 "自己의 峻嚴한 道德觀과 純潔한 貞操"를 '祭
物'로 바친 것으로 그려진다. 즉 "朴이 金을 取함은 人格도 아니요 才
能도 아니요 門閥도 아니요 學問도 아니오 다만 金錢이라는 것이었
다."45) 이 작품에서도 첩의 자식이라 하여 왕년에 박마리아에게 거절당
했던 미술가 홍순모는 박마리아를 찾아와서 여자는 허영심이 생명보다
강하다 하지만 지조 있던 당신까지 그럴 줄은 몰랐고, 그처럼 양심과
염치가 없느냐고 맹비난을 한다.46) 돈에 이끌린 배반 또한 결국에는 정

---

45) 이일, 「피아노의 울림」, 『창조』 5호, 1920.3, 59면.
46) 홍순모의 비난내용 중에는 서양인이 세운 여자대학에 관한 것도 핵심을 이룬다. 홍
　순모는 "서양사람 코 아래서 머리를 들지 못하고 하츰부터 저녁까지 쎗터의 내음새나
　맛든 사람들의게다 良心이니 廉恥니 하는 問題가 안이 생길년지도 모르지요, 이 웰스
　學校로 말하면 우리 半島에는 흔치 못한 宏大한 學校임니다. 그런데 이 學校出身이
　우리 社會에 貢獻한 것이 어듸 第一 만슴니까? 아마 妾으로 第一 만이 産出이 되엿
　스리다. 이것은 理論이 안이고 事實임니다"(위의 책, 63면)라고 비난한다. 이처럼 서양
　인이 세운 여학교와 여성교육에 대한 부정적인 시각은 당대 현실에도 존재했었다. 그
　요지는 조선여자를 원료삼아 서양여자의 미숙품을 만들었다는 데 있었는데, 이는 신
　식교육을 받은 여성들이 사회의 가치관의 혼란을 증폭시킨다는 인식의 연장선상이었
　다. 이에 대해서는, 김진송, 『현대성의 형성―서울에 딴쓰홀을 許하라』, 현실문화연구,

조를, 즉 순결한 육체를 판 것이라고 인식되었던 것이다. 이러할 때, 염상섭의 「제야」의 최정인의 다음과 같은 고해 성사는 당연한 귀결이다.

> 몸을 파는 것은, 오히려 容恕할 수도 잇겟지요. 그러나 精神까지 파는 것은, 어떠케 하겟습니가. 無智함으로 犯한 罪는 同情할 수 잇고 悔改하는 날에는 해ㅅ빗을 볼 수도 잇겟지요. 그러나 알고도 犯하는 罪는 地獄門을 열어줄 수 밧게 업지 안습니가. 童貞의 苦惱와 性慾의 壓迫으로 貞操를 깨털엿다는 것도 容赦한다면 할수 업지 안켓지요. 天稟의 不良性과 淫蕩한 氣質로, 娼婦的 不倫한 行爲를하얏다는 것도 容赦한다면 할 수 잇겟지요. 그러나 거긔에 利害의 打算까지 하고, 男子의 財産에 눈ㅅ독드리고 誘拐하얏다는 데에 이르러스는 사람의 部類에도 參列 못할 絶望的 最後가안입니까.[47]

자신의 분방한 성적 욕망과 복잡한 남자관계를 "진정한 생명의 발로"라고 합리화해 왔던 최정인은 자신의 육체를 남자의 재산을 얻기 위한 수단으로 삼았다는 사실을 '사람의 부류에도 참열 못할 절망적 최후'라며 시인하는 대목이다. E에게 접근한 궁극적 동기가 독일유학 때문이라는 사실을 두고 하는 말인데, 이 행위는 생계 때문에 몸을 파는 창부의 매춘 행위나, 억압하기에는 고통스러운 성적 욕망 때문에 정조를 급기야 버리게 되는 부주의한 행위에 비교해도 더욱 용서받지 못할 것으로 낙인이 찍힌다.

여성의 성적 방종과 물질적 욕망 때문에 좌절된 사랑을 그린 대부분의 작품에서 또 한 가지 주목해야 할 점은 주인공의 사랑을 배반한 여성이 새로 관계 맺는 남성들은 하나 같이 인격 면에나 교양 면에서 흠집이 있는 사람들로 그려진다는 것이다. 「마음이 옅은 자여」의 K의 연인 Y가 어릴 적 돈에 팔려 정혼했다는 남자는 "섬 무지렁이"다. 「별을 안거든 우지나 말걸」에서 주인공 DH가 흠모하던 MP를 함께 좋아하던

1999, 202~209면 참조
47) 염상섭, 「제야」, 『염상섭 전집』 9, 77면.

DH의 둘도 없던 문우(文友)인 R은 알고 보니 뒤에서 친구를 험담하는 무뢰한으로 밝혀진다. 「피아노의 울림」의 김인환도 교양이라고는 짤막한 영어 격언을 외우는 정도이고 유곽에 출입하면서 경성의 류행계(流行界)를 지배하는 인사이다. 이러한 설정이 의미하는 바는 다음에서 집약된다.

> 나의 마음은 甚히 괴롭습니다, 나는 이 순간에 곳 그리로 가로 십습니다, 그리고 그들이 지내는 것을 보고 십습니다, 勿論 그 두 사이가, 一平生 동안 원만한 生活을 닛는다하면 나는 스스로 幸福하게 알겟습니다, 그러치만 玉貞의 남편된 K는 내가, 잘─암니다, 그는 玉貞이에 將來를 망치게 할 자, 눈물의 삶을, 맨들 者이외다, 이것은 내가 손톱에 장치고 斷言합니다, 아 불상하게 될 玉貞이, 그러치만 自作之(?)이지오.[48]

인용문은 백야생(白野生)의 「일년후(一年後)」의 주인공 안의근이 자신이 상해로 떠나가 있는 동안 애인 옥정이 돈 때문에 K라는 남자와 약혼을 했다는 소식을 전해 듣고, O형님에게 의분을 전하는 편지의 한 대목이다. 겉보기에는 우선 불행해질 것이 분명한데도 K와 약혼한 옥정의 미련스러움에 대한 지탄이 핵심이지만, 심층을 파고들자면 돈이 행복을 보장하는 조건이 아니라는 것에 대한 확신과 나아가 옥정이 자신과 함께라면 행복했을 것이라는 우월감이 도사리고 있다. 이 우월감은 이미 앞에서 실연한 남자 주인공의 연적들의 면면을 근거로 한다. 그들은 육체와 결부된 물질적 가치만을 추구할 뿐 지식과 교양 등 정신적 가치를 추구하지 않는다. 또 어느 정도의 교양을 지녔다 하더라도 「젊은이의 시절」의 영빈이나 「벌을 인기든 우지니 말걸」의 R처럼 그것을 여성을 유혹하는 데 쓴다. 연인이었던 여성이나 연적들과 비교할 때, 실연당한 남성은 순수하고 고매한 정신적 가치의 지향자인 것이다. 말하자면, 여

---

48) 白野生, 「一年後」, 『창조』 6호, 1920.5, 68면.

성과의 사랑에서도 그러했듯이, 실연의 상황에서도 자신의 우월성에 대한 확증과 이상화가 기도되는 것이다. 염상섭의 「제야」에서 최정인의 고해성사를 가능하게 한 것은 남편의 용서였다. 최정인은 크리스마스 이브에 부정한 아내인 정인과 부정한 생명인 아이를 구원하는 것이 "굿세게 眞正하게 生에 부드쳐 보라는 最初의 努力"49)이라는 남편의 편지를 받는다. 이렇듯, 정죄(定罪)를 하는 것도 남성이었듯이, 정죄(淨罪) 또한 남성에 의한 도덕적 감화에서 연유한다.

③ 이즈음에서 성적·물질적 욕망이란 기실 근대적 자아의 억압된 욕망은 아니었을까 라는 가정은 충분히 해 볼 만하다. 누구보다 식민지적 근대화의 사회상과 지배 논리에 민감했던 염상섭은 「암야」의 '그'의 입을 빌어 이렇게 말한다.

「…… 藝術이니 무엇이니 하야도, 結局은 物質生活의 奴隷밧게는 안 된다. 所謂〈苦惱〉라는 것도 結局 밥이 不足하야서 나오는 것이 안인가. 깁흔데 根底를둔 內部에서 타는 人間苦라는 것은 藥에쓰랴도 업다. …… 그들이 괴로워괴로워하며 個性의 自由롭은 發顯이 無理하게 抑壓되는 것을 恨歎하며 人生問題니, 厭世主義니떠드는 것은, 밥이 不足하다는 哀切에 분칠하는 것에 不過한 것이다. …… 君의 그 沈鬱하고 悲痛한 陰影도 株券만 暴騰하면 夏日의 朝露로다. …… 홍 生死의 問題다 뒤주밋이 글키니까, 生死의 問題가 안인 것은 안이지만 우리가 한번이라도 一生涯의 事業을 爲하야, 自己의 藝術의 宮殿을 爲하야, 人生의 아름답고 純潔한 情緒를 發露하는 戀愛를 爲하야, 深刻하고 永遠한 苦惱를 爲하야, 生死의 問題다! 라고 부르지즌 일이 잇섯나? …… 모든 것이 연이다 절뚝발이 兒孩의 연에서 넘치지 안는다. …… 自己欺瞞, 自己愚弄 …… 以外에 무엇이 잇섯는가?」
「그러나 取할 點은 한아 잇다. 俗되지 안타는 것! 俗衆과는 同化치 안는다는 것! 이것뿐이다. ……」50)

---

49) 『염상섭 전집』 9, 109면.
50) 염상섭, 「암야」(『개벽』, 1922.1), 『염상섭 전집』 1, 56면.

'그'는 젊은 청년들을 휘감고 있는 '고뇌'라는 것도 그 궁극적 근원을 따져 들어가 보면 물질적 결핍에 의한 것이라고 생각한다. 그러할 때, '예술'이란 이 결핍에 대한 심리적 보상물이자 근원의 현실을 은폐하는 분식(粉飾)일 수밖에 없으며, 주권만 폭등하면 그러니까 물질적 결핍이 충족된다면 놓아버려도 좋은 것이 되어버린다는 것이다. 결국 예술이란 것도 자위 행위에 가까운 자기기만, 자기우롱의 유희에 지나지 않기 때문에, 절뚝발이 아이의 연놀이와 같다는 논리이다. 여기서 염상섭은 예술이 "물질적 불의와 감각적 불행감을 숨기고 있는 속물적 관념론"51)의 표백이 될 수 있음을 인식했다고 보아도 좋다.

앞의 인용문에서 '그'가 허위의식을 비난하면서도 "그러나 取할 點은 한아 잇다. 俗되지 안타는 것! 俗衆과는 同化치 안는다는 것! 이것뿐이다"라고 했을 때, 이 俗衆을 염상섭의 소설에서 구해 보자면 바로 신여성에 다름 아니었다. 「제야」의 최정인은 물론 『만세전』의 정자와 을라, 『해바라기』(1923)의 최영희나 『너희들은 무엇을 어덧느냐』(1924)의 덕순과 마리아·희숙 등의 신여성은 자신이 여성이라는 조건과 근대적 지식과 사상을 이용하여 성적·물질적 욕망을 주저함 없이 실현시키는 존재들이었다. 억압이 강하면 역으로 억압의 대상인 욕망 그 자체에 대한 과잉부정이 가능하듯이, 근대적 자아는 자신의 억압된 성적·물질적 욕망이 신여성이란 존재에게 부정적으로 투사하여 자신의 그것을 은폐·거세했다. 신여성을 이렇게 타자화하면서, 거부하고자 한 현실은 재력(財力)이 상당하고 그러하기에 자신의 욕망을 마음껏 발현시킬 수 있었던 또 다른 남성들의 세계, 나아가 세속적 일상의 세계임은 분명하다. 이러 할 때, 이 속중과 자신을 구분하는 위계질서의 준기는 도덕과 정신의 층위가 될 수밖에 없다.

예컨대, 나도향의 『환희』는 앞에서 예를 든 작품들과는 달리 신여성

---

51) Eugene Lunn, 김병익 역, 『마르크시즘과 모더니즘 *Marxism and modernism*』(California University Press, 1982), 문학과지성사, 1986, 241면.

에 대한 도덕적 비난이나, 성적 욕망에 대한 터부가 그래도 적은 작품임에도 불구하고, 세속적 일상의 세계를 얼마나 폄하하고 있나를 잘 보여준다.

> 영철은 오늘 지배인이 도리어 창피한 꼴을 보이리라 하였다. 그리고 사장이 나를 불러들이거든 사장에게 전후말을 숨김없이 하리라 하였다. 그리고 주머니 속에서 선용에게 돈 부칠 때 받은 영수증을 꺼내 보며 사장에게 이러이러한 증거 서류를 가지고 나의 억울한 것을 변명하면 나를 책망하기는커녕 나를 칭찬하리라 하였다. 그리고 나를 내어쫓기는커녕 경솔치 나를 훼방한 지배인을 책망하렸다. 그러면 그 얼굴이 뻘개서 멍하고 아무 소리를 못하고 서 있는 꼴을 어찌보나, 그리고 어떻게 은행의 한 자리를 얻어 월급이나 얼마간 먹으려다가 뒤통수를 툭툭 히고 돌아나가는 지배인의 조카라는 그 사람의 꼴을 어찌나 보나 하였다. 그때의 유쾌할 것을 상상하고 아주 좋았다.[52]

영철은 돈이 없어 생을 단념하려 했던 선용을 위해 백우영의 아버지가 사장으로 있는 은행에서 "변칙적으로" 돈 천 원을 얻어 보내준다. 이를 갚지 않은 것을 빌미로 영철을 쫓아내고 자신의 조카를 그 자리에 대신 앉히려는 지배인의 음모에 휘말리면서 영철은 위의 인용문처럼 상상하는 것이다. 영철은 지극히 사적인 동기에서, 또한 수단적으로 부당한 일을 대단히 고귀하고 공적인 일인 양 자부한다. 도덕적 소영웅주의랄 수밖에 없다. 영철이 자기변호를 단념한 근저에는 "겨우 자기의 생의 압박을 면하려고 발버둥질하는 듯한 것"에 대한 경멸이 자리 잡고 있다. 또한 이러한 경멸의 근저에는 "이 은행에를 다니지 않더라도 나에게 경제의 불편을 깨닫지는 않을 터이니까"라는 갑부 이상국의 아들로서의 여유가 있다. 영철에겐 세속적 조건의 토대를 이루는 경제 행위에 대한 의식과 자각이 거의 없다. 돈이란 경제 행위를 통하여 벌어야 할 삶의 수단이 아니라, 없으면 자존심에 손상을 입히는 것일 뿐이다.

---

52) 『나도향 전집』 下, 300면.

오히려 그로부터의 초연함과 세속적 세계에 대한 폄하를 자신의 영혼의 순결성과 영웅성을 드러내는 표지로 삼고 있다. 비슷한 맥락에서, 가난에 치를 떨던 『환희』의 선용이 부유한 친척의 양자이자 상속자로 둔갑하는 설정의 의도가 어디에 있는지가 분명해진다. 그럴 때에만이 상당한 재력가의 아들이자 정조를 훔치다시피 해서 혜숙과 결혼하고, 또 기생 오입에도 열심인 백우영이란 존재와의 극단적인 대비가 가능하기 때문이다. 백우영이란 인물은 영철과 선용의 영혼의 순결성을 부각시키는 장식물에 지나지 않았다.

여기서 육체와 결부된 물질적 가치 추구가 순전히 개인적인 도덕상 윤리상의 결함으로 비난하는 것이 곧 그토록 염오하던 사회 제도와 규범으로의 귀환이 일어나는 이율배반의 역설이 야기될 수밖에 없다. 이 역설의 운명은 김동인의 「마음이 옅은 자여」의 K가 돌아간 곳이 그가 그토록 거부하던 정조와 결혼 제도라는 데서 잘 드러난다. 연인인 Y가 다른 남자와 결혼을 하여 실연한 후, K는 "깜깜한 차디찬 삶" "소름이 먼저 끼치는 삶"을 다시 살게 될까 두려워하다 자살까지 결심을 하지만 종국에는 아내의 무덤 앞에서 다음과 같은 고해성사를 한다.

　　─아─안해여─용셔하라!
　　─그대를 이러케 한 거슨 지금 利己的 男子들이 發明한, 그, 女子의 人權을 蔑視한 惡思潮에 취하엿던, 이 나 그대의 남편이다.
　　─나를, 이와 가튼 나를 생각하는 그대의 마음, 지금은 짐작하노라.
　　─나의 罪, 헤일 수 없는 나의 죄, 지금 自服하노니, 용셔하라. 나도 이제부터는…….
　　K는 눈눌을 씻고 니러나 안젓다.[53]

고해성사 후 K는 C에게 "나는 인제부터는 참삶을 사를 터이다. ……

---

53) 김동인, 「마음이 여튼 자여」, 『창조』 5호, 1920, 20면.

「마음이 여튼 자(者)」는, 나의 안해도 물론 아니고, 쏘는 Y도 아니고, 그 實로 이 나—K이다"54)라는 편지를 보낸다. 마음이 옅은 자—그것은 성적 욕망에 달떠서 마음, 즉 정신의 가치를 돌보지 않은 자를 말한다. K가 Y에게 실연당한 후 새삼 생각하는 것은 고향에서 늙은 노모와 아들을 보살피며 묵묵히 자신이 돌아오기를 인내하는 아내의 삶에 대한 것이다. 아내의 삶에서 단연 돋보이는 것은 바로 정신의 가치이다. 그러나 그 정신이란 결혼 제도 등 여타의 사회 제도 및 관계에 기대고 있는 것이다. 주요한은 K가 새롭게 추구할 참삶이 세상의 도학(道學)선생이 가르치는 방탕자의 개과(改過)가 아님은 분명하다55)고 애써 변호했지만, 과연 K가 새로이 살고자 하는 참삶이 어떤 삶인지는 답을 구하기 어렵다. 왜냐하면 도학선생의 교훈을 수락하는 차원으로 떨어지지 않는 길은, 사회적 제관계로의 전면적인 진입밖에 없기 때문이다.

근대적 자아의 성립은 대상을 동일시에 의한 동일자와 배제에 의한 타자로 분할하는 메커니즘에 의해 이루어진다. 이상에서 살펴본 1920년대 소설에서 근대적 자아 구성에서 동일시와 배제의 대상은 (신)여성이었다. 근대적 자아의 추구가 낭만적 사랑이라는 지극히 제한적인 사적인 영역에서 이루어졌다는 사정과 무관하지 않다. 그런데 현상적으로 보자면 허다한 이들 신여성들은 이름조차 잘 기억되지 않을 정도로 비개성적이다. 근대적 자아를 지향하는 주인공과 짝을 이루는 이상화된 여성상들은 어떤 면에서 보자면, 그들 자신이 도학선생의 설교라 비난한 이광수 문학의 여성들보다 비개성적이다. 예컨대, 『무정』의 여성들인 영채·선형·병욱 중에서도 특히나 영채가 뚜렷하게 떠오른다는 것은 인정해야 할 사실이다. 『무정』의 전반부가 '박영채전'에 가까울 정도로, 영채라는 여성의 형상이 뚜렷한 것은 바로 영채라는 인물이 역사를

---

54) 위의 책, 20면.
55) 주요한, 「性格破産—東仁君의 「마음이 여튼 者여」를 봄」, 『창조』 8호, 1921.1, 8면 참조

갖고 있기 때문이며 그 역사가 바로 현재의 영채를 만들었기 때문이다. 이광수가 의도한 바의 이념을 달성하기 위해서 영채를 죽였다가 다시 신여성으로 부활시켜야 하는 무리를 감행할 수밖에 없을 정도로 영채의 존재감은 큰 것이었다. 앞서 살펴본 작품에서 여성들은 저마다 남성 주인공 앞에 사랑의 화신으로 등장하지만, 사랑의 차원에서 보더라도 이해조의 『박정화』[56]의 강릉집에 비하자면 사랑에 빠져들 수밖에 없는 자기 내적 토대와 현실을 갖고 있지 않으며, 설사 사랑에 기만당한 경우라도 그 박절함이란 강릉집의 비극적인 운명에는 한참 모자란다. 이는 「약한 자의 슬픔」의 강 엘리자벳트의 비극이 비극에 걸맞은 정서를 환기시키지 못한다는 것만 보아도 분명하다.

이러한 여성 형상의 추상성과 공허함의 궁극적인 원인은 여성이란 존재의 사회성과 역사성을 제거했기 때문이다. 여성이 구원의 화신이건 추악한 본능의 화신으로 표상되든 간에, 그 여성에게는 사회적 관계나 자신 고유의 삶의 역사는 허용되지 않았던 것이다. 천국이자 지옥, 미이자 추, 천사이자 악녀—이처럼 전적인 자기 투사와 전적인 배제로밖에 이야기될 수 없는 여성이란 애초에 그 사회적·역사적 존재로 인식되지 않았음을 의미한다. 이렇게 볼 때, 낭만적 사랑이 예술과 마찬가지로 참삶으로 통하는 길이 될 수 있었던 것은 여성의 역사성과 사회성을 몰각한 자기 투사의 이상화 덕분이었다. 이러한 사정은 여성을 동일시와 배제의 메카니즘을 타자화하면서 구축하려 했던 근대적 자아의 관념성과 추상성을 역설적으로 증명해 준다.

그러나 나는 스스로를 求하지 않으면 인이 될 責任이 잇는 깃을 깨다릿습니다. 스스로의 길을 찾자 내이고 開拓하야 나가지 안으면 안이 될 自己自身

---

56) 『박정화(薄情花)』는 1910년 『대한민보』에 연재되었고, 1912년 유일서관에서 『산천초목』으로 게재되어 출판되었다. 이 작품에 대한 구체적인 분석과 문학사적 의의는 한기형의 「한문단편의 서사전통과 사소설」(『민족문학사연구』 4호, 창작과비평사, 1994)과 「신소설의 근대문학적 위상」(성균관대 박사논문, 1997) 참조.

에게 스스로 賦課한 義務가 잇 것을 깨다랏습니다. (…중략…) 萬一 全體의 '알파'와 '오메가'가 個體에 잇다 할 수 잇으면 新生이라는 榮光스런 事實은 個人에게서 出發하야 個人에 歸結하는 것이 안이겟습니까? 그러면 우리는 무엇보다도 새롭은 生命이 躍動하는 歡喜를 어들 때까지 우리의 生活을 光明과 正道로 引導하십시다.[57]

동경에서 경성에 이르는 여정 속에서 조선의 현실을 지켜보았지만, 그곳은 자신에게 길을 제시해 줄 수 없는 무덤이니 자기 자신에게로 돌아오겠다는 것이 요지이다. 하지만 알파와 오메가인 개인의 내용이 무엇인가를 묻는다면, 그 내용이란 염상섭이 이인화의 시선을 통해 바라본 식민지 조선 현실 그것에 비교해 볼 때조차도 턱없이 실체가 없다. 나는 식민지 조선의 식민이요, 누구 집 자식이라는 말을 하기를 끝내 저어했던 개인의 내용이 감성과 추상의 통일일 수밖에 없다. 여기에서 감성이란 주체의 인식 메커니즘 속에서 부정성 자체로 전화해버린 현실에 대한 환멸감이며, 추상이란 부정성의 현실을 대신할 사회적 실체란 존재하지 않는다는 사실에서 오는 공허 그 자체이다. 자아는 사회와 복잡하게 연관되어 있을 뿐만 아니라 글자 그대로의 의미에서 사회덕분에 현존하는 것이다. 개인의 내용은 사회에서 나오거나 혹은 오로지 객체와의 관계에서만 싹튼다. 보다 자유롭게 사회 속에서 전개되고 사회를 재투영할수록 개인은 풍부해지지만, 이와 반면에 개인을 원천으로 과대선전하는 개인의 제한과 견고성에 대한 주장은 바로 개인을 제한시키며 초라하게 만들고 축소시킨다.[58] 식민지 조선이라는 현실적 속박을 제거해버린 곳에서 아로새겨 넣으려 했던 근대적 자아의 내용을 공허하게 만들었던 것이다. 이러한 근본적 문제가 소설의 형식상에도 각인될 수밖에 없었던 것이다.

---

57) 『염상섭 전집』 1, 105~106면.
58) Theodor W. Adorno, 최문규 역, 『한줌의 도덕 *Minima moralia*』(London : New Left Books, 1974), 솔, 1995, 217면 참조.

3. 욕망의 형식화와 주관성

일종의 에세이라 할 수 있는, 박종화의 「영원(永遠)의 승방몽(僧房夢)」
(1922)과 박영희의 「생(生)의 비애(悲哀)」(1923)는 다같이 따눈치오의 『사(死)
의 승리(勝利)』를 들어 생의 비애와 그것을 초극하는 방식을 이야기하고
있다. 박종화는 "육신엔 아지 못하는 단 이상한 질거움에 쐬여 限없는
歡喜에 헤엄치건만 우리는 한 큰 空洞의 缺陷을 깨닷지 안이치 못하겟
다, 生이란 永劫의 空洞이요 虛無인 것을 늣지기 안이치 못하겟다"[59]
라고 하면서 삶의 진리를 위해 육신의 열락을 버리고 죽음을 택한 『사
의 승리』의 주인공을 찬양한다. 한편 향락적 삶을 산 끝에 결국 죽음에
서 최고의 안식과 열락을 얻는다는 주제를 담은 서구문학 작품을 분석
하면서, 박영희는 "人間의 가장 슷업는 享樂은 우리의 肉體 때문에 陷
落되고 만다. 우리의 慾望은 슷업스나 우리의 肉體는 限이 잇는 것이
다. 그럼으로 有限과 無限 새이서 나오는 부르지즘은 生의 悲哀로 나
오는 것이다"[60]라는 결론을 내린다. 박종화는 『사의 승리』의 줄거리를
분석해 가면서 주인공이 시계 소리와 타목장(打木場)에서 들려오는 리드
미컬한 連枷소리에 "時間의 지내가기 쉬움을 생각하게 하고 한 不安한
무서움을 일으키게 하얏다"[61]고 적는다.

이 두 사람의 글을 종합해 볼 때, 육체의 쾌락이란 그 자체로 환희인
것만은 분명하지만 육체가 유한하다는 데 바로 삶의 허무와 불안이 존
재하는 것이다. 이들이 의지적 죽음—즉 자살을 찬양한 이유는, 자살
이 유한한 육체를 죽음으로 인도하는 지속적인 시간의 흐름을 정지시
키는 행위이기 때문이다. 이러한 죽음은 형상을 통해 대상의 현존을 영

---

59) 박종화, 「영원의 승방몽」, 『백조』 창간호, 1922.1, 58면.
60) 박영희, 「생의 비애」, 『백조』 3호, 1923.9, 195면.
61) 박종화, 앞의 글, 앞의 책, 59면.

원으로 포착하고자 하는 예술과 유사하다. 아닌게 아니라 염상섭은 수
상문 「저수하(樗樹下)에서」(『폐허』 2호, 1921.1)에서 죽음도 예술일 수 있다
는 논지를 펼친다.

> 모든 死 그 自體가 藝術이라고 생각할 수는 업다. 一切의 死가 藝術일 수
> 잇다 함은 大自然은 一大藝術이라 함과 가튼 意味박게 안이 된다. 그러나
> 自然은 오즉 藝術의 藏庫일 다름이요, 우리가 이르는 바 藝術 그 물건은 안
> 이된다. 오즉 觀念에 依하야 形象化하여 그 속에 美와 生命이 流動할 째에
> 만 藝術일 수가 잇다. (…중략…) 그러나 藝術에는 表現의 形式은 無視할 수
> 는 업다. 함으로 死를 藝術的으로 化하랴면 相當한 形式를 要한다. 나는 이
> 意味로서 情死의 意義를 肯定하랴 한다. 病床에 呻吟하면서 刻一刻으로 威
> 脅하야 오는 自然의 死에 戰慄하는 것은, 얼마나 두려웁고 醜惡할가. 쏘한
> 불가튼 情熱의 向할 바를 몰나서 「鴛愛舊戀의 女가 安車의 가온데 서로 抱
> 擁하고 九穢五濁의 세상을 써나 悠悠 理想의 大地에 놂」이, 얼마나 아릿다
> 울가.62)

기본적으로 죽음은 자아의 나르시시즘적 절대화가 도달할 수밖에 없
었던 종국의 정착지이기도 하지만, 염상섭의 논지는 동인지 주체들이
왜 그토록 죽음에 집착했는가를 다른 측면에서 집약적으로 보여준다.
염상섭은 자연사(自然死)와 "觀念에 依하야 形象化하여 그 속에 美와
生命이 流動할 째"의 "藝術"로서의 죽음을 구분한다. 예술로서의 죽음
이란 삶을 미학화하는 형식으로 이해할 수 있다. 그 대표적 예를 정사
(情死)로 들고 있는데, 이는 얼핏 넘어갈 성질의 것이 아니다. 염상섭은
같은 글에서 "戀愛를 否定하는 나도 情死만은 肯定하랴 한다"63)고 고
백한다. 생각건대, 연애란 시간의 경과 속에서 언제 끝난다는 기약도 없
이 시시각각의 불안과 번민을 감수해나가야 하는 것이다.64) 반면 정사

---

62) 염상섭, 「저수하에서」, 『폐허』 2호, 1921.1, 65~66면.
63) 위의 책, 66면.
64) 박영희의 「感想의 廢墟」는 실연 후 자신의 고백담과 같은 글인데, "꽃은 꺽그면 시

란, 죽음이라는 형식을 통해 순간의 충일[情]을 영원한 것으로 만드는 것이다. 누구보다도 연애에 냉소적이었던 염상섭이 정사를 긍정한 이유가 바로 죽음이라는 물질적 현상이 지닌 완결적 형식의 계기를 주목했기 때문이다. 형식의 계기로서 죽음을 주목했다는 것은 역으로 소설 형식 구성의 어려움을 절감했다는 말이기도 하다.

   ① 이언 와트는 리처드슨의 『패밀러』를 분석하면서, 낭만적 사랑의 서사는 두 사람의 관계를 주축으로 하더라도 일상생활의 많은 기본적인 문제들—예를 들어 사회 계층들과 그들의 각기 다른 전망들 간의 갈등들, 또 성적인 본능과 도덕률간의 갈등들—을 포함하도록 사실적으로 그려질 수 있는 가능성의 좋은 조건이 될 수 있었음을 논증한 바 있다.65) 낭만적 사랑이 근대소설의 핵심적인 서사가 될 수 있었던 것은 그것 자체가 사랑하는 두 남녀의 미래에 대한 기획을 담고 있기 때문이었다. 앤소니 기든스에 따르면, 낭만적 사랑은 개인의 삶에 어떤 서사(narrative)의 관념을 도입한다는 점에서, 소설의 출현과 얼마간 일치한다. 즉 낭만적 사랑으로 표출되는 의미 중 일반적으로 중요시되어 오던 것은 어떤 한 사람에게 매달려 그 사람을 이상화하는 것이었지만, 이 뿐만 아니라 미래가 발전해 나갈 길을 기획하고 펼쳐 보이는 것 또한 중요시해야 하며 이는 사랑의 이상화 아래 깔려 있는 배경적 전제로 보아야 한다는 것이다.66) 부연하자면, 두 사람의 사랑이 그들을 어떤 미래로 인도하는가 또는 두 사람이 사랑을 통해서 어떻게 살아가는가가 낭만적 사랑의 핵심적 서사이다. 또한 그 과정에서 여타 사회적 제관계와

드는 것이요 處女는 썩기면 늙은 것이다, 그 마음까지 늙은 것이다"라면서 시간의 흐름에 따른 변화를 저어하고 있다. 『백조』 2호, 1922.5, 75면 참조.

65) Ian Watt, 전철민 역, 『소설의 발생 *The rise of the novel*』(Penguin, 1977), 열린책들, 1988, 175~222면 참조.

66) Anthony Giddons, 배은경·황정미 역, 『현대사회의 성·사랑·에로티시즘 *Sexuality, Love, and Eroticism in Modern Societies*』(1992), 새물결, 1996, 81면 참조.

부딪히는 문제들이 이 서사의 결절들을 이루며, 서사를 완성해 간다고
할 수 있다. 이러한 낭만적 사랑의 서사를 염두에 둘 때, 1920년대 동인
지문학 시대를 전후한 소설들의 서사구조는 미완결적이다.

　1920년대 초반 대부분의 작품에서 어떻게 사랑에 이르렀는가의 과정
은 간단히 처리된다. 어떤 대상을 연인으로 선택하게 된 계기나 동기는
구체적으로 그려지지 않는다. 남성 주인공이 예술가라는 사실, 여성들은
무조건 이들을 사랑하게 된다는 것 이외의 어떤 것도 개입되지 않는다.
즉 그가 혹은 그녀가 누구인가에 대한 것이 그 밖의 다른 관계와 정황들
을 통해서 제시되지 않는다. 따라서 욕망을 향한 갈등과 긴장은 존재하
지 않게 된다. 이러한 무갈등의 구조는 김환의 「신비의 막」이나 한설야
의 「동경」과 같은 작품에서 보다 분명하게 드러났다. 즉 이들 작품에서
사랑의 성립 자체를 소설의 결말로 삼았던 것이다. 나도향의 「젊은이의
시절」에서도 몽환적인 결말처리는 이 작품의 전개과정에서 보여주었던
철하의 예술적 지향에서 야기된 아버지와의 갈등이나, 영빈과의 실연으
로 말미암은 경애의 번민을 오히려 무화시키는 결과를 낳는다.

　한편, 갈등이 개입된다고 하더라도, 그 양상은 대개가 남성 주인공이
몰랐던 사실이 밝혀지는 것을 통해서이다. 예컨대, 「마음이 옅은 자여」
에서 K의 연인인 Y에겐 어렸을 적 정혼했던 남자가 있었다는 것이 밝
혀지거나, 「운명」에서는 오동준의 연인 H가 다른 남자와 동거를 하고
임신 중인 사실이 밝혀짐으로써, 작품의 서사는 대단원에 이르게 된다.
이러한 양상을 외적 사실의 폭력적 개입이라고 할 수밖에 없다. 왜냐하
면, 이들 사실은 작품 내 주요 인물의 행위의 무대로서 기능하지 않기
때문이다. 즉, 사실은 인물들의 행위를 촉발하고 사건을 만들어내는 진
정한 갈등의 계기로 기능하지 않는다. 이 사실을 알게 된 남성 주인공
들은 사태를 극복하기 위한 어떤 행동도 하지 않고 주어진 사실을 있는
그대로 받아들이고 사랑을 단념할 뿐이다. 여기서, 낭만적 사랑을 자아
실현을 위한 하나의 매개로 간주했던 전제적인 인식이 무엇이었는가를

다시 한 번 살펴볼 필요가 있다. 즉 전통적 가족 제도로부터의 이탈 그리고 실용성과 유용성을 제1원리로 삼는 세속화된 사회에 대한 거부에서 낭만적 사랑의 지향은 가능했다. 낭만적 사랑의 추구는 개인의 자율성과 가치 판단에 대한 옹호에서 비롯되었다. 그런데 이러한 지향이 무색해질 정도로, 사랑의 단념은 그와는 정반대의 인식에서 이루어졌다. 여성과의 성적 관계는 자신과의 사랑에서는 정당화되었지만, 다른 남성과의 관계에서는 용납할 수 없는 것이었으며, 특히 여성의 성적 욕망을 고기 덩어리에 불과한 육체의 본능이나 가계 내력의 유전적인 특성으로 간주하였다. 낭만적 사랑의 지향은 자신의 폐쇄적 자장 속에서만 의미와 가치를 지닐 뿐이었다. 그 결과, 1920년대 초기 낭만적 사랑의 서사는 행위와 사건을 통한 인물들 간의 관계를 다루기보다는 자신의 마음 안에서 펼쳐지는 공상과 추측을 그리는 경향을 보였다. 1920년대 초기소설에 공통적으로 드러나는 감상성과 관념성은 앞에서도 언급했듯이, 습작기의 미숙성이라기보다는 자신의 사회적 역사적 존재 조건을 무시하고 그 결과 타자의 사회성과 역사성을 몰각한 데서 나온 결과이다. 오로지 자아만을 원천으로 할 때, 그 형식은 자기증식의 파노라마일 수밖에 없다. 달리 말하자면, 자신 안에서 벌어지는 심리와 공상 자체는 시작도 끝도 없이 계속되는 것이며 따라서 스스로를 제어할 힘이 없다. 그렇기 때문에, 형식의 계기를 찾아야만 하는 난관에 봉착하게 된다. 이 점에서, 연인의 배반이나 급작스러운 자살 등 외적 사실의 폭력적 개입은 불가피한 것이기도 했다.

예컨대, 나도향의 『환희』에서의 연인들의 갈등은 기본적으로 자기 안에서 펼쳐지는 심리적 공상의 파노라마이거나 에피소드적 사건에 대한 과민 반응에 지나지 않는다. 물론 사랑에 빠진 사람에게 사랑이라는 심리적 현상은 기대와 좌절, 갈구와 배반의 상상적 긴장을 오가는 변덕스러운 것이라고 치부할 수도 있으며, 인물 성격의 유치함으로 일축할 수도 있다. 그러나 근본적으로 이들의 사랑의 지향점이 애초에 사회경제적 제 조건과 일상적 삶을 넘어서려는 차원에 존재하는 데서 발생하는 경향이라고 보는 것이 온당하다. 『환희』가 사랑하는 연인에 대한 공상과, 두 연인이 만나는 과정에서 생겨난 성적 정념, 그리고 헤어진 후의 회의와 열망의 교차로 직조되어 있다. 그럼에도 불구하고 『환희』의 서사가 끝을 맺어가는 과정은 주목할 만하다. 상념과 공상, 찰나적인 정념으로 전개되던 서사가 자신들의 사랑이 사회적 인습과 관습 때문에 이루어질 수 없다는 남자 주인공들의 자각과, 그 후에도 자신의 사랑의 순수성을 증명하고자 한 여주인공의 죽음으로 끝난다. 갑자기 유산을 물려받고 양자가 된 선용은 정월과의 사랑이 이루어질 수 없었던 원인을 모두 인습에 얽히고 환경을 벗어나지 못한 정월의 탓으로 돌린다. 선용은 자신에게 또다시 사랑을 갈구하는 정월에게 "이와 같이 모순과 당착이 엉킨 이 세상에서는 또다시 그것을 바랄 수는 없겠지요"[67]라고 말하며, 다시 만날 기약에 대해서는 "이 세상의 모든 모순과 당착이 사라질 때이겠지요"[68]라고 답한다. 영철 또한 "에, 어째 우리 사람에게는 환경(環境)의, 모순의, 성격의 당착(撞着)이 이같이도 많을꼬"[69]라고 한탄한다. 이렇게 선용과 영철은 모두 자신들의 사랑이 이루어질 수 없는 원인을 쉽게 사회적 인습과 관습에서 찾고 사랑의 추구를 포기해버린다. 그도 그럴 것이 상념과 공상, 찰나적인 정념의 자기 증식적 파노라마는 스스로 제어할 수 있는 힘이 없기에, 사회적 인습과 관습이라는 현실에서 마침표를 구해냈던 것이다.

이렇듯 오로지 자신에게만 근거한 세계란 사회적인 차원에서 바라보았을 때에는 맹목적 성격을 본질로 하는데, 그 때문에 낭만적 사랑의 형상화는 어려움을 겪었다. 왜냐하면 그려질 수 있는 것이란 연인들 사이에서 오가는 몽롱한 수사로 표현된 감정이나 서로의 육체를 보면서

---

67) 『나도향전집』 下, 284면.
68) 위의 책, 285면.
69) 위의 책, 222면.

느끼는 정염일 수밖에 없었기 때문이다. 몽롱한 감정 상태나 몸짓으로 오가는 수작이 전부였던 것이다. 조금 보태진다고 해도, 예술에 관한 추상적인 언설이 지루하게 펼쳐질 뿐이었다. 낭만적 사랑이 근대소설의 형식과 내용상에 부여한 풍요로움은 사랑하는 두 연인이 여타의 사회적 관계 속에서의 개인일 때만 얻어질 수 있다. 사랑의 근거에 사회적 관계가 배제된 자기 자신만을 놓을 때 벌어지는 역설은 당대의 문학이 사랑에 신성성을 부여한 본질이었던 정신적 지향조차 그려질 수 없었다는 것이다.70)

２ 이상을 정리하자면 다음과 같다. 동인지문학 시대에서, 예술가 소설이랄 수 있는 작품들에서 낭만적 사랑은 예술적 지향과 등가를 이루는 것이었다. 여기에서 다룬 작품들의 남성 주인공은 한결같이 예술을 업으로 삼고자 하는 청년들인데, 그것 때문에 가족과 사회로부터 소외되거나 스스로 고립을 자초한 처지의 사람들이다. 따라서 자기 존재의 충만감에 대한 추구는 공적 영역이 아니라 낭만적 사랑과 같은 사적인 영역을 통해서 이루어진다. 낭만적 사랑은 예술과 마찬가지로 실리 추구나 유용성과는 거리가 멀다는 점에서 예술적 지향을 대리 표상했다. 이는 여성의 육체를 매개로 해서 가능했다. 즉, 예술적 삶의 실감이 여성의 육체가 환기하는 감각성을 통해서 형상화된 것이다. 이때의 여성은 신비화되고 이상화된 존재이기도 한데, 그럴 때만이 지식인 남성의 예술적 지향의 정당성과 자기 우월성을 보증해 주기 때문이었다. 이러한 한에서 성적 욕망은 긍정될 수 있었다. 하지만 여성이 자신의 관장 범위를 벗어날 때, 즉 다른 남자와 관계를 맺을 때 그녀는 속물 또는 추악한 고깃덩어리로 비난당했다. 이 시기 소설에서 신여성은 여성이라는 조건과 근대적 지식과 사상을 이용하여 성적·물질적 욕망을 주저함

---

70) 이를 박현수는 나도향 문학에서 추구된 사랑의 성격과 좌절을 통해 규명한 바 있다. 「1920년대 초기소설의 근대성 연구」, 성균관대 박사논문, 1999, 130~141면 참조.

없이 실현시키는 존재들로 재현되었다. 신여성을 바라보는 이러한 시선을 통해서 근대적 자아는 도덕적 주체로 확립된다. 이 또한 자기 우월성을 확립하는 방식이었다. 하지만 이는 근대적 자아가 거부했던 사회제도와 규범으로의 귀환을 의미한다.

이렇게 여성은 동일시의 대상이든 배제의 대상이든 근대적 자아의 우월성을 보증하는 한에서만 유효한 타자였으며, 이는 여성의 사회성과 역사성을 무시한 데서 가능한 것이었다. 여성 인물 형상의 공허할 수밖에 없는 이유는 여기에 있었다. 이 시기 낭만적 사랑의 형상화가 관념성과 감상성을 벗어나지 못했던 이유도 남성 지식인과 여성의 사회적 기반과 관계들이 제거되어 있기 때문이다. 개인만을 원천으로 한 근대적 자아의 절대화는 형식상의 문제도 낳았다. 사랑하던 여성에게 다른 남자가 생겼다거나, 여주인공들이 급작스럽게 자살을 한다거나 하는 등 외적 사실의 폭력적인 개입이 불가피했던 이유도 여기에 있다. 왜냐하면 자기의식 안만을 맴도는 상념과 공상 속에서는 형식을 맺고 끝내는 필연적인 계기를 찾기 힘들기 때문이다.

따라서 소설 형식의 완결성에 대한 요구가 강해질수록 근대적 자아가 처한 현실적 조건과 낭만적 사랑의 사회적 기반을 주목하는 양상을 보이는 것은 당연한 결과이다. 예컨대, 나도향의 『어머니』(1925)가 『환희』와는 다른 양상을 보이는 것도 이러한 차원에서이다. 『어머니』는 왜 이렇게 강박적인 사랑에 매달려야 하는지 그 현실적 조건을 형상화하고 있다. 『어머니』의 주인공 춘우는 아버지의 빚도 갚아야 하고, 동생 인우도 당장 자신이 일을 해야 먹여 살릴 수 있는 처지이지만, "어디 가서 자기 밥벌이 하나 할 수 없는 처지에 그러한 무거운 짐까지 지기에는 춘우의 힘이 부족하다."71) 이러한 상황이 폭발할 지경까지 왔을 때, 그는 가출을 하고 남편과 자식이 있는 영숙과의 사랑에 몸을 맡겨 버린다. 춘

---

71) 나도향, 『어머니』, 『나도향전집』 下, 446면.

우의 사랑은 자신이 존재하고 있는 현실적 여건으로부터의 탈피 욕망에 기초하고 있었던 것이다. 그러나 가정을 떠나고, 자신의 몸을 제단 위에 올려놓는 각오로 시작한 영숙과의 사랑은 지속될 수 없었다. 왜냐하면 근대 자본주의 사회에서는 개인의 내밀한 욕망이라 할지라도 그 욕망의 사회적 제관계 속의 부침(浮沈)과 삼투압 속에서만 실현과 좌절의 여정에 오를 수 있기 때문이다. 말하자면, 사랑의 물적 조건의 결핍이 사랑을 포기하게끔 만든 것이다. 영숙과 함께 살던 춘우가 모성의 숙명과 위대성을 자각하면서 영숙을 그녀의 딸 청아에게로 돌려보낸 것은, 어머니로서의 책임감과 같은 전통적, 다시 말해 반(半)봉건적 가치가 주체에 내면화되었기 때문만은 아니다.72) 나도향의 『어머니』에서 드러나는 모성의 성격은 반봉건적이거나 전근대적인 것이라고만 할 수 없다. 자녀의 양육과 가족의 안녕의 전적인 책임을 어머니에게 전가하는 것은 부부중심의 가족 제도가 형성된 지점, 즉 근대의 소산이다. 그 이전의 전통 사회에서 자녀의 양육은 대가족 구성원들 모두가 책임이었고, 그들의 신분과 가문에 따라 내려오는 관습과 방식에 의거하여 이루어졌다고 볼 수 있다. 모성의 신화는 오히려 성 역할의 뚜렷한 분업과 함께 여성을 가정 안에 묶어 놓는 근대의 산물이다.

이러한 사정을 감안할 때, 영숙은 다시 돌아와 춘우를 기다리지만, 춘우는 영숙을 떠난다는 설정을 생각해 보아야 한다. 모성의 소유자인 영숙이 그에게 다시 돌아온다는 것은 이들의 사랑의 파국이 과연 모성에 있었는가라는 의문을 하게 만든다. 춘우가 영숙이 다시 돌아왔음에도 불구하고 떠나야 했던 것은 춘우가 영숙과의 생활을 지속시킬 수 있는 물적 기반이 허약한 자기 처지 때문에 결국에 그녀를 놀려보낸 것이다. 그는 영숙이 자신과 함께 살면서 남편인 철수에게 받은 패물을 몰

---

72) 박헌호는 『어머니』에서 영숙을 모성의 자리로 돌려보내는 것을 주체에게 내면화된 반봉건성의 힘이라고 평가한다. 「삶에 부딪혀 파멸한 근대적 욕망−나도향, 그리고 그의 『어머니』」, 『민족문학사연구』 12호, 민족문학사연구소, 1998 참조.

래 팔아 생계를 이끌어 가는 것, 아픈 청아의 약값 때문에 영숙이 다시 철수를 찾아가는 것을 견딜 수 없었다. '어머니' 또는 '모성'은 어쩌면 이렇게 지리멸렬하고 비참한 자신의 처지를 자기 자신과 타자에게 드러내지 않고, 더욱 가장 위대한 사랑이라는 모성애에 자신의 사랑을 희생시킬 수 있는 명분에 지나지 않는다. 『어머니』에서 모성으로의 복귀는 현실을 반쯤 긍정함으로써 서사적 완결성과 함께 더 높은 사랑의 실현이라는 명분을 동시에 얻을 수 있는 타협지대였다.

여기서 눈여겨보고자 하는 것은 이러한 '모성'의 신화의 궁극적인 토대인 성 역할을 떠받치고 있는 성의 정치·경제학이다. 매춘이라든가, 성에 대한 배타적 독점을 합법화하는 결혼 제도와 성의 역할 규정 등에 얽힌 성 경제학의 소설 내로의 전면적 도입은 이것이 지향하고 있는 윤리적 의도가 무엇이든지 간에 낭만적 사랑을 그린 소설들이 보여줬던 감상성과 관념성을 상당히 탈각시키면서 소설 형식을 완성했다. 다음 장에서는 그 제 양상을 살펴보고자 한다.

제3장

하층민의 일탈적 섹슈얼리티와 성 정치의 서사구조화

1. 이상적 자아상의 위축과 세태로서의 성

동인지문학이 해체되는 시점인 1923~24년의 문학적 경향은 개인의 내면에서 현실세계로 눈을 돌리는 경향이 짙어진다. 이러한 변모는 신경향파 문학의 대두와 거의 시점을 같이 하고 있다. 신경향파 문학이란 현실의 발견에 다름 아니었다. 이에 이후 문학사 기술은 신경향파 문학의 발흥과 카프 시대의 개막이라는 대지각 변동으로 자연스럽게 이동된다.[1] 이와 함께 동인시 시대의 작가들의 작품세세 또한 나도향의 「물레방아」(1925)나 「뽕」(1925), 현진건의 「운수좋은 날」(1924)과 「고향(故鄉)」

---

[1] 이러한 문학사적 시각은 최근에도 이어지고 있다. 대표적인 논의로는, 유문선의 「3·1운동을 전후한 문학적 대응」과 류보선의 「민족과 계급―리얼리즘 소설의 두 좌표」(둘 다 민족문학사연구소 편, 『민족문학사강좌』 하, 창작과비평사, 1995) 참조.

(1926) 등의 작품에서처럼 작가의 시선은 예술가나 지식인이 아니라 하층민에게 향했다. 이러한 변화와 함께 소설상의 섹슈얼리티의 문제틀도 변모한다. 이는 작가들의 직접적인 진술에서 확인된다.

> 物質的 「캐피탈리씀」은 性生活에도 그 暴威를 떨치는 것이 事實이다. 性의 資本主義라는 것이다. 貧者의 연애가 金力에 빼앗기는 例는 로맨틱한 옛 이약이가 아니다. 그러한 것은 元來 戀愛의 本質이 아니라고 하지만은 本質이든 아니든 事實이 그러한 것이야 어찌하랴. 그리하여 貧者는 一生涯에 性生活 乃至 戀愛生活을 犧牲하는 一便에 富貴의 特權階級은 一夫多妻主義를 實行한다. (이것은 餘談이지만 今日의 宗敎는 一夫一妻를 信奉하면서 그 反對의 結果로 낳은 現代의 組織을 支持擁護하므로 여기에도 現代의 宗敎를 否認할 一理由가 감추어 잇는 것이다.) 卽 現代人의 戀愛生活은 金錢으로 賣買되는 것이다.[2]

염상섭은 근대 사회 전체를 지배하는 자본주의 원리는 성 생활에도 여지없이 적용되어, 연애와 성생활도 계급적으로 빈익빈 부익부의 불평등으로 드러나며, 따라서 현대인의 연애 생활은 금전으로 매매되는 것이라고 일갈한다. 나도향 또한 "사랑을 돈 주고 살 수 업스나 돈 업시 사랑을 할 수는 업다. 이것이 현대인의 고통이며 비관이다"[3]라고 말한다. 사랑 혹은 연애의 물질적 기반과 돈과 성의 교환 관계에 대한 인식은 소설에서 매춘 등 성과 관련된 세태[4]를 형상화하는 것으로 나타났다.

---

2) 염상섭, 「感想과 期待」, 『조선문단』, 1925.7, 5면.
3) 나도향, 「내가 밋는 文句 몃 개」, 『조선문단』, 1925.7, 55면.
4) 매춘은 가장 인류 역사상 가장 오래된 직업이라 할 만큼, 그 역사가 깊지만 자본주의 시대의 매춘은 이전 시대와는 현격한 차별성이 존재한다. 미셀 푸코가 지적했듯이, 성은 근대사회에 들어 국가·학교·교회·가정 등을 통한 전면적인 관리 대상이 되었다. 여기에는 매춘과 매춘부에 대한 관리와 통제도 포함되는데, 매춘 구역의 설정, 성병 검사 등을 통해 매춘부를 일반인들과 격리하여 다루었다. 이는 조선의 경우에도 해당한다. 송연옥의 「일제 식민지화와 공창제의 도입」(서울대 석사논문, 1998)은 공창제의 도입과정을 논증하면서 이를 잘 보여준다. 개항 이후 일본의 매춘업은 조선에 상륙했는데, 부산·원산 등 일본인 거류지를 중심으로 형성된 매춘업을 관리하기 위해

이 시기 소설에서 주목을 요하는 것은, 신여성에 대한 문학 담론이 보다 본격화 구체화되면서 여성의 섹슈얼리티에 대한 지배적 인식이 확립되었으며, 계급과 계층에 따라 섹슈얼리티를 다르게 그렸다는 점이다.

우선 지식인을 주요 인물로 한 작품들을 거론해 보자면, 염상섭은 『너희들은 무엇을 어덧느냐』에서는 젊은 청년 지식인들과 신여성들의 연애 풍속도와 그 허구성을 그렸으며, 『사랑과 죄(罪)』(1927~28)와 『이심(二心)』(1928~29) 등에서는 돈에 의해 매개되는 성적 욕망의 부정성 등을 형상화하였다. 이미 「타락자(墮落者)」(1922)에서 성의 상품화에 수반되는 성적 욕망의 고착성을 묘파했던 현진건은 「까막잡기」(1924)와 「B사감(舍監)과 러브레터」(1925) 등에서는 획일화된 성적 표준 때문에 나타나게 되는 자의식의 분열을 그렸다. 나도향 또한 「J의사(醫師)의 고백(告白)」에서는 성적 욕망의 고착적인 성격을 보여주었다. 이들 작품에서 성적 욕망은 근대적 자아의 자기실현을 위한 욕망으로 제시되지 않으며, 정당화되지 않는다. 이에 따라 성적 욕망은 억제하기 어려운 고착적인 것으로 그려진다. 그 결과, 도덕성의 우위에서 근대적 자아의 우월성을 확보했던 동인지문학 시대의 문학과는 달리, 이상적인 자아상은 위축되는 양상을 보인다. 하지만 텍스트 내에서 이상적 자아상이 사라지기는 하지만, 성적 욕망을 둘러싼 세태의 부정성의 재현은 궁극적으로는 섹슈얼리티에 대한 규범적인 인식의 확립을 암시했다. 일부 작품에서 섹슈얼리티에 대한 규범이 민족주의와의 연관성하에 제시된 것은 이를 잘 보여준다.

1870년대 말부터 별도의 법이 제정되었으며 1916년에는 공창제를 전면 도입하기에 이른다. 송연옥에 따르면, 공창제의 도입과정과 전면화에는 다음과 같은 식민지정책 상의 이해관계가 개입되어 있다고 주장한다. 즉, 조선에서 확대된 군사기지와 더불어 증가된 일본인 병사를 쉽게 다스리기 위해 '품질관리'한 매춘업이 요구되었으며, 식민지화를 밑에서 떠받쳐주는 일본인을 조선에 이주시키기 위해서도 매춘업은 없어서는 안 될 환락산업이었기 때문이다. 여기에 덧붙이자면, 식민지 경제의 피폐상은 여성들을 매춘의 길로 내몰았을 뿐만 아니라 사회 전체의 자본주의화는 성매매를 더욱 일반적인 현상으로 만들었다.

① 염상섭의 신여성에 대한 비판은 이미 「제야」를 통해서 이루어진 바 있지만, 『해바라기』(1923), 『너희들은 무엇을 어덧느냐』, 『이심』, 『사랑과 죄』 등을 통해서 본격화된다. 염상섭은 『해바라기』를 통해서, 신여성의 신사상과 전통과의 불협화음, 입으로는 자유연애를 외치면서 실상은 안일한 삶을 위해 넉넉한 가정과 상당한 지체를 가진 남자와 결혼하는 속물근성 등을 비판한다. 교육받은 여성들에게 '먼저 조선의 현실의 인식하라'고 요구하는 주장은 이 시기는 물론 1930년대까지 끊임없이 제기되었다. 이것은 그들이 서구나 일본에서 들어온 사상을 소위 '조선의 현실'과 맞지 않게 맹종하며 사상의 알맹이를 받아들인 것이 아니라 그 껍데기만을 받아들였다는 식이 식의 비판으로 요약할 수 있다. 주목할 것은, 이 주장이 항상 신여성의 사치와 허영, 성적 방종 등의 비판과 같이 갔다는 것이다.[5] 즉, 자유연애를 내세우면서 물질적 욕망이나 성적 욕망을 충족시키기 위해서 여러 남자를 전전하며, 그것을 자신이 지닌 교양과 사상으로 합리화한다는 비판이 주종을 이루었다. 신여성들의 이러한 행각은 기실 매춘과 다르지 않다는 인식이 전제되어 있는 것이다. 따라서 염상섭의 상기 소설에 제시된 신여성의 생활 방식과 물질적·성적 욕망에 대한 구체적 형성화는 성의 상품화라는 세태를 보여주는 한 방식이었다.

염상섭의 『너희들은 무엇을 어덧느냐』는 덕순·희숙·마리아 등의 신여성과 명수·중환·석태·한규 등의 청년 인텔리들의 애정 행각을 그린 작품이다. 이 작품에서 신여성들은 대부분 부정적으로 형상화된다. 덕순은 상당한 재력에 이끌려 다리가 하나뿐이고 얼굴 또한 흉물스러운 김응화의 재취로 들어온 여자이다. 그런데 유학비를 어떻게든 응화에게 얻어낸 후 이혼을 하려고 하며, 홍진·명수·한규 등 젊은 남자들에게 끊임없이 추파를 던진다. 한편 희숙은 집이 넉넉하지 못하다는

---

5) 전은정, 「일제하 '신여성' 담론에 관한 분석」, 서강대 석사논문, 1999, 38~39면 참조

이유로 라명수와의 정혼을 파혼했으나, 돈 많은 남자와의 결혼을 앞두고 명수를 유혹하려 한다. 마리아는 기숙여학교의 교사로 영어를 잘해 교장의 신임을 한 몸에 얻고 있으며 뭇 남성들이 흠모하는 여성이다. 그러나 마리아 또한 자신의 성적 만족과 돈 때문에 첫사랑을 배반하고 안석태의 연인이 되지만 그가 후처의 소생이란 것을 알자 명수에게로 마음이 이끌린다.

물질적 욕망과 성적 욕망에 근거한 신여성의 형성화가 더욱 뚜렷이 부각된 작품은 『사랑과 죄』와 『이심』이다. 『사랑과 죄』의 정마리아는 "일거 일동은 모다 남자의 정욕을 조하려는 목덕을 가진 계집," "재바르고 남자를 두셋씩 한입에 삼킬 듯한 계집"으로 규정된다. 정마리아에 대한 형상화는 그녀가 관계하고 있는 남성 편력과 매춘의 대가인 돈에 의해서만이 아니라, 머리모양과 옷, 구두 등 의 패션이라든가, 값비싼 피아노를 사들이거나 승마를 하는 등 사치스러운 소비 문화생활을 통해서 다채롭게 조명된다. 『이심』의 춘경에 대한 형상화에서도 옷과 구두 등 패션은 그녀의 처지와 그 변화를 나타내는데 중요한 요소이다. 가령 "양복을 지르를하게 입고 새칠피 구두를 신고 서양 사람과 맞겼고 다니드라―큰 수가 난 모양이더라―국제적으로 연애를 하나 보드라 ―인천서도 보았다, 남대문서도 만났다―자동차 타고 가는것도 보았다―이러한 소문을 들을제 누구나 추하고 잡된 연상을 하고 눈살을 찌푸리지 않으면, 구경거리나 생긴 듯이 코웃음을 쳤다"6) 식으로 언급되고 있다. 즉, 춘경의 값비싼 양장차림을 성적인 불미스러움과 연결짓고 있다.

리타 펠스키는 졸라의 『나나』(1880)와 『어인천국』(1883)을 분석하면서, 19세기 말 백화점이 상징하는 근대 소비주의 문화의 대두는 소비의 주체를 여성에 놓음으로써 소비의 젠더화를 야기했다고 지적한다. 소비의

---

6) 염상섭, 『이심』(『매일신보』, 1928.10.22~1929.4.24), 『염상섭 전집』 3, 173면.

젠더화는 곧장 성적 욕망의 무절제한 성격과 연결되면서, 생산성을 건강함의 지표로 삼는 근대 부르주아의 윤리 한편에 소비주의의 병리화와 도착화를 구조화하는 양상을 띤다는 것이다. 여기서 소비하는 여성은 억제할 수 없는 욕망이라는 유아적 비합리성을 분출하는, 근대성의 퇴행적인 차원을 표상하며, 생산하지 않고 소비만 한다는 점에서 남성 부르주아의 정체성을 뒤흔들고, 계급·계층의 정체성을 무화시키는 전복적인 존재이자 동시에 자본주의적 타락에 의해 촉진되는 도착적 갈망을 소유한 근대 여성의 부자연스러운 상황을 보여주는 것이기도 하다는 공감할 만한 견해를 피력한다.[7] 사치스러운 신여성에 대한 비판 또한 이와 다르지 않았다.

참말이지 요새 여학생은 눈잔등이가 시어서 못 보겠데. 기름을 바를 대로 바르고 왜 귀밑머리는 풀고 다니는지. 살찐 종아리 자랑인지는 모르지만, 왜 정강이까지 올라오는 잠뱅이를 입고 다니는지. 발등뼈가 튕겨나와야 맛인가, 구두 뒤축은 왜 그리 높은지. 암만해도 까닭 모를 일이야. 옆에만 지나가도 그 퀴퀴한 향수 냄새란 구역이 날 지경이다. 그리고 이름이 좋아서 하눌타리로 사랑은 자유라야 쓰느니, 연애는 신성한 것이니 하면서 얼굴만 반드레 해도 고만 반하고, 피아노 한 채만 보아도 마음이 솔깃하고, 애꾸눈이라도 서양 갔다 온 사람이면 추파를 건넨다든가. 그런 천착하고 경박하고 허영에 뜬 년들에게 침을 흘리는 놈도 흘리는 놈이지 그래, 그래 그런 것들이 우글우글 끓는 음악화에 간단 말인가, 차라리 요괴가 끓는 지옥엘 가는 게 낫지. 바로 제가 젠체하고 단 위에 올라서 몸짓 고개짓을 하면서 주리난장을 맞는 듯이 아라기를 딱딱 벌리는 꼴이란 정님으로 못 태어난 것이 한이 될 지경이다.[8]

이상은 현진건의 「까막잡기」 중 한 대목이다. 사치스러운 신여성에

<hr>

7) Rita Felski, 김영찬·심진경 역, 『근대성과 페미니즘 *The Gender of Modernity*』(Harvard University Press, 1995), 거름, 105~147면 참조.
8) 현진건, 「까막잡기」(『개벽』, 1924.1), 『현진건 전집』 4(이재선·김시태 편), 문학과비평사, 1988, 154~155면.

대한 비판은 가시적 차원에서는 외모에 대한 치장에 집중되었지만, 피아노 등 값비싼 상품, 나아가 그것을 사줄 만한 재력 있는 남성에 대한 욕망과 연결되었다는 논리적 수순을 밟았다. 신여성의 외모치장은 기생과 창기, 신여성의 구분을 모호하게 만들기도 했는데, 이로써 신여성은 창녀와 같은 부정적인 이미지를 얻게 된다.9) 즉 신여성의 외모에 대한 치장은 성적 욕망을 환기시킴으로써 재력 있는 남성들을 유혹하여 자신의 물질적 욕망을 충족시키려는 의도로 읽혀졌던 것이다.

이러한 인식이 일관성 있는 것은 아니었다. 지식인 남성의 욕망이 신여성에게 거부되는가 받아들여지는가에 따라서 인식의 전도(顚倒)가 야기되었기 때문이다. 「까막잡기」(1924)는 이를 잘 보여준다. 이 작품에서 "제 스스로 제 얼굴에 떨어지면 못생길 수 없이 못생긴 것을 잘 아는" 학수는 "조소와 멸시를 상상치 않고는 여성의 눈길을 느낄 수 없었다."10) 여성에 대한 자신의 욕망은 거부될 수밖에 없다고 자학한 학수는 그래서 욕망의 대상을 타매하는 여성혐오주의자가 되었다. 그러던 차에 상춘의 간청에 못 이겨 여학교가 주최하는 음악회에 간다. 어두운 계단에서 그를 연인인줄 착각한 한 여학생에게서 상대방의 등 뒤에서 눈을 가리는 까막잡기를 당한다. 이에 의기양양해진 학수는 여성과 시선조차 마주칠 수 없었던 자신의 과거가 무색하게 연주회장에 들어와서는 앉아 있는 여학생들에게 대담한 시선을 보낸다. 음악회가 끝나고 나서 학수는 전혀 다른 사람이 되어 상춘에게 여성과의 사랑을 찬양하며 흥분에 겨워한다. 반면 상춘은 제 얼굴에 지나치게 자신을 갖고 있었다. 자신이 "손끝 한번 까닥해서, 눈 한번 깜짝"하면 여성들이 자신에게 "꿀같은 사랑을 바치려니" 생각하며 "젊고 어여쁘고 지식이 있고 마음이 상냥한 여성은 언제든지 저의 애인이 될 가능성이 있다"11)고

---

9) 전은정, 앞의 논문, 55면 참조.
10) 현진건, 「까막잡기」(『개벽』, 1924.1), 『현진건 전집』 4, 155면.
11) 위의 책, 154면.

믿었다. 그러하기에 그는 여성 찬미자였다. 상춘은 그런 욕망을 실현해 볼 기회를 갖기 위해, 또 학수를 데리고 가면 자신이 더욱 돋보일 것이라는 계산에 음악회에 갔지만, 자신의 눈길을 지속적으로 받아주는 여학생이 없었다. 상춘은 학수가 까막잡기 당한 사연을 듣고서는 여학생들은 풍기문란하다느니, 갈보라느니 하며 거친 비난을 해댄다.

여성을 찬양하든 비난하든 그 근거가 오로지 자신의 성적 욕망의 실현 여부에 있다는 점에서, 「까막잡기」는 남성 중심주의의 허구성을 폭로한다. 또한 대상에 대한 자기중심적 인식은 결국 자신을 보는 타자의 시선을 통해서 자신 또한 파편화·대상화된 존재가 될 수밖에 없음을 보여준다. 이러한 타자에 대한 대상화된 인식과 그 결과로서 파편화된 자기 인식이 쉽게 교정될 수 있는 것은 아니다. 이 작품의 결말은 이를 잘 보여준다. 물건을 사러 부인상회에 들어가서도 연신 벙글거리는 학수를 상춘이 거울 앞으로 이끌고 간다. 학수는 거울 속에서 "추(醜)의 그것 같은 괴물,"12) 그러니까 자기 자신의 얼굴을 새삼 발견하고 경악을 한다. 이러한 결말이 암시하는 바는 단지 진실의 발견에 의한 허위의식의 폭로라고 할 수 없다. 상춘과 학수의 심리적 상태가 다시 처음으로 원상 복구되기 때문이다. 이는 허위의식을 낳은 세태와 그것을 떠받치고 있는 구조가 그만큼 견고함을 암시한다.

2 전은정은 신여성의 외모로 상징되는 사치와 허영에 대한 지대한 관심과 비판을 가져오게 한 맥락에는 '서구'에 대한 이중적 태도가 숨어 있다고 지적한다. 물질적 풍요는 서구문명을 말하게 되고 여성들에 대한 비난은 다시 말하면 조선이 가질 수 없는 부를 가진 서구에 대한 열등감의 표현일 수 있었다는 것이다.13) 신여성에 대한 비판의 문맥만으로는 알아채기 힘들지만, 이러한 열등감은 지식인 남성들이 갖고 있

---

12) 위의 책, 164면.
13) 전은정, 앞의 논문, 57면.

던 욕망의 정체를 역으로 밝혀준다. 즉 물질적 욕망과 성적 욕망이었다. 이는 신여성에 대한 구체적인 형성화와 함께 물질적 욕망과 성적 욕망 으로부터 자유롭지 못한 지식인 남성들의 상황이 제시되고 있는 데서 잘 드러난다. 이들 남성들은 신여성들의 허영심과 성적 문란에 대해서 는 비판적이지만, 그렇다고 그 비판으로부터 자신들도 온전히 자유롭지 못한 이중성을 보여준다. 동인지문학 시대의 작품들과 비교해 보자면, 그들은 도덕적 판관의 역할을 고수할 만한 결백성을 스스로 증명하지 못한다. 즉 이상적 자아상은 위축된다. 여기서 이상적 자아상이란 인간 성의 총체적 구현 상태를 의미하지 않는다. 자기 자신에 대한 소망스러 운 비전을 갖고 있으며, 행위와 상황 판단의 기준을 그러한 비전에 두 는 자율적 개인을 의미한다. 이상적 자아상의 위축이란 이러한 비전과 자율성의 균열과 상실을 말한다.

예컨대, 『너희들은 무엇을 어덧느냐』에서 신여성들의 연애 행각, 특 히 덕순의 결혼과 이혼 결심 그리고 마리아의 연애행각에 대해서 작중 남성들은 모두 비판적이다. 한규는 어차피 사랑이 아니라 돈을 보고 응 화와 결혼한 덕순이 사랑과 이해를 이론하려는 것 자체가 자가당착이 자 은혜를 모르는 행위라며 비난한다.14) 홍진은 이혼을 하기 전에 응화 에게서 어떻게든 학비를 얻어내려는 덕순의 계획은 양심상 부끄러운 것이라고 힐난한다.15) 즉 결혼이든 이혼이든 그 애초의 동기가 돈이 목 적이었던 것에 대한 비판이다. 그러나 이러한 비판력의 소지자인 남성 들은 덕순의 유혹의 손길을 완전히 물리치지 못한다. 가령, 한규는 열여 덟 살인, 아직은 세태에 때 묻지 않은 연인 경애를 배반하고, 덕순이와 일본에서 동거를 하는 등 비밀스러운 애정행각을 빌인다. 즉 신여성들 의 물질적 욕망에 대해서는 비판을 하지만, 자신에게도 존재하는 성적

---

14) 염상섭, 『너희들은 무엇을 어덧느냐』(『동아일보』, 1923.8.27~24.2.5), 『염상섭 전집』 1(권영민·김우창·유종호·이재선 편), 민음사, 1987, 191면 참조.
15) 위의 책, 365면 참조.

욕망 때문에 그녀들과의 관계를 포기하지 않는다. 지식인 남녀의 관계가 이렇듯 지속적이지 못하고 일시적인 것에 대해 작중 김중환은 다음과 같이 통렬하게 비판한다.

> 요컨대 조선 사람이란 련애라는 행복을 차지 못하고 나온 인종일세. 근긔두 열정두 업는 사람에게 련애가 잇슬 리가 잇나! 그러면 련애를 찻지 안느냐 하면 그러치두 안지. 그러나 니가 업서 씹지 못하느니! 하기 때문이 마치 〈피애니스트〉의 손가락이 〈키—〉우로 날아단이듯이 입술에서 입술로 날아단이는 련애밧게는 업슬테지! 련애 업는 민족! 그거야말로 죄악돌이 깔닌 길을 징 박은 신발로 밥는 것 가튼 것이 아닌가?16)

제시된 인용문의 전후맥락을 고려해 보면, 성적 욕망의 충족을 연애의 전부로 아는 남녀 관계는 오래 지속되지 못한다는 것이 요지이다. 김중환은 이러한 경향을 "근기와 열정이 없는" 민족성의 문제로 일반화하여 통렬하게 비판한다. 중환은 이어서 만일 춘향이라는 인물이 실제의 인물이라면, 조선의 민족성 또한 그나마 유망하다는 언급을 자조적으로 내뱉는다. 이러할 때, 성적 문란이라는 현상을 야기한 장본인은 정조 관념이 박약한 신여성들이라는 전제가 암묵적으로 깔려 있다.

하지만 김중환의 처지를 보자면 지식인 사회의 연애 세태에 대한 맹렬한 비난은 자신의 열패감과도 무관하지 않음을 알 수 있다. 즉 김중환은 등장인물 중 의협심이 넘치는 인물이기는 하지만, 용모도 준수하지 못하고 가난한 신문기자로 신여성들이 연애 대상으로는 선호하지 않는 인물이었던 것이다. 라명수 또한 얼굴이 잘 생겼고 재주가 있는 인텔리이지만, 집안이 가난하다는 이유로 신여성으로부터 파혼 당한 경험이 있는 인물이다. 말하자면 신여성과의 관계를 통해서, 경제적 조건 등 이들의 사회적 위치는 열등감을 낳는 현실적 기반이 되었던 것이다.

---

16) 위의 책, 271면.

열등감을 의식할수록 신여성과 그녀들과 연애행각을 벌이는 남성들에 대한 비판은 맹렬해질 수밖에 없다. 신여성에 대한 비판은 열등감을 보상해 줄 수 있어도 성적 욕망을 채워줄 수는 없다. 이러할 때, 그들이 연애의 대상을 기생에게서 구하고자 하는 것은 기생들이 신여성보다 더 이상적인 여성이기 때문은 아니다. 신여성과의 관계에서 좌절된 리비도를 투사할 대체 대상은 적어도 그들을 거부하지 않는, 그들보다는 열등한 대상이어야 하기 때문이다.

　박현수는 이러한 현상에 대해 당대 지식인들에게 근대적 사랑이라는 기제는 그 자체로서 관념적이고 기반 역시 부재하다는 근본적 한계를 지니고 있음에도 심지어 기생과라도 나누어야만 하는 당위적 가치로서 작용하고 있었다고 지적한다.[17] 그러나 이러한 양상은 물질적 풍요에서 소외된 지식인의 열패감이 작용하고 있었다는 것을 간과할 수 없다. 언급했듯이, 나도향의 『어머니』(1925)에서 주인공 춘우가 과거에 기생이자 현재는 다른 남자의 첩인 영숙과의 사랑을 결심한 동기는 불우하고 궁핍한 가정환경과 자신의 무능력 때문이었다. 즉 영숙과의 사랑은 도피처였던 것이다. 『너희들은 무엇을 어덧느냐』에서 김중환과 라명수가 기생을 찾아간 것도 마찬가지다. 마침 현진건의 「타락자(墮落者)」(1922)에서는, "모범적 학생, 유망한 청년이란 칭찬을 들었"[18]던 '내'가 왜 술과 기생에 빠져들게 되었나를 작품의 앞부분에 고백한다. 오촌 당숙이 별세하는 바람에 가문의 가장 노릇을 해야 했기 때문에 유학을 중단하고 돌아온 '나'는 낙망하다 못해 될 대로 되라는 식으로 술과 기생놀음에 빠져들었다. 대를 이어 가계를 책임져야 한다는 전통적 가족 제도의 규범이 '나'를 빙퉁한 생활로 이끌었다는 것이다. 동인지문학 시대의 소설에서 낭만적 사랑이 예술과 등가를 이루었던 것과는 달리, 기생과의 사랑

---

17) 박현수, 「1920년대 초기소설의 근대성 연구」, 성균관대 박사논문, 1999, 117~118면 참조.
18) 현진건, 「타락자」(『개벽』, 1922.1~1922.4), 『현진건 전집』 4, 68면.

은 이상적 자아의 실현이라는 지향과는 동떨어진 것이다.

한편 성의 상품화가 일반화된 당대 사회에서 성의 물화 현상이 이미 충분히 진척된 현실에도 기반하고 있다는 것을 간과할 수 없다. 욕망이 주체 안에서 기원하는 것이 아니라 욕망의 대상이 존재함으로써 욕망을 야기하는 현상은 모든 것이 상품화되는 자본주의 사회에서는 불가피한 현상이다. 즉 상품 물신주의라는 사회적 조건이 개인들 안에 자신의 박탈감에 대한 대응으로 대체물을 통한 만족을 얻도록 하는 기제를 생성해 내는 것이다.19) 성의 상품화 현상을 단적으로 보여주는 기생 내지 창녀의 존재는 사회적 제관계 속에서 생성된 박탈감의 보상을 오로지 성적인 것에서만 찾도록 유도한다.

「타락자」의 작품 전반은 전통적 가족 제도의 규범의 문제성이라든가 방탕한 삶에서 비롯된 자의식의 혼란 등을 다룬 것이 아니라는 사실은 이러한 성의 삼품화가 야기한 성의 물화 현상을 염두에 두고 이해해야 한다. 작품 전반은 어떻게 기생 춘심을 만나게 되었는지에 대한 사연, 그리고 춘심과 오가는 수작과 심리적 변화 추이 등으로 점철된다. 이러한 서술양상은 '타락자'의 생활에 종지부를 찍게 한 것은 자아성찰이나 현실비판의식에서가 아니라, 매춘의 경제학과 병리학이라는 의식 밖의 구조에서 비롯되는 것과도 관련된다. 즉, 이상적 자아의 상이 모호해지거나 사라진 상태에서 외부적 현실에 대한 반응으로서의 심리가 우세

---

19) Robin May Schott, 허라금·최성애 역, 『인식과 에로스 *Cognition and Eros : A Critique of the Kantian Pardigm*』(Beacon Press, 1989), 이화여대 출판부, 1999, 261면. 루카치에 따르면, 인간이 생산해 낸 상품이 개인에게 인간의 활동과는 무관한 것으로 이미 주어져 있으며 변화할 수도 없는 법칙들이 지배하는 것으로 보이는 것을 '물신화' 혹은 사물화라고 한다. 즉 이는 노동의 소외 결과이자 인간의 노동 자체가 시장에서 교환되는 하나의 상품이 되는 현상에 대응하는 현상으로, 상품화와 사물화는 인간관계, 인간과 사물 세계의 관계, 나아가 의식과 도덕의 영역을 지배하는 보편적 사회 형식으로 군림한다. Georg Lukács, 박정호·조만영 역, 『역사와 계급의식 *Geschichte und Klassenbewußtsein, Studien über marxistische Dialektic*』(Sonderausgabe der Sammlung Luchterhand, Darmstadt und Neuwied 1970), 거름, 1986, 154~185면 참조

하기 마련이며, 사건의 전개는 의지적 선택에 의한 행위가 아니라 외적 현실의 개입에 의해 이루어진다. '타락자'의 파국을 낳은 매춘의 경제학이란, 기생은 제아무리 사랑을 속살거려도 자신의 상품화된 성을 더욱 비싼 값에 사주는 남성에게로 넘어갈 수밖에 없다는 것인데, 즉 춘심이 "빚 6천원 갚아주고 5천원짜리 집 사준다는 조건"으로 김승지의 첩으로 들어간 사건을 말한다. 또 한편으로 매춘의 병리학이란 춘심에게서 '나'에게 전염된 임질이 결국은 아내와 태중에 있는 아이에게도 전염되었다는 사실이다.

이 사실을 알기 직전까지 그는 춘심의 사진을 찢어버린 아내에게 "몰랐다. 몰랐다. 그런 계집인 줄은 참말 몰랐다. 왜 춘심이가 개 같은 년이야! 너보다 몇 곱이 나을지 모르지 (…중략…) 둘도 없는 나의 애인이다. 이 세상에서 참으로 나를 사랑하는 이는 오직 그 하나뿐이다! 참 착한 여자다! (…중략…) 나는 가련다. 그에게로 나는 가련다"며 "흥분에 겨워 시나 읊조리는 어조로 눈물 소리를 떨었다."[20] 기생, 즉 매춘의 사회경제학적 질서를 파악하지 못한 순진함으로 해석될 수도 있으나, 그럴 정도로 춘심의 육체와 성에 대한 탐닉은 강박적이었음을 의미한다. 말하자면 성적 욕망과 그 대상은 '나'의 의지와 의식과는 무관한 자율적이고 독립적인 존재물로 등장하여 결국은 '나'를 지배하는 물신(物神)의 성격을 획득한 상황이다. 기본적으로 이는 성의 상품화를 조건으로 한다. 인간관계의 여러 국면과 풍요로움은 거세된 채, 성을 매개로 한, 성에 국한된 도구적이고 파편적인 관계로 전락한 데에서 야기된 현상인 것이다.[21] 춘심이가 김승지의 첩으로 들어간 사실 — 더 쾌적한 교환조건

---

20) 『현진건 전집』 4, 127면.

21) 현길언은 현진건의 여러 작품들이 여성을 남성과 가정의 소유물로 삼는 성의 물상화 현상과 역으로 사물화된 성에 다시 억압당하고 있다는 아이러니를 드러낸다는 견해를 제시한다. 연장선상에서 여성의 성을 위안의 대상으로 삼는 남성 중심적 고정관념과 여성에 의해 그 허구성이 폭로되고 고정관념이 거부되는 양상을 현진건의 초기 단편들에서 읽어내고 있다. 현길언, 『문학과 사랑과 이데올로기』, 태학사, 2000, 130~

을 수락하여 춘심이가 김승지의 첩으로 들어간 사실과 임질로 인해 아내가 유산했다는 사실, 즉 외부적이고 폭력적인 현실의 개입에 의하지 않는다면 헤어날 가망은 없었을 것이다. 따라서 "나는 독한 벌레에게 뜯어먹히면서 몸부림을 치는 어린 생명의 약한 비명을 분명히 들은 듯 싶었다"22)는 자기각성의 고백은 그 진정성에 있어서는 의심스러울 수밖에 없다.

③ 이상적 자아상의 균열은 금욕주의와 함께 성적 물신주의 양상을 동시에 보여주는 「B사감(舍監)과 러부레타」(1925)23)의 B사감을 통해서 더욱 분명해진다. 너무나 잘 알려진 B사감의 금욕주의와 성적 결벽주의를 재차 거론할 필요는 없겠지만, 물신주의(fetishism)는 부연할 필요가 있다. 성도착으로서의 물신주의란 넓은 의미에서 인격적 성격을 박탈당한 사물이나 신체의 일부를 성적 대상으로 삼는 것을 말한다.24) B사감에 있어 성적 대체물은 러브레터였던 것이다. 물신주의는 현실의 거부이기도 하면서 자신의 성적 욕망에 대한 자족적 해소인데, 왜냐하면 B사감은 현실에서의 대상, 즉 남성과의 관계에서가 아니라 러브레터에서 자신의 성적 욕망 혹은 완곡하게 말해서는 사랑하고 사랑받고 싶어하는 욕망을 대신하고 있기 때문이다. 그녀의 금욕주의와 성적 결벽주

151면 참조.
22) 『현진건 전집』 4, 128면.
23) 현진건, 「B舍監과 러부레타」, 『조선문단』, 1925.2.
24) 프로이트는 「물신주의 Fetishismus」(1927)란 에세이에서 물신화된 성적 대상(절편음란물)은 남자 아이가 한때 그 존재를 믿었던 여성의 페니스 혹은 어머니의 페니스의 대체물이라고 설명한다. 남자 아이는 여성에게는 페니스가 없다는 사실을 확인하고 자신의 페니스가 거세당할지도 모른다는 공포에 빠진다. 이때 물신화된 성적 대상은 여성의 거세(여성에게는 페니스가 없다는 사실)를 부정하고 동시에 자신을 거세의 위협으로부터 보호해 주는 기능을 한다. 거세의 공포 때문에 만들어진 대체물이기 때문에 이것에 대한 집착과 관심 정도가 정상적인 성애의 대상에 대한 그것보다 더 클 수밖에 없다고 지적한다. Sigmund Feud, 김정일 역, 『프로이트 전집』 9, 열린책들, 1996, 27~35면 참조.

의가 그녀의 사회적 자아를 이루고 있는 실체이자, 그 사회적 자아는 억압에 의해 구성된 것이기도 하다. 현실에서 성적 욕망의 실현이 거부당할지도 모른다는 불안과 공포가, 한편으로는 아예 모든 실제적인 연애관계에 대한 혹독한 거부와 응징으로 나타나고 다른 한편으로는 거부당할 위험이 없는 대체물에서 대리 만족을 얻는 양상을 띤다고 보아도 무리는 아니다. 「B사감과 러브레터」는 사회의 통념 속에서 미처 인식되지 못한 인간 진실의 다층성을 보여준다.[25] 미적·성적 기준과 사랑의 방식이 획일화된 세태가 어떻게 한 개인에게 자아분열을 야기하는가를 B사감은 보여준다. 자아분열을 언급하는 것은, 금욕주의와 물신주의, 이 둘 중에 무엇이 B사감의 진정한, 이상적인 자아인지에 좀처럼 판단하기 어려우며, 이 둘은 서로가 서로를 밀쳐내는 극단적인 대립을 통해서 병렬적으로 공존한다고 볼 수 있기 때문이다. 이처럼 이상적 자아의 상은 일관된 총체성을 얻지 못한 채 모호해진다. 요컨대, 세태로서의 성과 그것을 떠받치고 있는 성의 정치경제학이 부각되면서 함께 진행된 현상이 있다면, 여전히 사회적 자아로의 견인과 도덕적 가치판단이 이루어지고 있긴 하지만 이상적 자아상에 균열이 보인다든가, 도덕적 주체의 호소력이 별다른 설득력을 얻지 못한다는 점이다. 『너희들은 무엇을 어덧느냐』라는 표제는 바로 이 작품 중 어떤 인물도 자신의 결백과 자긍을 증명하기에는 떳떳할 수 없다는 것을 의미한다. 또한 「타락자」에서 '나'의 자기반성은 결과적인 사태에 대한 자기비탄에 불과할 뿐이며, 「B사감과 러브레터」에서 B사감과 「까막잡기」에서 학수와 같은 인물은 비난이 아니라 세태에 의한 희생자로서 연민과 동정의 대상이라고 보는 편이 적절하다.

　이들 작품의 의도를 세태 비판으로 파악하는 것이 가능하다면, 그 기저에 깔려 있는 '금욕주의'를 간과할 수 없다. 「타락자」의 작품 구조는

---

25) 현길언, 앞의 책, 158~163면 참조.

기생→나→아내→태아라는 성병의 전염도식을 제시하면서 완결된다. 이러한 서사는 작중 '나'가 한때 "연설회에서 얼굴을 붉혀가며 절규도 한" 인식을 환기시킨다.

> 유위유망(有爲有望)한 꽃다운 청춘에 무슨 노릇을 못해서 화류계에서 세월을 보낸단 말입니까. 그들은 제 일평생을 그르칠 뿐만 아니라 그 해독을 제 자손에게까지 끼치어 제 가족을 멸망시키고 제 민족을 멸망시키는 사회의 죄인이고 인류의 죄인 아닐 수 없습니다.26)

이러한 논리는 자기 자신의 성적 욕망에 대한 성찰적 반성보다는 그것이 야기할 현실의 폐해를 자신뿐만 아니라, 자손→가족→민족→인류라는 무매개적으로 확장된 자아에게 투영시키는 논리이다. 성적 욕망의 자아는 사회적 자아에 견인되어 결국에는 '금욕주의'로 귀결되고 만다. 그러나 금욕주의는 성의 물신화를 근본적으로 근절시키지 못하며 오히려 조장하는 결과를 낳는다. 쇼트는 금욕주의와 물신주의의 역사적 연결은 이들 두 현상들이 상호발전적인 성격을 갖는다는 것을 보여준다고 지적한다. 즉 "물질과 섹슈얼리티에 대한 금욕주의적 부정 속에는 물질세계가 대상화되고 그것이 인간의 세계를 엄격히 지배하는 형식적 성질들로 환원되는 변증법적 과정이 내포되어 있다. 베버가 지적했듯이 개인에게서 물질을 박탈해 버리려는 금욕주의적 의도는 상품 생산이라는 형태를 통해 물질이 인간의 삶을 지배하는 결과를 낳았다."27)

기생 퇴치의 논리가 민족주의에 입각하고 있다거나, 『너희들은 무엇을 어덧느냐』에서 김중환이 젊은 남녀의 연애 행각을 민족성의 문제로 일반화시킨다든가 이런 경우, 민족주의는 금욕주의의 역사적 버전이며 민족주의는 성적 규범을 강화시키는 기능을 한다. 민족주의는 섹슈얼리

---

26) 앞의 책, 70면.
27) Robin May Schott, 허라금·최성애 역, 앞의 책, 264면.

티를 관리하는 데 도움을 주며, 게다가 변모하는 성적 태도를 기존 규범에 흡수시키고 길들이는 데 있어서 수단들을 제공하기도 했다.[28] 자본주의적 성 상품화 현상과 공적 영역에서의 여성의 대두, 즉 신여성의 출현에 의해 야기된 성적 규범의 혼란을 수습하고 규범을 재정립했던 것은 바로 민족주의였던 것이다. 이는 특히 신여성을 둘러싼 담론에서 명백히 드러났다. 염상섭의 『사랑과 죄』, 『삼대』(1930), 『무화과』(1931~32), 현진건의 『지새는 안개』(1925), 『적도』(1933~34), 『무영탑』(1938~39) 등에서 드러난 민족주의 비전은 성적 욕망에 대한 금욕적 억압과 승화를 통해 제시된다. 이들 작품에서 "저급한" 성적 욕망으로부터 벗어나 보다 고귀한 목적, 즉 민족적 이상에 자신의 열정을 바치는 인물들이 남성과 여성의 이상적 전형으로 제시된다. 이는 1930년대 장편소설의 지배적 경향이기도 하다.

성적 욕망의 문제가 민족주의 이데올로기를 통해 공동체의 비전 문제로 전환된다 하더라도, 여전히 성적 욕망은 육체적 존재인 인간의 욕망이라는 사실은 남게 된다. 1925년을 전후해서, 성적 욕망의 화신인 하층민 요부형 여성을 형상화한 소설의 대거 등장은 이러한 맥락에서 이해할 수 있다. 즉 하층민 요부형 여성은 남성 지식인들의 금욕적 자의식에 의해 억압되거나 은폐된 무의식의 표상이었던 것이다.

2. 하층민 요부형 여성의 등장과 일탈적 섹슈얼리티

현진건의 「고향」에서는 아버지에 의해 유곽에 팔려, 십 년 동안 그

---

28) George L. Mosse, *Nationalism and Sexuality : Middle-Class Morality and Sexual Norms in Modern Europe*, The University of Wisconsin Press, 1985, p.10 참조.

빚을 갚느라고 병까지 걸려 박복한 신세가 된 여자의 이야기가 나온다. 이러한 사연이 비단 몇몇 개인의 특수한 사연이 아니었다. 작품 말미에 나온 노래구절은 이러한 현실이 눈에 띄게 두드러진 것이었음을 말해 주기 때문이다. "볏섬이나 나는 전토는 신작로가 되고요─ / 말 마디나 하는 친구는 감옥소로 가고요─ / 담뱃대나 떠는 노인은 공동 묘지 가고 요─ / 인물이나 좋은 계집은 유곽으로 가고요─."29) 이 작품에서 화자 인 '나'에게 이 사연을 전해 주었던 하층민 청년의 인생역정을 함께 고 려해 보면, 일본의 식민지 지배에 의해 더욱 가혹해진 삶의 조건이 여 성을 매춘으로 내몰았음을 알 수 있다. 그 청년의 가족은 동양척식회사 를 내세운 일본의 토지수탈사업 때문에 고향을 떠나 서간도로 이주해 소작 생활을 했지만 아버지와 어머니를 여의고, 일본과 대판 등지에서 막벌이를 하다가 고국산천이 그리워 고향에 들렸다가 서울로 벌이를 구하러 기차에 오른 길이었다. 고향에서 만난 그 여인과는 어릴 적 그 와 혼인 말이 있던 사이라 청년의 감회는 더욱 비감할 수밖에 없다.

이 작품에서 성매매의 일차적 원인은 가난에 있겠지만, 딸을 팔 수 있다는 것은 성에도 소유관계가 전제되어 있다는 것을 말한다. 현길언 은 「고향」의 이 예를 부권사회의 남성 횡포의 잔재로 성이 물상화된 단 적인 예로 지적한다.30) 「감자」(1925)는 아버지와 남편의 것으로 귀속되 는 여성의 성을 보다 구체적으로 보여주고 있다. 케이트 밀레트는 가부 장제 하에서 부모와 자식 간의 관계, 남녀의 부부관계가 사유재산적 소 유 관계라고 규정하면서, 남성이 여성이 지배하는 관계를 성의 정치라 는 용어로 규정한다. 정치를 권력 구조의 제관계라고 정의한 케이트 밀 레트의 주장에 따르면 가부장제 하의 남녀 관계 또한 권력구조가 각인

---

29) 현진건, 「故鄕」, 『현진건 전집』 4, 236면. 「고향」은 『조선일보』(1926.1.4)에 「그의 얼 굴」이라는 제목으로 실렸던 작품으로, 창작집 『朝鮮의 얼골』(1926.3)을 내면서 제목을 바꾼 것이다.

30) 현길언, 앞의 책, 134면.

된 '정치'였던 것이다.[31]

앞 절에서 살펴본 지식인을 주요인물로 한 작품들보다도 하층민의 성을 다룬 작품들에서 성의 권력구조는 더욱 뚜렷하게 부각된다. 나도향의 「뽕」(1925), 「물레방아」(1925), 김동인의 「감자」(1925), 현진건의 「불」(1925), 「정조와 약가」(1929) 등은 하층민의 성을 그린 작품인데, 이들 작품에서 일차적으로 조명되고 있는 것은 가난이 어떻게 하층민 여성들을 성매매의 현실로 내몰았는가 하는 것이다. 하지만 이들 작품은 현진건의 「고향」과 달리 성 매매의 현실을 통해 식민지 현실의 궁핍상이 아니라 하층민 여성들의 성적 분방함을 형상화하는 데 더 큰 비중을 두고 있다. 즉 하층민 여성을 통해서 어떤 도덕적 규범도 자의식의 검열도 존재하지 않는 무규범적 성이 형상화된다. 요컨대, 하층민의 성은 남성우월적 질서, 그리고 계급적 종속관계에 더욱 속박되어 있으며, 도덕적으로도 더욱 저열한 것으로 그려졌다.

① 개항 후에서부터 일제 말기까지 공창제의 도입과 사창의 번성 그리고 그에 따른 윤락업 종사 여성의 증가와 실태를 대략 개괄하자면 다음과 같다. 매춘을 전업으로 하는 창기가 등장한 것은 1876년 개항 후이다. 방과 창기를 제공하는 대좌부영업(貸座敷營業)과 특별요리집 형태의 매춘업이 성행했으며, 시내 풍기 방지와 성병 예방이라는 명목 하에 최초의 유곽은 1902년 부산에 생겨 1910년대에는 전국에 11개소로 늘어난다. 1904년 성매매를 공식화하는 공창제가 실시되어, 1916년 3월에는 각도 경찰서장이 지정한 장소에서만 공창영업을 허락한다. 이러한 공창이 전국적으로 확산됨으로써 성매매는 지배적인 현상이 된다. 1920년대는 공창이 쇠퇴하는 대신 사창이 만연해짐으로써, 성 매매 현상은 일상적인 현상이 된다. 한편, 예기와 창기, 작부, 카페 여급 등 윤락업 종사

---

31) Kate Millett, 정의숙·조정호 역, 『성의 정치학 *Sexual politics*』, 현대사상사, 1976 참조.

여성의 수는 처음에는 일본인 여성의 숫자가 두 배 가량 많았지만, 일
제 말기에는 조선 여성 수가 압도하게 된다.[32] 이 과정은 토지조사사업,
산미증산계획 등 일련의 프로젝트를 통한 식민지 수탈과정이기도 하다.
즉, 공창과 사창 등에 의한 매춘의 보편화 현상은 식민지 경제의 피폐
화에 의해 매춘 여성의 수가 증가하는 현상과 같이 갔다고 볼 수 있다.

　김동인의 「감자」, 현진건의 「정조와 약가」, 나도향의 「물레방아」와
「뽕」 등 하층민 여성의 매춘을 다룬 작품들은 이러한 당대 현실에 기초
하고 있음은 분명하다. 송명희는 「감자」의 복녀 부처가 겪어 나간 경로
는 일본강점기 한국농촌의 피폐화 과정과 농민의 몰락 과정과 일치한다
고 지적한다. 송명희에 따르면, 복녀의 아버지는 조선조 후기의 양반이
농민으로 전락할 수밖에 없었던 사회 제도의 제반 모순을, 복녀 남편의
영락상은 식민지정책이 빚은 농민의 수탈상을 드러낸 것이며, 따라서 복
녀의 매춘은 이러한 사회경제적 필연성을 얻고 있다는 것이다.[33] 복녀
가족의 몰락상을 식민지 수탈상에 직접적으로 대입해도 무방한지는 재
고할 필요가 있지만,[34] 「감자」뿐만 아니라 상기한 작품들에서 매춘은 작
중의 하층민 여성이 처한 사회경제적 환경에 기인하고 있다. 이들 작품
에서 가난과 여성의 성을 남성의 소유물로 간주하는 가부장적 질서는 매
춘의 필연적 계기로 형상화된다. 또한 「감자」의 왕서방, 「정조와 약가」의
최주부, 「물레방아」의 신치규 등은 하층민 여성의 매춘에 내재해 있는
계급적 위계질서에 근거한 착취와 함께 남성적 질서를 동시에 보여주기

---

32) 이러한 대략의 개괄은 송연옥의 앞의 논문과 김윤선의 「1920년대 한국소설에 나타
　　난 성담론 연구」(고려대 박사논문, 2001, 23~27면)를 참조했다.
33) 송명희, 「여성의 삶과 사회구조―김동인의 「감자」를 중심으로」, 『문학과 성의 이데
　　올로기』, 새미, 1994, 297면 참조.
34) 나아가 송명희는 복녀의 불행은 "민족 전체가 겪어야 했던 식민지 시대의 전체적
　　불행"(위의 책, 308면)이라는 결론을 내린다. 이러한 해석은 오히려 송명희의 '민족주
　　의' 관점에 의해 유도된 것이라고 볼 수 있다. 앞으로 살펴보겠지만, 「감자」뿐만 아니
　　라 하층민 여성의 매춘을 다룬 1920년대 소설에서 주조를 이루는 것은 타율적인 수탈
　　과 억압이라기보다는 성적 욕망 자체였다.

에 충분하다. 작중 배경과 인물을 통해서 드러난 성의 경제적·정치적 질서는 서사구성의 중심 요소였던 것이다.

그러나 이들 작품의 궁극적 의도는 매춘의 사회 경제학을 묘파하는 것이 아니라, 성적 욕망의 일탈적·반규범적 성격을 형성화하는 데 있다. 이는 차후 살펴볼 하층민 요부형 여성의 성격을 통해 보다 분명해지지만, 나도향의 「벙어리 삼룡이」(1925)와 현진건의 「불」(1925) 또한 통제 불능의 성적 욕망을 제시한다.

> 정욕을 가진 사람인 벙어리도 그의 피가 차디찰 리는 없었다. 혹 그의 피는 더욱 뜨거웠을는지도 알 수 없었다. 뜨겁다뜨겁다 못하여 엉기어 벼린 엿과 같을지도 알 수 없었다. 만일 그에게 볕을 주거나 다시 뜨거운 열을 준다면 그의 피는 다시 녹을는지도 알 수 없었다.35)

> 시집 온 지 한 달 남짓한 금년에 열 다섯 살밖에 안된 순이는 잠이 어릿어릿한 가운데도 숨길이 갑갑해짐을 느꼈다. 큰 바위로 내리누르는 듯이 가슴이 답답하다. 바위나 같으면 싸늘한 맛이나 있으련마는 순이의 비둘기 같은 연약한 가슴에 얹힌 것은 마치 장마 지는 여름날과 같이 눅눅하고 축축하고 모더운데다가 천 근의 무게를 더한 것 같다. 그는 복날 개와 같이 헐떡거렸다. (…중략…) 순이는 배꼽에서 솟아오르는 공포와, 창자를 뒤트는 고통에, 몸을 떨었다가, 버르적거렸다가 하면서 염시없는 잠에 뒷덜미도 잡히기도 하고 무서운 현실에 눈을 뜨기도 하였다.36)

「벙어리 삼룡이」에서 나도향은 주인과 하인의 질서에 복종했던 벙어리 삼룡이가 그 질서를 부정적인 것으로 인식하고 전복하도록 하게 한 핵심적 동력으로 성적 욕망을 제시한다. 「불」은 어린 나이에 민머느리로 팔려와 낮에는 힘겨운 노동과 시어머니의 갖은 혹사에 시달리고, 밤

---

35) 나도향, 「벙어리 삼룡이」(『여명』, 1925.7), 『나도향 전집』 上(주종연·김상태·유남옥 편), 집문당, 1988, 224면.
36) 현진건, 「불」(『개벽』, 1925.1), 『현진건 전집』 4, 188~189면.

이면 남편에게 성적으로 시달리는 한 어린 여성의 비극적 삶이 그려지고 있다.37) 「불」은 당시 조혼으로 인한 살인·방화 등 여성 범죄가 빈번했으며, 그것이 사회적으로 크게 이슈화되었다는 사정을 반영한 것이기는 하다. 류승현의 연구에 따르면, 조혼한 민며느리에 대한 시부모와 남편의 학대가 사형(私刑)과 살인치사에 이르는 등 끔찍한 사건을 낳은 경우가 많았으며, 여기에 비례하여 조혼으로 인한 여성 범죄가 급증하는 양상을 보였다고 한다. 그중에는 어린 여아가 장성한 남편의 성적 요구에 공포를 느끼고 살해나 방화를 저지르는 경우도 많았다고 한다.38) 이 작품은 이러한 당대 현실을 반영하고 있지만, 조혼으로 야기된 많은 문제 중에서 "원수의 방"에서 일어나는 "원수의 짓"에 초점을 맞추고 있다. 즉 성적 욕망의 문제에 초점을 맞추고 있다. 이는 지식인의 조혼 양상을 다룬 것과는 차이를 보인다. 『만세전』이나 「타락자」 등에서 이미 보았듯이, 지식인의 조혼의 경우는 부모에 의한 강제혼, 즉 자신의 자율적 선택권이 무시된 처사로 다뤄지는 것이 보통이었다. 물론 노동력의 확보, 가난으로 인한 매매혼 등 하층민의 경우에 조혼이 더 많은 문제를 내포하고 있었음은 주지의 사실이지만, 성적 욕망의 문제39)는 비슷한 양상을 보였으리라는 짐작은 가능하다. 하지만 지식인의 조혼의 경우는 성적 욕망 그 자체의 차원에서는 문학적으로 접근되지 않았다. 「불」의 첫 장면은 두 번째 인용문에서 확인할 수 있듯이, 순이 남편의 과도한

---

37) 임규찬, 「1920년대 소설사 연구」, 성균관대 박사논문, 1994, 170면.

38) 류승현, 「일제하 早婚으로 인한 여성범죄」, 『여성, 역사와 현재』(박용옥 편저), 국학자료원, 2001, 357~391면 참조.

39) 조혼으로 인한 성적 욕망의 문제는 어린 여자아이와 장성한 남자의 조혼의 경우에는 남편의 성적 요구에 대한 공포, 성적 요구를 충족시켜주지 못하는 경우에 남편이 첩을 얻는 사례들이 주로 나타났고, 반대로 성숙한 여자와 어린 남자아이의 조혼의 경우에는 여자가 간부(姦夫)와 통정하는 간통 사례가 많았다고 한다. 류승현, 위의 글 참조. 지식인 남성의 경우, 어린 나이에 장성한 여성과 조혼한 사례가 많았으며, 그 결과 구여성을 부인으로 두고 신여성과 연애하는 사태가 빈번했다. 신여성과의 연애는 어떻게 보자면 은폐된 축첩의 양태일터이지만, 그것은 성적 욕망 그 자체의 요구에 따른 것이 아니라 자율권의 주장, 즉 개성의 요구 차원에서 접근되는 것이 보통이었다.

성적 욕망을 성행위의 폭력적 양상을 묘사함으로써 제시하는 데 할애되고 있다.

정리하자면, 하층민의 성적 욕망은 다른 방식에서 접근되었다. 하층민의 성적 욕망은 규범과 자기 규율 이전의 문제이자 억제할 수 없는 본능으로 제시되었던 것이다. 특히 하층민 남성보다는 여성을 통해서 이러한 일탈적 성을 형상화하였다.

② 나도향의 「뽕」과 「물레방아」 그리고 김동인의 「감자」의 여주인공들은 한국근현대소설사에서 탕녀 또는 요부(femme fatale)의 계보를 탄생시킨 시조들이다. 이 여주인공들이 요부인 이유는 단지 가난 때문에 정조를 팔았다는 사실에 있지 않다. 「뽕」의 안협집은 "온 동리에서 판 박아 놓은 화냥년"40)으로 유명한데, 그녀는 정조가 헤프기는 하지만 상대가 마음에 들지 않을 경우에는 "만냥금을 주어도 거들떠보지도 아니한다."41) 즉 그녀는 매춘을 통해서 물질적 대가를 얻을 뿐만 아니라 자신의 성적 쾌락을 채운다는 점에서 요부이다. 「물레방아」의 남편 이방원을 버리고 세력 있고 돈 있는 신치규의 첩으로 들어간 계집은 "새침한 얼굴이 파르족족하고 길다란 눈썹과 검푸른 두 눈 가장자리에 예쁜 입, 뾰로통한 뺨이며 콧날이 오똑한 데다가 후리후리한 키에 떡 벌어진 엉덩이가 아무리 보아도 무섭게 이지적(理智的)인 동시에 또는 창부형(娼婦型)으로 생긴 것이다."42) 이방원의 처는 전남편을 두고 이방원과 통정하여 고향을 둘이 함께 도망친 이력을 갖고 있다. 신치규의 집에서 막실살이를 했던 계집은 그에게 "매혹적인 웃음"을 웃고 그의 "가슴에 안겨 정욕이 가득 찬 눈"으로 유혹한다. 즉 「물레방아」의 이방원의 아내 또한 단지 가난이 지겨워서 하는 수 없이 매춘을 하는 것이 아니다. 자신

---

40) 나도향, 「뽕」(『개벽』 65호, 1925), 『나도향 전집』 上, 226면.
41) 앞의 책, 271면.
42) 나도향, 「물레방아」(『조선문단』, 1925), 『나도향 전집』 上, 234면.

의 성적 욕망을 실현하는 데는 전남편을 버리고 달아날 정도로 경계가 존재하지 않으며, 자신이 남성들에게 성적으로 매력적인 존재라는 사실을 십분 이용할 줄 아는 여성이다. 김동인의 「감자」의 복녀 또한 처음에는 보다 쉬운 돈벌이로 매춘을 했지만, 그 과정에서 성적 쾌락에 눈을 뜬다. 송충이 잡이 감독관과의 성관계를 통해서 복녀는 "긴장된 유쾌"를 느끼고, "처음으로 한 개의 사람이 된 것 같은 자신까지 얻었다." 복녀의 매춘 대상은 동리 사람들에게로까지 확대되고, 감자를 훔치러 갔다 거기서 맞닥뜨린 감자 밭의 소작인 왕서방이 더 많은 돈을 주자 복녀의 매춘 대상은 그에게로 한정된다. 그러나 그녀의 매춘 행위가 단지 돈 때문은 아니었기에, 왕서방이 돈 백 원으로 처녀 색시를 얻자 질투심과 복수심을 낳는다. 「감자」에서 복녀의 이러한 성격은 서술자가 중립적 전지성을 띠고 있다[43]는 것과도 관련된다. 즉 서술자의 중립적 태도는 도덕적 판단과 개입을 억제하는 것으로 나타나는데, 이를 통해 복녀의 성격은 뚜렷이 강조되기 때문이다. 이러한 서술자의 태도는 「감자」에만 국한되지 않고 요부형 여성을 그린 작품들에 공통적인 것이라고 할 수 있다.

> 칠성문 밖을 한 부락으로 삼고, 그곳에 모여 있는 모든 사람들의 정업(正業)은 거러지요, 부업으로는 도적질과(자기네끼리의) 매음, 그 밖에 이 세상의 모든 무섭고 더러운 죄악들이었다.[44]

「감자」에서 "싸움, 간통, 살인, 도적, 구걸, 징역, 이 세상의 모든 비극과 활극의 출원지인, 이 칠성문 밖 빈민굴"[45]의 성격은 이들 하층민 요부형 여성들의 성을 다룬 작품들이 주조하고 있는 세계가 어떤 세계인지를 직설적으로 보여준다. 「감자」에서 설정한 '칠성문 밖 빈민굴'이라

---

43) 윤병로, 『한국근·현대 작가·작품론』, 성균관대 출판부, 1993, 243면.
44) 김동인, 「감자」(『조선문단』, 1925.1), 『김동인 전집』 1, 조선일보사, 1987, 348면.
45) 위의 책, 347면.

는 환경은 무규범, 무법천지이다. 이들 작품에서도 소작인과 지주, 막실살이와 지주 등의 가진 자와 못 가진 자의 착취관계 내지 계급 관계는 애초의 매춘을 가능하게 한 계기적 필연성을 제공한다. 하지만 여기에 하층민 요부형 여성들의 성적 욕망이 중첩되어 상황을 더욱 비극적이고 폭력적으로 만든다. 가난에 의한 생존의 절박한 요구만으로는 해석이 곤란한 욕망의 사투가 난무하는 무질서한 세계는 이렇게 만들어졌던 것이다.

한편으로, 이들 하층민 요부형 여성은 스스로 금기를 위반하는 일탈성을 보여줄 뿐만 아니라, 남성들을 범죄와 폭력으로 유도한다. 「물레방아」의 이방원은 신치규의 첩이 되어버린 계집을 살해하려고 하며, 「감자」의 왕서방은 칼을 들이민 복녀를 죽이게 된다. 안협집의 성적 문란함은 남편의 폭력을 야기한다. 말하자면 이들 작품에서 남성들의 폭력과 범죄는 여성들의 성적 욕망이나 성적 매력을 이용한 물질적 욕망의 추구 때문에 야기된 것으로 그려진다. 요부형 여성이 남성을 어떻게 파멸로 이끄는가를 나도향의 「지형근」(1926)과 현진건의 「발」(1924)이 잘 보여준다.

「지형근」은 재력도 있었고 가문도 좋았던 양반집 자제 지형근의 노동자로의 전락이 도덕적·성적 타락으로 귀결되는 과정을 제시한다. 지형근의 타락상은 작품 말미의 신문기사로 요약된다.

○○○출생으로 철원군 ○○○리에서 노동을 하는 지형근(池亨根)(○○) 지난 ○월 ○일 자기 동향 친구의 주머니에 있는 삼십 원을 그 친구가 술이 취하여 자는 틈을 타서 절취하려다가 ○○이화라는 술집에서 호유하다가 철원 경찰서 형사에게 체포되어 취조를 마치고 검사국으로 압송하였다더라.[46]

---

46) 나도향, 「池亨根」(『조선문단』, 1926.3~5), 『나도향 전집』 上(주종연·김상태·유남옥 편), 집문당, 1988, 344면.

현재는 날품팔이도 얻지 못하는 신세이나 양반집 후손임을 우월감의
근거로 삼았던 지형근이 자신의 처지에 대한 의구심을 느끼게 된 계기
는 바로 창부 이화와의 차이 때문이었다. 술과 여자가 있고 불빛이 환한
술집 경험은 그에게 자신의 처지에 대한 의혹을 불러일으킨 것이었다.

> 움 속은 흙내에 사람의 땀내, 감발에서 나는 악취가 더운 기운에 섞여서 일
> 종의 말할 수 없는 냄새를 낸다. 즉 여우의 굴에서 노린내가 나는 것 같이 사
> 람 중에서도 노동자 굴에서 노동자내가 나는 것이다.
> 그는 불과 몇 마장 떨어져 있지 않은 이화의 집과 지금 자기가 들어온 이
> 움 속과의 차이가 너무 현저한 데 아니 놀랄 수가 없었다.
> 이화는 일개 창부다. 자기는 그대로 그렇지 않은 집 자손으로 힘들여 돈을
> 벌려는 사람이다. 그 차이가 너무 과한 데 그는 의혹이 없지 않았다.47)

이화 또한 어릴 적에는 아버지에게서 요조숙녀의 교육을 받았을 만
큼 행세 꽤나 하는 집안의 영양이었지만 현재는 일개 창부일 뿐이다.
지형근은 전락했지만, 이화는 타락했다. 그러나 이화의 집과 지형근 자
신이 기거하는 움막의 차이는 천국과 연옥의 차이였던 것이다. 물질적
결핍에 대한 자각은 이화에 대한 지형근의 성적 욕망을 더욱 격화시키
게 된다.

> 마치 어여쁜 여자가 외로이 누운 그 곁에 선 젊은 남자가 받는 충동이나 마
> 찬가지로, 주머니에 돈을 지닌 사람이 아무도 보지 않는 곳에 의식을 잃어버
> 리고 누운 것을 본 형근은, 더구나 돈에 대하여 목전에 절실한 필요를 느끼는
> 그는 무서운 죄악의 충동을 느끼었다.48)

그에게 돈 한 푼 남지 않게 되자 이화를 향한 생각은 점점 더 성적으
로 집착적인 것이 되어간다. 이화가 한낱 창부임에도 불구하고 돈 없이

---

47) 위의 책, 327면.
48) 위의 책, 336면.

는 그녀를 만날 수 없기 때문이다. "돈 생기는 생각만 하면 이화 생각이 난다. 이화 생각이 나면 이화 집에 가고 싶다. 젊은 가슴은 그림자를 붙잡으려는 듯한 부질없는 정열로 해서 애를 쓴다."49) 의식을 잃고 쓰러진 친구의 돈을 훔치려는 욕망이 여자를 범하고 싶은 성적 욕망으로 표현되고 있듯이, 돈에 대한 욕망은 성적 욕망과 떼어 낼 수 없는 것이 되어버린다. 욕망이 충족되지 않는 결핍의 상태는 욕망을 더욱 격렬하고 고착적인 것으로 만든다. 처음에는 이화를 마음속에서만 그리던 지형근은 그 다음에는 앞산에 올라 이화의 집을 찾아보고, 그것도 부족해 이화 집 앞을 기웃거리게 된다. 그러던 어느 날 조주사가 그곳에서 나오는 것을 보게 되자 질투심에 불타서 칼이 있었다면 당장 조주사를 죽여버리거나 그렇지 않으면 자기가 죽어 버릴 것 같은 심정을 느끼게 된다. 그 결과, 지형근은 의식을 잃고 쓰러진 동향 친구의 돈을 훔쳐내서 이화의 집에 가게 된다. 그 사이 잠에게 깨어난 친구는 돈을 잃어버린 것을 알고 경찰에 고발하게 되고 지형근은 체포된다.

「지형근」은 물질적 결핍이 성적 욕망을 더욱 격렬한 것으로 만든다는 것을 보여준다. 이는 성의 상품화가 야기한 결과이다. 돈으로 성을 살 수 있다는 것은, 화폐의 소유 여부와 정도에 따라 성적 욕망을 실현시킬 가능성도 달라질 수밖에 없음을 의미하기 때문이다. 한편, 이 작품에서 이화라는 창녀의 행위는 성의 물상화 현상의 성격을 좀 더 명징하게 보여준다. 서술자는 환경의 변화가 이화를 창부로 만들었음을 명시한다. 그러나 형근의 순진성과 비교할 때 이화는 민활하고 계산이 정확한 여자로 그려진다. 처음 형근이 동향 사람이란 것을 알고 이화는 읍소하며 자신의 신세를 한탄한다. 고향에서 문벌과 재력이 있었던 지형근이 자신을 구해내 주지 않을까 하는 의도에서였다. 지형근이 두 번째 찾아왔을 때는 본체도 하지 않는다. 그때 이화는 이주사라는 면서기의

---

49) 위의 책, 333면.

술시중을 들고 있었는데, "저것이 나지미(애인—인용자)야" 하고 이주사가
묻자 그녀는 "온 이 주사도, 아무기로 내가……" 하며 형근에 대한 태
도가 돌변한다. 즉 형근이 이제 한낱 날품팔이에 지나지 않다는 것을
알았던 것이다. 따라서 이화가 술시중을 들어야 할 상대는 노동자가 아
니라 면서기이다. 형근 또한 이러한 사정을 눈치 챘다. "이화라는 년은
다른 놈하고 앉아서 자기 방을 쳐다보는 것이 창살 속에 넣어 놓은 청
국 사람의 원숭이같이 대접을 하는 것 같아서" 언짢아지며 "천생 타고
난 기질을 어떻게 하니? 창기는 판에 박은 창기년이다"라며 이화를 낙
인찍는다. 형근에게 이화는 더 이상 고향의 처녀가 아니라 술과 몸을
파는 창녀일 뿐이다. 이화를 기다리며 술을 마신 형근은 호기롭게 소리
를 치며 이화를 부른다. 그러다 면서기와 싸움이 나서 이화는 순사를
부른다. "이화가 나를 순사에게!"라며 형근은 경악한다. 한낱 창녀가 자
신을 감옥살이를 시킬 수도 있다는 사태를 파악한 형근은 부리나케 도
망을 치나, 도둑을 잡으러 출동한 형사와 경관에게 움 앞에서 잡힌다.
  지형근의 노동자로의 전락과 이화의 창녀로의 전락 그리고 도덕적
타락은 모두 물질적 결핍에 의한 것이다. 하지만 타락의 상황에 보다
민활하게 대처하는 자는 남성이 아니라 여성이라는 전제가 은연중에
깔려 있다. 지형근은 그의 어리석음과 순진함 때문에 동정의 대상이 될
수 있지만, 이화는 그렇지 않다. 한편 이화에게는 성적 욕망의 문제가
개입되어 있지 않지만, 하층민 여성은 성적 욕망이 과도하거나 혹은 자
신의 성적 매력의 가치를 이용할 줄 아는 민활한 여성들로 그려진다.
  현진건의 「발」(1924)에서의 화자는 "모든 신문은 이 기사로 거의 3면
의 전부를 채웠고, 또 사설에서까지 격월 신랄한 논조로" 대응했던 "작
년 여름 야시에서 순사가 발장수를 쳐죽인 사단"[50]의 알려지지 않은 내
막을 알려준다. 순사가 무고한 양민을 죽인 사건으로 알려졌지만, 기실

---

50) 현진건, 「발(簾)」(『시대일보』, 1924.4.2.~1924.4.5), 『현진건 전집』 4, 213면.

내막을 알고 보면 순사 또한 동정할 만한 "사랑의 희생자"라는 것이다. 그 내막이란, 여관집 주인 딸과 김주사는 서로에게서 성적 욕망을 채우는 사이인데, 주인 딸과 결혼하는 소망을 품었던 순사는 그들의 방해물이 된다. 더운 여름날, 문을 열어 놓을 수밖에 없는 방안에서 김주사와 그녀의 은밀한 행위가 순사에게 발각되면 봉변이나 당할까봐, 주인 딸은 자신에게 청혼을 한 순사의 호의를 이용해 발을 사달라고 청한다. 그래서 야시에서 발 값을 두고 흥정을 하다 발 장수가 싸움이 벌어지고, 흥분한 순사가 발 장수의 몸의 은밀한 부분이자 급소를 발로 차서 사망한 데까지 이르는 사단이 나서, 수감되는 처지가 된 것이다. 신문보도는 사건의 표피적 현상만을 제시했을 뿐이지만, 이 사건의 핵심에는 주인집 딸과 김주사의 성적 욕망과 결혼하고 싶은 여자에게 능력 있고 강한 남성으로 보이길 원했던 순사의 가부장적 남성 우월 의식이 놓여 있음을 제시한다. 이러한 심층의 원인과 함께 화자가 주목하는 것은 여관집 딸과 김주사의 사건에 대한 반응이다.

> 「그리고 또 이것 좀 봐요 제 지은 죄는 모르는지, 잘하면 한 6개월 살 터이고, 오래 살아야 1년만 살면 나올 테니, 그때까지 기다리겠느냐 하겠지, 하하하. 사람이 우스워 죽지.」
> 「쓸개 빠진 놈, 허허허, 그래?」
> 「기다려 보지요, 하였지.」
> 「기다려 보지요가 묘한 걸.」
> 이런 수작을 주고 받는데 그 방의 쌍바라지는 발 없이도 인제 무방하다는 듯이 열려 제껴 있었다…….51)

두 남녀는 방해물이던 순사가 수감되어 사라졌으니, 꺼릴 것 없이 문을 열어 놓고 누워서 수작 나눈다. 순사에게는 동정적인 시선 주조하면서 이 작품이 대조적으로 부각시키는 것은 사건의 원인이 되었던 두 남

---

51) 위의 책, 222면.

녀의 파렴치함이다. 더욱이 주인 집 딸은 감옥에 들어가는 순사에게 기다려보겠다는 천연덕스러운 거짓 약속을 하고, 또 그것을 김주사에게도 알려 주면서 그에게 긴장감을 야기시킨다. 즉 한 남자에게 한 거짓 약속을 통해서 그 남자뿐만 아니라 다른 남자의 욕망을 증폭시키는 줄다리기의 유희를 즐기는 것이다. 남성적 권위와 그로 인한 성적 대상화의 폭력에 대한 여성의 대응 방식은 유혹이라는 구조화 원리를 통해서 드러나는데, 다시 말해서 여성은 남성을 유혹함으로써만 남성들을 지배하고 파괴할 수 있는 힘을 얻을 수 있다[52]는 사례를 보여준다. 하지만 그럼으로써 여성은 본능적이고 비도덕적이라는 통념에 더욱 부합해 가며, 남성 우월적이고 가부장적 제도의 최후의 희생자는 자신이라는 사실조차 깨닫지 못하는 무지한 존재로 자연화 시키는 인식의 볼모로 남게 된다.

③ 남성을 파멸로 인도하는 하층민 요부형 여성은 1925년을 전후로 대거 등장한 문학적 현상이었지만, 이러한 인물형을 창조할 수 있었던 인식론적 기반은 이미 존재했었다. 신여성의 성적 문란을 비난하는 주된 논리는 바로 여성 자체가 남성에게 성적 욕망을 환기시키며, 성적 욕망이 천성적으로 더 강하다는 것이었다. 자유연애를 내세운 신여성의 성적 방종은 자본주의와 향락적 개인주의에도 책임이 있겠지만 종국적으로는 여성과 남성의 기질상·생물학상의 차이의 문제로 돌리는 논의가 지배적이었다. 그 결과, 자유연애의 파멸은 모두 여자 탓으로 돌렸고 남성은 어쩔 수 없이 그 유혹에 빠진 동정을 받아 마땅한 희생제물로 만들었다.[53] 신여성에 대한 비판담론 안에 있는 여성의 생물학적 본성론, 이것이 바로 하층민 요부형 여성을 탄생시킨 인식론적 기반이다. 하층민 요부형 여성은 신여성에서 지식과 사상 등 교양이라는 허울을 벗겨낸 형상이었던 것이다. 그럼으로써 하층민 여성의 성적 욕망을 더욱

---

52) Rita felski, 김영찬·심진경 역, 앞의 책, 292면 참조.
53) 전은정, 앞의 논문, 49~53면 참조.

직접적인 것으로 그려질 수 있었다.

　하층민 요부형 여성의 탄생에 개입한 또 다른 계기가 있다면, 하층민 창녀를 선택함으로써 비교적 자유롭게 성적 욕망에 대해 이야기할 수 있었다는 점이다. 지식인 남성의 생활권에 들어와 있는 신여성과 고급 요릿집의 기생에 대한 논의는 불가피하게 지식인 남성의 도덕적 자의식을 통과해야만 했었다. 성적 욕망이 젠더와 계급을 불문한 인간의 욕망이라고 하더라도, 신여성과 기생과의 관계에서 성적 욕망은 지식인 남성의 도덕적 자의식과 사회의 지배적 규범에 의해 부정의 대상이 될 수밖에 없었다. 여기에 비하자면, 그들의 삶과 무관한 하층민 여성은 자신들의 무의식 속으로 억압된 성적 욕망을 투사하기에 수월한 존재였다. 작품의 무대로 도시가 아닌 농촌이나 시골을 선택하고, 지식인 인물을 전적으로 배제한 의도 또한 성적 욕망 자체의 원칙, 즉 쾌락원칙을 보여주기 위함이다.

　「감자」와 「지형근」 등의 작품이 사회경제적 지위의 전락이 성적 타락으로 상징되는 도덕적 타락으로 이어지는 과정을 보여준다. 또한 「지형근」, 「발」 등에서는 요부형 여성에 의해 파멸당하는 남성들에 대한 동정적 시선이 느껴지기도 한다. 그러나 이 작품들의 전지적 서술자는 시종일관 최종의 도덕적 판단을 유보하는 중립적 태도를 견지하고 있다. 나도향의 「지향근」에서 신문기사로 작품을 종결한 것은 판단을 내리기보다는 객관적 사실의 제시를 위한 것이었다. 신문에 난 사건의 내막을 알려주고자 한 「발」의 화자 또한 희한하고 진기한 사실을 전해 준다는 톤을 유지하고 있을 뿐, 여기에 대한 도덕적 판단의 언술은 삼가고 있다. 「정조와 약가」에서 이러한 진술양상은 확연하게 드러난다.

　　그날 아침에 최주부는 놓이게 되었다. 환자도 개똥을 안고 문밖까지 전송을 할 수 있게 되었다. 최주부는 여남은 걸음을 걸어가다가 고개를 돌이키니 두 내외는 아직도 나란히 사립문턱에 서서 자기의 가는 양을 바라보고 있었다.

때마침 그들은 떠오르는 햇발을 담뿍 안고 있었다. 의좋게 나란히 서 있는 그
들의 얼굴엔 광명과 행복이 영롱하게 번쩍이는 듯하였다.
「저런 것들은 정조도 모르고 질투도 모르는 모양이지.」
최주부는 눈이 부신 듯이 얼른 고개를 돌리며 혼자 중얼거렸다.54)

아내가 약값 대신 최주부에게 정조를 팔아 남편의 병을 치료한 후,
남편이 건강을 되찾자 부부가 최주부를 배웅하는 장면이다. 이 장면에
서 서술자는 아침의 찬란한 햇살 속에 서 있는 두 부부를 "광명과 행
복"이 깃든 존재들로 서술함으로써 그들에게 건강성과 긍정성을 부여
하는 것처럼 보인다. 즉, 도덕적 판단을 상대화하고 있는 것이다. 이러
한 양상에 대해, 이경은 "매춘에 대한 통념적, 형식적 개념화―부정적,
퇴폐적, 인간 이하라고 하는 개념화―에서부터 그 매춘을 기반하는 또
는 매춘이 지향하는 또 다른 현실과 이상―극한상황과 사랑―으로의
판단기준의 전이현상이 나타나는 것"55)이라고 평가한다. 도덕적 판단
이 상대화되고 있다는 데는 동의하지만, 이러한 평가는 지나친 것이다.
왜냐하면 성 매매를 가능하게 한 기반 자체가 유지되고 있기 때문이다.
즉 아내의 성은 남편의 소유물이라는 것, 그 성은 합의에 의해서든 아
니든 돈을 매개로 다른 남성에게 양도될 수 있다는 사실 자체는 전복되
지 않는다. 따라서 서술자의 도덕적 판단의 상대화나 유보는 보통의 삶
의 논리와 규범에서 벗어난 비일상적 상황에 대한 경이의 시선이다. 이
러한 시선은 여성의 성격 규정과 맞물려 있다. 「정조와 약가」뿐만 아니
라, 「발」, 나도향의 「지형근」에서 여성상은 여성을 자연적이며 본능적
존재로 보는 본질론적 인식에 기초해 있다. 이들의 성격을 규정하는 요
소 중 하나인 가난이라는 환경은 부차적이다. 가난은 성을 팔아야 하는
인과적 계기로 제시되지만, 이들 여성상은 그것 이상을 말하고 있다. 즉

---

54) 『현진건 전집』 4, 263면.
55) 이경, 「1920·30년대 소설에서의 매춘―제도의 거울」, 『한국 현대문학의 성과 매춘
　　연구』(김정자 외저), 태학사, 1996, 48면.

그녀들은 순전히 성적인 존재로밖에 표상되지 않았던 것이다. 남편과의 관계에서건 다른 남성들과의 관계에서건 그녀들의 성격은 육체적이고 관능적인 욕망을 불러일으키며 자신들이 그것을 의도하는 존재에 국한될 뿐이다. 이러한 성격에 자신의 성적 욕망을 적극 실현시키려는 특성까지 결합될 때, 하층민 여성의 성은 더욱더 본능적이고 비도덕적이며, 폭력적인 양상을 띠었던 것이다.

3. 성 정치의 서사구조화

이상에서 검토한 바와 같이 동인지문학 해체 후의 소설들은 남성 우월적인 성의 정치와 성의 상품화 현상, 즉 성의 정치·경제적 질서를 다루었다. 지식인을 주요 인물로 다룬 작품들에서 성은 근대적 자아의 자기실현을 위한 기제가 아니라 부정적 세태의 상징으로 형상화된다. 또한 성적 욕망의 고착적 물신적 성격을 부각시킴으로써 거기에서 누구도 자유롭지 못한 상황을 제시하였다. 그 결과, 도덕적 우위를 통해 확보되었던 근대적 자아의 이상적 자아상은 위축되는 양상을 보였다. 한편, 성의 정치·경제적 질서를 더욱 명징한 형태로 드러낸 것은 하층민의 성을 다룬 작품에서였다. 하층민 여성을 통해 물질적 궁핍이 매춘과 도덕적 타락으로 이어지는 과정을 그렸던 것이다. 지식인을 주요 인물로 한 작품에서 근대적 자아의 도덕적 우월성이 포기되어있듯이, 이 계열의 작품에서도 도덕적 판단의 문제는 유보되는 경향을 띠었다.

이렇게 성을 둘러싼 현실의 질서가 작품 내에서 부각됨으로써, 근대적 자아의 낭만적 사랑을 다루었던 작품들에서 농후했던 감상성과 관념성은 탈각된다. 동인지문학에서 사회적 제관계를 무시하고 개인만을 원천으로 한 자아의 절대화가 형식 창조의 어려움으로 귀결되었음을 고려해 볼 때, 성의 정치·경제적 질서에 내재된 인과관계는 그 자체로 소설의 서사구조로 차용되기에 용이했다. 섹슈얼리티의 문제틀과 결합된 이 시기 소설의 서사구조는 1930년대의 소설의 서사구조에도 이어지기 때문에 각별한 주목을 요한다. 이것을 두 가지 로 나누어 살펴보고자 한다. 하나는 염상섭의 『사랑과 죄』 등 장편소설에서 나타나는 '스캔들'이라는 사건 형식의 서사화이며, 다른 하나는 하층민의 성을 다룬 작품들에서 드러난 서사구성 방식이다. 특히 후자의 계열을 다룰 때에는 낭만적 사랑의 주관적 형식화에서 후자에 이르게 된 창작주체의 사회적·심리적 근거를 통해서 살펴보고자 한다. 과연 이 시기 소설에서 드러나는 소설 형식상의 변화가 현실 인식 내지 이념상의 변화를 수반하고 있는 것인가가 이 시기 문학의 변화 성격을 해명하는 데 관건이기 때문이다.

　　① 나도향의 「지형근」에서 지형근 관련 사건이 신문기사로 압축적으로 제시되었고, 현진건의 「발」에서도 관련 사건이 이미 신문에 보도가 되어 장안의 화제가 되었다는 것을 서술자가 전하고 있다. 스캔들을 소설의 제재로 끌어들인 형태라고 할 수 있다. 범박하게 스캔들이란 지극히 사적인 동기와 욕망에 의해 야기된 개인의 행위와 사건이 공적 담론의 뜨거운 이슈로 떠오르는 예이다. 「지형근」과 「발」에서의 스캔들은 신문기사화 되었다는 것을 알려줌으로써 사건의 신빙성을 확보하는 차원에 머물고 있지만, 염상섭의 『사랑과 죄』, 『너희들은 무엇을 어덧느냐』, 『이심』 등에서의 스캔들은 그 자체가 소설의 모티프로 차용되는 양상을 보인다. 작금에도 스캔들이 사건 자체에 대한 선정적 관심과 호기심을 증폭시키면서도 결국에는 도덕적 판단을 내릴 것을 강요하듯이 이들 작품들도 마찬가지의 방향을 취하고 있다. 『사랑과 죄』를 중심으로 이를 살펴보도록 한다.

염상섭의 『사랑과 죄』는 사랑과 성을 금전으로 매매하려는 자들과 여기에 저항하는 측들의 각축으로 소설의 얼개가 짜진다. 경성 장안에서 소문난, 그리고 순결한 미인인 지순영에게 조선흥산무역주식회사 사장 류택수는 지순영의 이복 오라비인 지덕진과 서무주임인 로태수를 동원하여 청혼을 하고, 청혼을 받아들이지 않자 온갖 수단과 방법을 가리지 않는다. 한편에는 지순영의 앞길을 인도하는 사회주의 운동가 김호연 그리고 순영을 지순하게 사랑하는 자작 리해춘 등이 류택수의 음모에서 그녀를 구해낸다. 그 밖에도 자신의 농염한 미모와 여류 예술가라는 사회적 명성을 이용해 실상은 매춘과 다를 바 없는 성적 분방함을 보이는 신여성 정마리아가 류택수와 이해춘 사이에 있고, 순영의 생모임을 이용해 혼사에서 한몫을 보려는 아편쟁이 해주집이 있다. 또 한편으로 사회주의자 김호연과 적토, 최진국, 류택수의 아들인 니힐니스트 류진, 지순영, 리해춘 등이 연루된 '평양사건'이 서사의 한 축을 이루고 있다. 그런데 이 두 사건이 포개진 양상이 "사건 리면(事件裏面)에 숨은 이팔가인과 단발랑—예술덕 귀공자의 삼각련애—석방된 후 간 곳 업는 의문의 미인 ……"56)이라는 신문 기사화 한 스캔들로 압축된다.

> 그날 저녁에 배달된 시내의 각 신문에는 목침덩이만한 활자로
> 「평양에 모중대사건돌발—경성과련락 대활동—시내 ○○자작이 중심인물—동 자작 뎌택을 암야포위수색—모 변호사와 세부란쓰 병원 간호부 다수 검거—검거의 범위는 점점 확대—사회주의자와 일본 무정부주의자의 거두도 톄포……」—이러한 뎨목을 따로따로 늘어노하서 전지면을 채워 노핫스나 실상 사실에 가서 중요한 곳은 모다 ○○○○으로 뒤덥허 노하서 무슨 일인지 아모도 알 수 업섯다. 중심인물이라고 한 해춘이 자신도 신문에서나 알아볼가 하는 긔대를 가젓스나 역시 실망하얏다.57)

---

56) 염상섭, 『사랑과 죄』(『동아일보』, 1927.8.5~1928.5.4), 『염상섭 전집』 2, 340면.
57) 위의 책, 289면.

긔사 내용은 사실 놀랠 만큼 정곡을 뚤헛다. 경성의 유수한 실업가 〈모씨〉
가 평양호텔에 본진을 치고 자긔의 애인인 순영이의 석방운동을 하얏다는 것
으로부터 그 경쟁자요 또 이 시건의 련루자인 모 청년 귀족이 대진(對陣)을
치고 시내 모 려관 안에 안저서 활약한다는 말, 순영이가 그 로실업가(老實業
家)의 차입한 것은 거절하고 청년 귀족의 차입한 밥은 달게 먹엇드라는 말,
마리아가 그 〈예술뎍 귀공자〉의 뒤를 쪼차왓드란 말, 순영이가 노혀 나오는
길로 어떤 청년에게 끌려 간 뒤에는 간 곳이 업서젓다는 말까지 일일이 그럴
듯하고 재미잇게 쓴 뒤에 실업가 〈모씨〉를 호텔로 방문한즉 그의 비서(秘書)
가 대리로 면회를 하얏는데 그러한 일은 전연히 모르고 순영이가 노혀 나왓
다면 모르면 몰라도 그 관계자인 〈모 자작〉에게로 갓스리라고 하나 모자작이
투숙한 려관의 하녀의 말을 들으면 단발랑 정마리아만 가티 잇다고 하는데
의문의 미인은 물론 서울로 올라간 형적도 업다고 보도하고 그 중에도 문제
의 미인을 사이에 너코 사돈끼리 싸우는 것이라든지 또한 쌍방이 모다 유명
한 상류계급 인물이니만큼 일반은 큰 흥미로 사건의 락착을 관망하고 잇다고
씨엇다.58)

첫 번째 인용문은 작중에서 평양사건이 처음 기사화 되었던 사정을
말한 것이고, 이 사건의 언론보도가 금지되었다가, 해금된 뒤 S신문에
"사건 리면(事件裏面)에 숨은 이팔가인과 단발랑 — 예술뎍 귀공자의 삼
각련애 — 석방된 후 간 곳 업는 의문의 미인 ……"이라는 제목을 달고
실린 기사의 내용이 두 번째 인용문이다. 이러한 작중의 언론보도의 상
황은 당시 일제의 검열과 특정 사건에 대한 보도 금지 등 언론통제의
실상을 반영하는 것이겠지만, 한편으로는 그러한 사정을 배경으로 언론
의 선정주의 경향을 보여주기도 한다. 염상섭은 「검사국대합실」(1925)이
란 단편소설을 통해 사상사건이나 시국사건보다 치정사기사건과 같은
스캔들을 취재하는 데 더 열심인 신문의 선정주의에 대한 단상을 토로
한 적도 있지만, 『사랑과 죄』의 서사는 두 번째 인용문에 제시된 '스캔

---

58) 위의 책. 340면.

들'의 전후 사정을 묘파한 것이다.

『사랑과 죄』에서 스캔들은 류택수-지순영-리해춘, 정마리아-리해춘-지순영 등 사적인 삼각관계의 갈등과 쟁투가 '평양사건'이라는 사상·시국사건을 후경(後景) 삼아 공론화되는 방식을 취하고 있다. 노실업가(老實業家)와 청년 귀족 등의 애정행각이란 단지 사적일 수만은 없는데, 상류계층으로 사회의 공기(公器)라는 자격을 요구받기 때문이다. 상류계층이나 공적 지위에 있는 사람들 사이의 스캔들이 더욱 폭발적인 영향력을 끼치는 이유도 여기에 있으며, 그러하기에 매스컴의 주목 또한 많이 받는다. 이들 각각의 신분과 지위 자체 때문에 사적인 행동 하나하나에 이목을 끌지만, 이들 가족관계는 그 관심을 증폭시킨다. 류택수의 아들 류진과 리해춘의 여동생 리해정이 부부인데, 결국 류택수와 리해춘은 사돈지간이다. 또한 류택수의 본부인은 죽었으나 일본인 첩이 있고, 리해춘에게는 병들어 요양 중인 아내가 있다. 이러한 지위와 관계로 인해, 지순영을 둘러싼 둘의 행각은 인륜적 규범의 차원에서 조명을 받게 된다. 더불어 식자층이라면 누구나 알만한 신여성 단발랑 정마리아가 연루되었다는 사실이 선정적 관심을 배가시키면서, 이 사건의 향방이 시대 풍속의 바로미터 기능을 감당하게 된다.

염상섭은 『사랑과 죄』에서뿐만 아니라, 『너희들은 무엇을 어덧느냐』, 『이심(二心)』(1929) 등에서도 스캔들 형식을 소설의 요소로 차용한다. "올봄 이래로 한참 일본사회에서 떠들든 녀류 문학자로 얼마쯤 유명하게 된 B라는 여자가 어떠한 신문 긔자하고 련애관계가 생기어서 아이까지 들게 된 뒤에 남편의 집을 뛰어나온" 스캔들이 『너희들은 무엇을 어덧느냐』의 모델이다. 신여성 덕순은 남편과의 이혼의도와 계획을 B여사의 스캔들에 대한 옹호를 통해 정당화하려고 한다. 남편 김응화가 자본을 댄 잡지사에서 편집권을 휘두르고 있는 덕순은 "신도덕관으로 본 B녀사의 사건"이라는 제하의 기획기사에 "B녀사의 고민(苦悶)"라는 우호적 비평문을 씀으로써 자신의 이후 행로에 대한 사전 포석을 암시함과 동시에 정당화를 기도한다.

한편 『이심』에서 구한국 시대에 군수를 지낸 행사께나 하는 집 막내 딸 춘경은 여학교 재학 중 테니스 코치로 온 중학생 창호와 결혼하게 된다. 이 과정에는 다음과 같은 사연이 있다. 창호가 수업시간에 한 낙서사건이 발단이 되어 둘의 사이가 학생의 신분에 용납하지 못할 연애관계로 낙인 찍혀 학교에서 둘 다 출학 당한 데다가 완고한 춘경의 아버지가 사정도 헤아리지 않은 채 딸을 내쳤기 때문에, 그 둘은 결혼할 수밖에 없었다. 그런데 사상사건에 연루된 창호가 2년간 수감되어 있는 동안, 일본인 좌야(佐野)가 경영하는 호텔에 취직하여 옥바라지를 한다. 춘경은 그 사이 자신의 성욕과 경제적 처지가 결합되어 좌야와 남편의 친구인 강찬규의 정부가 되다시피 했다. 창호가 출감하면서 그들과의 관계는 청산했지만, 좌야에게 돈을 꾸는 일이 사단이 되어 굴욕감을 느낀 창호가 행패를 부리다가 다시 수감된다. 이에 다시 좌야와 강찬규에게 연루되면서 춘경은 그들과 결국 커닝햄이라는 미국인과의 사기결혼을 공모한다. 그러나 좌야는 중간에 커닝햄이 지참금 조로 준 거액의 돈을 갖고 중국으로 도망친다. 한편 출감한 창호는 아내의 부정과 커닝햄과의 결혼에 분노하여 그녀를 유곽에 팔아 벌이는 복수를 감행한다. 유곽에 불법감금된 춘경은 자살을 하고 만다. 이 밖에도 춘경이 임신해서 자살을 기도했다가 낙태를 한 사건 등 복잡한 여러 가지 사건들이 엉켜 있다. 어쨌든 『이심』의 대단원은 유곽 학선루에서의 박춘경의 자살사건이 차지하는데, 경찰의 수사가 진척되면서 사건에 관련된 핵심 연루자인 남편 창호의 수감과 박춘경과 커닝햄의 사기결혼사건의 핵심 주모자인 일본인 좌야의 체포사실을 알리면서 소설은 끝난다. 이렇게 『이심』은 박춘경의 자살사건의 전말인 사기국제결혼사건과 부인매매사건으로 요약된다.

『이심』의 두 사건과 『사랑과 죄』의 결말 부분에서 연적(戀敵)인 순영을 모함하기 위해서 정마리아가 해주집을 살인한 사건 등은 그야말로 신문에 날 법한 극단적인 사건이지만, 이 사건들이 범법사건이라는 점에서 당대의 법 제도의 규율과 실제를 보여주기도 한다. 이렇듯 스캔들이란 특정 개인들의 사적 영역만을 조명하지 않으며, 사적 욕망의 실현을 위한 사회적 매개 지점들을 보여준다. 즉 각 개인이 놓인 사회경제적 지위와 역할, 또 거기서 비롯되는 규범, 마지막으로 사회 전체의 개인에게 부과되는 도덕률, 이데올로기, 법질서 등이 사적 욕망과 접합되는 지점에서 발생하는 사건의 형식이 스캔들이다. 스캔들 형식의 차용을 통해, 개인의 사적인 욕망의 주관적 토로와 정당화에서 빚어진 동인지문학의 관념성과 감상성을 극복하고 개인의 욕망이 한 사회 속에서 어떻게 실현되고 혹은 좌절되는가, 즉 총체적인 서사의 구성 원리를 얻을 수 있었다.

더욱이 사랑과 성에 관련된 스캔들은 한 시대와 사회의 문제적인 세태의 상징으로 전형화된다. 즉, 돈을 기반으로 삼거나 돈에 포섭된 타락한 성의 문제를 제기한다. 『사랑과 죄』의 정마리아, 『이심』의 춘경 등 신여성의 사치가 성적 문란함을 보여주는 하나의 방식이었음을 이미 언급한 바 있다. 『사랑과 죄』에서 지순영의 생모인 해주집은 기생의 신분으로 리해춘의 아버지 이판서의 첩이었으나 이판서의 집사인 지원영과 통정하여 임신을 하는 바람에 쫓겨난 여자이다. 그러니까 그녀의 인생유전도 문란한 성적 욕망인 것으로 판명된다. 게다가 그녀는 아편중독자이다. 아편 값을 얻기 위해 딸을 류택수에게 넘기려는 지덕진의 음모에 가담을 한다.

이러한 여성들의 소비향락문화와 『이심』에서 박춘경이 근무했던 패밀리 호텔이라는가, 백화점, 『사랑과 죄』에서의 카페나 고급 요릿집, 아편쟁이 소굴 등 공간의 성격까지 아울러 고려해 본다면, 식민지적 근대화와 함께 형성된 도시와 도시문화의 폐부와 맞닿게 된다.

홍수의 조선―퇴패의 서울……음험(陰險)과 살긔(殺氣)와 음미(淫靡)의 긔

분 속에 싸여서 들어 낮젓기에는 숨이 막힐 것 가타얏다. 주위에 동화(同化)가
되어서 그 〈물도라새리〉속(渦中)에 휩쓸려 들어간다든지 그러치 안흐면 뻣대
고 싸우면서 자긔를 굿게 직힐 수가 잇고 보면 문제는 업지만 이러케 할 수도
업고 저러케 할 수도 업는 자기 처디가 딱하였다.59)

　　현대의 도회는 밤이 낫과 가튼 전등과 경계망(警戒網)의 밝은 천지라하야도
간교와 악덕과 문명의 리긔를 악용하는 암흑한 마굴이라고도 볼 수 잇는 것
이다. 동경, 상해, 뉴-욕 가튼 큰 도회에서도 백주에 불안당이 횡행한다는데
열 걸음만 나서면 긔자(箕子) 때의 정전법(井田法)의 유물이 남아 잇다는 이러
한 비문명한 조그만 도회에서 무슨 음모를 못 꾸미리오.60)

『사랑과 죄』에서 작가는 멈출 줄 모르는 욕망이 질주하는 세태를 서
울이라는 식민지 조선의 대도시의 풍기로 집약한다. 첫 번째 인용문에
서는 이러한 세태에 휩쓸리지 않기란 어렵다는 것, 두 번째 인용문에는
세태의 사악성은 오히려 선진 제국의 도시들보다 식민지적 주변부의 도
시인 서울이 심할 것이라는 점을 말하고 있다. 이는 타락하고 사악한 세
태의 구조적 견고성을 갈파한 것에 다름 아니다. 이와 관련하여, 스캔들
은 이러한 세태의 전형을 보여주는 형식이다. 그런데 스캔들이 최종적
으로 제기하는 과제가 그러한 세태를 낳은 구조와 질서에 대한 근본적
인 회의와 저항이 아니라, 개인의 행위를 규제하는 도덕률과 규범이라
는 사실은 사회적 제관계와 질서가 그만큼 견고함을 역으로 말해 준다.
『사랑과 죄』에서 식민지적 정치현실을 구조적으로 보여 줄 수 있는
평양사건보다는 연애의 삼각관계의 행방이 더욱 우위를 차지한다. 이는
도덕률과 규범의 층위가 실상은 사적인 영역을 규율하는 사회의 권력
구조의 심층을 내면화하는 차원에 있음을 보여준다. 물론, 작품 말미에
평양사건이 확대되는 것을 계기로, 지순영과 리해춘 그리고 류진이 함

---

59) 『염상섭 전집』 2, 123면.
60) 위의 책, 311~312면.

께 봉천으로 떠난다는 것에서 문제를 제기할 수도 있다. 그러나 '봉천행'으로 상징되는 사회적 자아의 획득이라는 도정에 의해 지순영과 리해춘의 사랑을 정당화하고 있다는 것은 누구보다 식민지 조선의 현실에 민감했던 작가 염상섭의 모랄이기도 하겠지만, 사랑이라는 개인의 욕망을 있는 그대로 천명할 수 없을 만큼 억압이 컸다는 것의 반증이기도 하다. 리해춘이 정마리아와 지순영 사이에서 겪는 갈등은 성적 욕망과 결혼 제도에 의해 보장되는 합법성 사이에서 겪는 갈등이다. 평양에서 지순영을 류택수에게서 탈출시키기 위해 정마리아를 따돌리면서 리해춘은 서운함을 느낀다. 그 감정은 정마리아를 통해서 탐했던 성적 욕망의 감상적 잔여물이다. 반면에 지순영과의 관계에 있어서는 "온천에서는 하룻밤 동안 유혹과 불안에 저항하야 싸우기에만 골몰하고 긴장하얏섯다."[61] "어쨌든지 자긔네의 교제를 정당한 길로 어느 정도까지 깨끗하게 길러 나가다가 덕당한 시긔가 되거든 단연코 례식을 가추어서 결혼을 하겟다는 결심"[62]을 한다. 자신들의 사랑에 제도적 합법성을 부여하기 위한 노력은 일단 성적 욕망에 대한 억압으로 나타난다. 성적 만족을 박탈당한 억압적인 성은 권위에 대한 복종을 낳는다. 여기에서는 순결성을 간직한 지순영만이 또 다른 삶의 전도를 얻고, 정마리아는 살인범이 되어 체포되고, 해주집은 살해당하고, 『이심』의 박춘경은 불법감금 당한 채 자살한다는 사실을 강조해 두는 것만으로도 충분할 것이다. 또한 성적 억압은 개인으로 하여금 자신의 흥미와 배치되는 일련의 믿음과 실천들은 수용하려는 심리적 조건을 창출하게 만든다.[63] 이러한 의미에서 이들의 '봉천행'은 억압적 성의 이상화된 표상이다.

　② 스캔들 형식의 서사구조로의 편입이 낳은 효과는 우선 사건 자체

---

61) 위의 책, 346면.
62) 위의 책, 345면.
63) Robin May Schott, 앞의 책, 262면.

의 선정성을 통해 대중들의 욕구와 흥미를 만족시키는 데 있지만, 궁극적으로는 당대의 도덕규범과 이데올로기를 재차 확인하는 데 있다.[64] 이러한 효과는 등장인물의 사회경제적 지위와 공적인 성격에 비례하여 증폭된다. 공적인 지위의 개인의 지극히 사적인 물질적·육체적 욕망의 부정성을 극화시킴으로써 그 반대의 결론으로 유도한다.

> 제 마음 이외에서 행복을 구하랴 할 제 사람은 죄악만 거듭하고 생명에는 구김쌀만 늘어 갈 것입니다.
> 이러한 말을 하는 나에게 유심론자(唯心論者)라고 비웃을 사람이 잇거든 비웃게 내버려 두랴 합니다. 다만 나는 지금 동아일보 독자를 위하야―나의 동포를 위하야 이 소설에 붓을 대이기 전에 조선 사람은 얼마나 사랑할 줄을 아는 백성인가 생각하여 보앗습니다. 또한 그들은 부모, 형뎨, 부부, 일가, 친척, 리웃, 동포, 인류끼리, 얼마나 서로 죄를 지으며 불행한 생활에 시달리며 그들의 생명은 얼마나 시들고 졸아들어 가는지 생각하야 보앗습니다―그리야하 위선 이러한 표뎨를 내어 걸엇습니다.[65]

『사랑과 죄』를 연재하는 "作者의 말"에서 염상섭은 이 작품의 창작 의도를 분명히 명시한다. 즉 사랑은 사적 개인의 욕망일 수 없다는 것

---

64) 가라타니 고진은 스캔들이 18세기 이후 부르주아의 무기로서 나타났다는 미셸 푸코의 말을 인용하면서 다음과 같이 언급한다. "당시까지 귀족이나 국왕은 직접적인 억압을 행사했지만, 부르주아 계급은 스캔들을 통해 그들의 도덕성에 반하는 행동을 배제했다는 것이다. 흥미로운 것은, 근대소설이 18세기 영국에서 신문의 발달과 함께 탄생했다는 사실이다. 신문의 3면 기사와 소설은 쌍둥이다. 그것들은 새로운 독자, 곧 시민의 욕구와 이데올로기를 충족시키기 위해 세상에 태어났다." 柄谷行人, 김경원 역, 「계급에 대하여―나츠메 소세키론 I 階級について―夏目漱石論 I」, 『마르크스 그 가능성의 중심 マルクス、その可能性の中心』(講談社, 1990), 이산, 1999, 153면. 미셸 푸코에 따르면, 귀족 계급이 특권 계급으로서의 기품을 알리고 유지하기 위해 이용한 것이 '혈통'이라면 부르주아 계급은 자신의 계급적 육체의 차별성을 부각시키기 위해 '성'을 이용했다고 주장한다. 즉 부르주아 계급은 스스로 창안한 권력과 앎의 기술체계로 자체의 성을 둘러쌈으로써 그들 자신의 육체, 감각, 쾌락, 건강, 남의 삶의 높은 정치적 가치를 돋보이게 했다는 것이다. Michel Foucault, 이규현 역, 『성의 역사 I―앎의 의지, L'histoire de la sexualite I-La volont'e de savoir』, 나남출판, 1990, 136~144면 참조.
65) 염상섭, 「作者의 말」(『동아일보』, 1927.8.9), 『염상섭 전집』 2, 10면.

이다. 부모・형제・부부・일가・친척・이웃・동포・이웃・인류 등 개
인과 맺고 있는 사회적 제관계 속에서의 "공리적 사명"으로서의 사랑을
염상섭을 형상화하려고 하였다. 그 방식은 "제 마음 이외에서 행복을
구하랴 할 제 사람은 죄악만 거듭하고 생명에는 구김쌀만 늘어 갈 것입
니다"라는 진술에서 명백하게 드러난다. 마음 이외의, 즉 돈과 성적 욕
망과 같은 육체적 안일과 쾌락에 기반을 둔 사랑의 폐해성을 제시하는
것이다. 하지만 『사랑과 죄』에서 '봉천행'이라는 이상화된 비전의 이면
은 개인의 욕망에 대한 희생과 억압이다.

　이에 비하자면, 하층민을 다룬 작품은 사회경제적 질서와 욕망의 법
칙을 끝 간 데까지 전개시키는 양상이었다. 「물레방아」나 「감자」 등에
서 계급간의 위계질서는 완강하게 고수되며, 욕망의 법칙 또한 죽음을
향한 파국까지 치닫는다. 「뽕」은 화냥질을 한다고 안협집이 남편 김삼
보에게 매질을 당한 후, "하루를 더 묵어 삼보는 가버렸다. 안협집은 여
전히 동릿집 공청 사랑에서 잠을 잤다. 누에는 따서 삼십 원씩 나눠 먹
었다"로 끝난다.66) 이러한 「뽕」의 결말은 '일상으로의 귀환'으로 해석
될 수 있다.67) 그러나 「뽕」에서 '일상으로의 귀환'은 오히려 욕망의 지
속적 실현을 위한 전제일 뿐이다. 안협집은 남편이 집을 비운 사이 여
전히 경제적 목적에서 또 자신의 성적 욕망을 위해 매춘을 하며, 김삼
보는 "계집이 먹여 살리라는 말이 없고 이혼하자는 말만 없는 것이 다
행해서 서방질도 눈을 감아 주는"68) 삶이 지속된다는 것을 이 작품의
결말은 암시한다. 이 두 부부의 일상 자체가 파격적이고 비정상적인 것
이었다는 것을 감안하지 않을 수 없는 것이다. 하층민 요부형 여성을
그린 작품이 이런 양성을 띠는 것은 무엇보다도 그들이 도덕과 규범이
없는 존재로 그려졌기 때문이다. 즉 그녀들에게는 자신의 성적 욕망 또

---

66) 『나도향 전집』 上, 282면.
67) 박헌호, 『한국인의 애독작품-향토적 서정소설의 미학』, 책세상, 2001, 152~153면.
68) 나도향, 앞의 책, 279면.

는 물질적 욕망을 검열하는 죄의식과 수치심과 같은 억압기제를 배치하지 않았던 것이다.

그렇다고 해서 모든 질서가 파괴된 무질서한 세계인 것은 아니다. 역설적으로 더욱 강박적이고 폭력적인 질서가 강제된다는 사실에 주목해야 한다. 이들 세 여인, 특히 안협집과 복녀는 부부 단둘뿐인 가족의 생계도 제대로 영위하지 못하는 남편의 무능력에 의한 일차적 희생을 감수하며 남편의 용인 하에 매춘을 하여 생활의 방편을 찾지만 그렇다고 가부장적 성 정치학이 파기되지 않는다. 아내에 대한 성에 대한 배타적 독점권을 인정받기 위한 일차적인 조건인 경제력이 남편에게 존재하지 않음에도, 그녀들은 여전히 남편의 가부장적 폭력에 노출되어 있다. 안협집은 남편 삼보에게 구타를 당하며, 왕서방에 의해 죽임을 당한 복녀는 그 시신 값 30원이 되어 최후까지 남편의 소유로 귀속된다. 「물레방아」의 이방원은 「뽕」의 김삼보나 「감자」의 남편처럼 아내의 부정을 용납하진 않는다. 하지만 그 아내가 왕년에는 남의 아내였고 자신이 데리고 도망쳐 나왔다는 사실을 상기한다면, 자신을 버리고 신치규의 첩이 되었다고 아내를 응징할 자격은 없다. 비록 신치규와 이방원의 아내의 관계에는 돈이라는 매개가 첨가되기는 하지만, 이방원은 계집의 전남편에게는 신치규와 같은 존재라는 사실에 대한 자각이 존재하지 않는다. 아내에게 칼을 들이밀며 위협하는 이방원에게 아내란 자신의 소유물이었다. 부정한 여인이라고 내침을 당하지도 않는 그녀들은 가부장 제도의 폭력에 희생당한다. 이때의 가부장 제도란 옳고 그름의 도덕적 규범이 거세된 채 틀만이 완고하게 남아 있기에 더욱 폭력적일 수밖에 없다. 이러한 야만의 질서는 요부형 여성들의 성적 욕망에 의해 은폐되는 경향이 있지만, 간과할 수 없는 내적 질서였던 것이다. 이러한 내적 질서가 작품의 구조적 완결성을 지탱하고 있었다.

③ 이상에서 1920년대 소설은 한편으로는 억압된 성의 이상화된 비

전을, 다른 한편으로는 억제할 수 없는 성적 욕망을 제시한다. 이러한
섹슈얼리티의 분할은 계급적 분할과도 일치했다. 염상섭의 다음 언급을
보자.

> 유산무산 계급의 차이는 현세적 영예와 감각적 쾌락을 탐구하느냐 구복을
> 위하야 전생애를 임금노예에 희생하느냐는 구별이 잇슬 따름이오 본질에 잇
> 서서는 물질적 동물적 생애의 충족을 최고 최후의 생활 목표로 하고 따라서
> 배타적 자기본위의 생활을 영위한다고 볼 수 있다. (…중략…) 이와가티 생각
> 하면 오늘날의 문예라는 것은 결국에 소수의 인텔리겐챠—를 상대로 한 것
> 이라고 할 수밧게 업다. 그들은 인생에 대하야 비판욕도 잇고 비판력도 잇스
> 니 인생비판욕이라는 것이 문예애호욕이 되고 인생비판력이 문예감상력으로
> 나나타는 것이다. 그것은 문예의 중심작용이 인생비평에 잇기 때문이다.[69]

유산계급과 무산계급은 양상만 다를 뿐 물질적 동물적 생애의 충족을
삶의 목표로 삼는 다는 점에서는 마찬가지이기 때문에, 문학과 예술은
소수의 인텔리겐챠의 몫이라는 것이 인용문의 요지이다. 『사랑과 죄』에
서 염상섭은 '중산층 지식인층'에게 이러한 이념적 사명을 부여했으며,
이러한 비전은 『삼대』(1931)에서 보다 구체적인 형상성을 얻는다.[70] 여기
에는 염상섭의 각 계급·계층의 존재 성격 내지 의미에 대한 인식론이
개입되어 있었던 것이다. 유산계급·무산계급의 존재 성격을 물질적·
육체적 차원에서 조명했던 것과 달리, 염상섭은 자신이 속한 지식 계급
의 존재 의의를 문예, 더 포괄적으로는 이성적·정신적 능력에 둔다. 이
것이 유독 염상섭만의 인식이라고는 할 수 없다. 염상섭이 언급한 유산
계급과 무산계급의 공통적 특성은 앞에서 살펴본 작품에서도 고스라히
드러났기 때문이다. 『환희』의 백우영이나 『사랑과 죄』의 류택수, 그 밖

---

69) 염상섭, 「소설과 민중」(『동아일보』, 1925.5.27~6.3), 『염상섭 전집』 12, 민음사, 1987,
135~136면.
70) 정호웅, 「식민지 현실의 소설화와 역사의식」, 『염상섭 전집』 2, 476~478면 참조.

의 지식인 남성의 연적이었던 부유한 계층의 남성들이 전자의 예이다. 1920년대뿐만 아니라 일제강점기 전체에 걸쳐 부르주아 계급은 늘 육체적 쾌락과 물질적 욕망에 사로잡힌 존재로 그려졌다. 또한 앞에서 분석한 하층민을 그린 작품들은 욕망의 법칙이 완강한 세계였다. 1930년대 중·후반 하층민을 현저히 본능과 육체의 존재로 부각시킨 문학 세계를 다시 만나게 된다. 이러한 문학사의 경향에서 뚜렷한 특징은 지식계층의 자의식은 무엇보다 섹슈얼리티의 계급적 분할을 통해서 부각되었다는 사실이다.

이러한 자기 정체성의 정의 방식은 서구 부르주아의 그것과도 유사하다. 조지 모스에 따르면, 서구 부르주아의 자기 정체성의 확립은 경제적 활동에 의한 것이라기보다는 부르주아의 생활 방식(life style)을 특징짓는 예의범절 내지 규범(respectability)에 의해서였다. 부르주아의 예의범절이란 관념은 보편적인 법칙이 아니라 19세기 동안 개가를 올렸던 인간 육체와 섹슈얼리티를 바라보는 새로운 방식일 뿐이라는데 모스는 주목하는데, 이것을 통하여 부르주아는 하층 계급과 귀족 사회 양자에 대항하여 자신의 지위와 자기 존중감을 유지하고 했다고 한다. 그들은 검소·의무에 대한 헌신 그리고 저급한 열정의 자제에 기초한 자신들의 삶의 방식은 "게으른" 하층 계급과 "방탕한" 귀족계급의 삶의 방식에 비해 우월한 것으로 인식했다.71) 앞의 염상섭의 진술은 이러한 서구 부르주아들의 자기 정의(self-definition)와 매우 흡사하다. 물론 한국에 있어서 전근대적 계급관계의 해체와 계급의 형성 과정은 서구의 그것과 다를 수밖에 없다. 하지만 식민지 조선에 있어서, 서구 부르주아들이 담당했던 이데올로기적 사명은 부르주아 계급 자체가 수행했다기보다는 근대

---

71) George L. Mosse, op. cit., pp.3~4 참조. 모스는 부르주아의 예의범절 내지 규범(respect -ability)이 사회 전계급의 규범으로 자리 잡게 된 결정적인 계기는 18세기 말의 청교도 종교부흥이며, 무엇보다 결정적인 계기는 프랑스와의 해방전쟁을 겪는 동안 뚜렷하게 자기 정체를 드러낸 근대 민족주의를 통해서였다고 지적한다. 부르주아의 예의범절이란 관념을 사회에 전일화하는 데 결정적인 기여를 한 것은 바로 민족주의였다는 것이다.

적 교양을 지닌 지식계층이 수행했다고 해도 무방하다. 더욱이 사회경제적 기반이 불안정할 수밖에 없는 식민지의 지식계층에 있어서 자기 정의는 정신 도덕적 요소를 특화시키는 방향을 취하기가 쉬웠다. 이러한 자기 정의의 중심적인 배치 장소가 섹슈얼리티이기도 했던 것이다.

이러한 인식의 연장선상에서 '여성의 성과 하층계급을 등치시키는 태도'[72)]가 나왔다고 볼 수 있다. 논의했듯이, 하층민 요부형 여성의 창조된 인식론적 배경에는 여성을 자연적이고 생물학적 존재로 규정하는 신여성 담론이었다. 여성의 성에 대한 인식이 '물질적 동물적 생애의 충족'을 하층민의 본질로 간주하는 인식과 정확하게 포개진다.

여하튼 자신의 존재 기반과 의미를 이렇게 보는 이상, 여전히 남겨진 것은 일상적 존재로서의 욕망이다. 지식인의 물질적·육체적 욕망은 부정과 비판, 희생과 억압의 영역 속에서만 그 존재를 증명했다. 그렇다면, 왜 1925년을 전후로 하여 하층민의 물질적 욕망과 성적 욕망을 형상화하는 데 몰두했으며, 거기에 대해서는 관조적 혹은 냉철한 태도로 도덕적 판단을 유보했는가? 왜 자신들에게는 부정적일 수밖에 없는 욕망의 양태를 하층민을 통해서 도덕적 판단을 유보하면서까지 그렸을까?

그 이유를 현실인식의 심화로 답하는 것은 일면의 진실을 말해 줄 뿐

---

72) 피터 부룩스는 졸라에게서 여성의 성과 하층계급을 등치시키는 태도가 특징적으로 나타난다고 지적한다. 그에 따르면, 졸라는 육체를 계급 혼란과 혁명의 근원으로 간주하여 공포의 대상으로 생각하였던 것이다. Peter Brooks, 이봉지·한애경 역, 『육체와 예술 Body Work : Objects of Desire in Modern Narrative』(Harvard University Press, 1993), 문학과지성사, 2000, 271면. 이와 관련해서, 여성의 성과 식민지민을 등치시키는 태도는 또한 식민주의 담론인 오리엔탈리즘의 일관된 태도였다. 에드워드 사이드의 『오리엔탈리즘 Orientalism』(New York : Patheon Books, 1978 / 박홍규 역, 교보문고, 1991)에 의하면, 식민담론은 남성중심적 세계관을 조장하며, 오리엔탈리즘 담론에서 동양은 유럽에서는 맛볼 수 없는 성적 경험과 연관되어 재현되며, 오리엔탈리즘 자체가 남성 위주의 제도적 실천이자 그 스타일이 남성적 시각에 의해 창출된다. Bart Moore-Gilbert, 이경원 역, 『탈식민주의! 저항에서 유희로 Postcolonial Theory : Context, Practice, Politics』(1997), 한길사, 2001, 146면 참조. 서양과 동양, 나아가 식민지 모국과 식민지를 성애화된 것으로 인식하는 식민주의의 내면화 문제에 대해서는 이 책의 4장에서 본격적으로 다뤄진다.

이다. 일반적으로 「마음이 옅은 자여」에서 「감자」에 이르는 과정, 「별을 안거든 우지나 말걸」에서 「물레방아」에 이르는 과정을 낭만주의에서 자연주의, 또는 사실주의로의 변화라고 평가한다. 그 평가를 조금 유보하고, 이 과정을 앞에서 분석한 바대로 섹슈얼리티의 문제로 바라보자. 그 과정은 성적 주체의 자리에 "사랑을 갈구하거나 사랑에 실패한 예술가의 초상"을 「뽕」·「물레방아」·「감자」 등의 요부형 여성들로 대체하는 과정으로 볼 수 있다. 근대적 자아를 대표했던 지식인 남성이 사라진 자리에 하층민 여성이 등장했던 것이다. 이렇게 보자면, 일반적인 사조사적 규정에서는 파악할 수 없는 흥미로운 지점을 발견하게 된다. 낭만적 사랑의 좌절에서 정신의 순수성과 도덕성만을 근거로 자신의 우월성을 재차 확인했던 남성 지식인과 남성을 파멸시킬 만한 성적 욕망의 소유자인 하층민 여성 사이에 건너뛸 수 없는 간극이 존재하는 것 같지만, 전자에서 후자에 이를 수 있도록 도움닫기의 기능을 한 존재가 있었다. 다름 아니라, 신여성이 그 기능을 했다. 낭만적 사랑을 그린 작품들에서 남성 지식인의 연인이었던 신여성은 결국 성적 욕망, 그리고 육체적 안일과 결부된 물질적 욕망의 화신으로 판명된다. 이러한 성격은 신여성에게는 지식이나 신념이라는 허울 때문에 은폐되었던 것이고 따라서 폭로되어야 하는 것이었지만, 하층민 여성에게는 그러한 허울조차 없기 때문에 좀 더 직접적이고 적나라하게 그려진다. 이렇게 볼 때, 「뽕」·「물레방아」·「감자」 등의 요부형 여성은 한결 형상화하기 쉬웠다는 점을 알 수 있다. 우선, 하층민인 그녀들의 사회경제적 지위는 매춘 행위에 이르게 된 동기와 결과를 현실논리 자체로써 제시하기에 수월하게 해 주었다. 뿐만 아니라 도덕적·이성적 판단의 부재로 드러나는 그녀들의 무지는 그 자체로 결핍과 갈구, 충족을 오가는 욕망의 적나라한 원칙을 그대로 재현하기 위한 조건이 되었던 것이다. 요컨대, 현실논리와 욕망의 원칙, 이것이 고스란히 소설의 형식이 되었으며, 동시에 소설형식의 완성을 위협했던 자의식의 분비나 감상의 노출은 제거될 수 있었다.

한편, 이 제단에 바쳐진 것은 감상성이나 관념성 이상의 것이었다. 예술의 창조자로 남는 창작 주체를 제외한다면 이들 작품들에서 근대적 자아의 형상은 사라졌다는 점을 주목할 필요가 있다. 역설적으로 사회경제적 위계질서에서 현실적으로 가장 하위에 놓일 수밖에 없는 하층민 여성을 통해서만이 노골적인 방식으로 형상화될 수 있는 성적 욕망이란, 근대적 자아로 서기 원했던 지식인 남성 주체에게는 대단히 억압적인 욕망이었음을 보여준다. 또 한편으로는 방탕한 신여성의 형상이든 남성을 굴복시키는 하층민 여성이든, 팜므 파탈이라는 여성의 이미지는 남성들의 성적 공포를 말해 준다. 팜프 파탈의 내재적인 성격인 공격성은 적극성/남성성, 수동성/여성성이라는 규범적 인식의 전도 상태를 의미한다.73) 말하자면 정상적인 성별 역할과 성적 규범을 벗어나서 남성성을 전유한 여성의 형상이 팜므 파탈이라는 것을 의미한다.

---

73) 모스는 팜므 파탈은 양성구유자(兩性具有者, androgyne)에 대한 공포가 여성에게 투사된 형태라고 지적한다. 모스에 따르면, 19세기 초반까지만 상징주의에서 양성구유는 형제애와 인류의 근본적인 선함과 순결성을 드러내주는, 정신과 물질의 결합체였으며 낭만주의 운동의 초창기에 양성구유는 현실과는 무관한 어떤 추상적인 이상을 의미했다. 이러한 조화와 유토피아를 의미하는 양성구유가 괴물로 전락한 배경에는 인간 육체에 대한 재발견에 의해 야기될지도 모르는 중간 계급의 규범의 혼란을 막고, 젠더 이상상을 구출해내려는 민족주의의 요청 때문이었다. 이리하여 양성구유에 대한 공포는 여성에게 투사되었으며, 19세기 중엽에 공격적이고 거의 남성적인 팜므 파탈이 양성구유의 실제 이미지가 되어 대중문학의 익숙한 형상이 되었다. 세기말에는 양성구유는 종종 매저키스트, 사디스트, 호모섹슈얼, 레즈비언과 같은 다른 "아웃사이더"들과 동일시되어, 성적 도덕적 모호성을 지는 괴물로 인식되기에 이르렀다. George L. Moss, op. cit., pp.102~104 참조. 한편, 린다 하트는 19세기에서부터 1990년대에 이르기까지 서구의 여러 장르와 실세 현실에서 악녀(fatal woman)의 사례 분석을 통해, 사악하고 공격적인 악녀가 백인중심 이성애 가부장제의 생산물임을 보여준 바 있다. 하트의 분석은 레즈비언의 역사적 구성과정에 관한 것이라는 점에서 우리에게는 생소하지만, 서구에서 악녀의 형상은 남성적 특권(공격성, 적극성 등의 남성적 자질)을 전유한 여성이라는 차원에서 접근되었음을 지적한다. Lynda Hart, 강수영·공선희 역, 『악녀 *Fatal Women : Lesbian Sexuality and The mark of aggression*』(Princeton University Press, 1994), 인간사랑, 1999 참조.

팜므 파탈 이미지에 대한 문학적 관심은 『백조』 1호(1922.1)에 오스카 와일드의 『살로메』(1893)가 번역되어 수록되어 있다는 사실에서도 짐작할 수도 있지만, 팜므 파탈 형상의 적극적인 창조를 가능하게 했던 역사적인 맥락 또한 존재한다. 바로 1920년대 본격적으로 가시화되었던 여성들의 공적 영역으로의 진출이었다. 김진송은 신여성의 진출에 의해 야기된 "가치관의 전복은 옳고 그름의 문제라기보다는 주체의 위기를 가중시키는 요소였으며, 특히 새로운 서구의 가치관 속에서 자유와 해방의 분명한 길을 발견한 여성들의 활발한 활동은 그 자체로 사회적 정체성의 위기를 촉발시키는 분명한 계기가 되었다"74)고 지적한다. 말하자면, 팜므 파탈의 형상은 남성들의 정체성을 위기를 반영한 것이며, 그러한 위기와 불안감을 여성에 대한 부정적 이미지의 창출을 통해 상쇄하고자 했던 것이라고 볼 수 있다.

근대적 자아의 성격에 대해 좀 더 섬세하게 보아야 할 지점이 여기다. 앞서 낭만적 사랑과 예술이 근대적 자아실현을 위한 기획이자 양자가 등가일 수 있었던 데에는, 그 둘 모두 반봉건적 인습과 관습으로부터 해방된 영역이자 근대세계를 지배하는 실리의 추구나 유용성에 함몰되지 않은 영역으로 상정되었기 때문이었다. 그러나 이 영역은 가장 폐쇄적인 사적 영역이기도 한데, 왜냐하면 이미 다양한 사회적 진출의 가능성이 닫힌 상태에서의 선택이기 때문이다. 선택에 있어 객관적 상황의 결핍과 부정성에 의한 일차적 규정성을 외면한 채, 그 선택을 자율적 의지에 의한 것인 양 전도시킬 때 문제는 발생한다. 이러한 인식상의 전도방법은 루쉰이 「아큐정전(阿Q正傳)」(1923)에서 제시한 阿Q의 '정신 승리법'에 버금가는 것이라고 할 수 있다. 식민지적 근대사회에서 객관적으로 주변에 머무를 수밖에 없는 자신의 처지를 인정하는 대신에, 자신이 스스로 사회적 제관계를 초월한 것으로 상황을 조작하기 때문이다. 이러

---

74) 김진송, 『현대성의 형성—서울에 딴스홀을 許하라』, 현실문화연구, 1999, 204면.

한 인식상의 전도는 자체가 나르시시즘적일 뿐만 아니라, 소설 형상화에 있어서는 다음과 같은 조야한 경험주의로 드러난다. 인식 상 받아들일 수 없는 사회적 제관계는 작품에서도 그려질 수조차 없었던 것이다. 사회성과 역사성이 거세된 여성의 형상화도 이 연장선상에 있다. 자신을 우월적인 주체의 지위로 드러낼 수 있을 때만이 타인과의 관계는 성립되는데, 그나마도 신여성과 그 주변을 맴도는 속물화된 남성을 통해 자신의 우월성을 입증하는 방식으로만 유효한 관계이다. 사회적 제관계에서의 위치와 활동을 매도해왔던 근대적 자아가 내세울 수 있는 우월성의 근거는 도덕과 정신의 영역에 기댈 수밖에 없었다.

우월성의 표지로서의 도덕과 정신이 내용이 염오하던 제도와 이데올로기의 그것이라는 점에서 근대적 자아의 관념성과 추상성은 여지없이 폭로된다. 다른 하나는 자신의 성적 욕망은 늘 억압되고 은폐될 수밖에 없는 딜레마에 빠진다는 것이다. 염상섭의 『사랑과 죄』에서 보았듯이, 사회운동이 억압된 성적 욕망의 이상화로 제시되고 있다는 것은 이러한 시각에서 바라보아야 한다. 어떻게 보자면, 이처럼 사적인 욕망도 사회적 대의로 환원해야만 자기 정당화가 가능한 국면이란, 식민지의 근대적 자아가 놓여 있는 궁벽한 조건을 증빙한다.

제 4 장

사랑의 탈관능화와 승화의 구조

1. 정신과 육체의 대립법과 낭만적 사랑의 좌절

'사랑이냐 돈이냐'라는 갈등구조는 이미 오자키 고요[尾崎紅葉]의 『금색야차』를 번안한 『장한몽』(1913)에서 선보인 것이지만, 1930년대 한국문학사에서 굵직한 위치를 차지하고 있는 숱한 소설에서 이 갈등의 양태는 보다 폭력적이면서도 종국에는 정신적·도덕적인 결론을 내리는 양상을 띤다. 이는 해당 문학 작품의 세계관을 떠나 공통적인 현상인데, 리얼리즘의 산맥을 형성한 염상섭의 『삼대(三代)』(1931), 이기영의 『고향(故鄉)』(1933~34), 채만식의 『탁류(濁流)』(1937~38)가 그러하거니와, 계몽주의 문학인 이광수의 『흙』(1932~33)과 심훈의 『상록수(常綠樹)』(1935), 또한 『제이(第二)의 운명(運命)』(1933~34) 등을 위시한 이태준의 장편소설들도 예외가 아니며, 그밖에 현진건의 『적도(赤道)』(1933~34)나 통속성이 뚜렷한 김말봉의 『찔레꽃』(1937), 이효석의 『화분(花粉)』(1939) 등에서도 여실하다. 물론 '사랑이냐 돈이냐'의 구도는 여러 가지 형태로 변주되어 다양한 양상을 띠게 된다. 그러나 대체로 정신적·도덕적 가치와 물질적·육체적 욕망 사이에서 무엇을 택할 것인가, 그리고 사회와 민족을 위한 삶의 도정으로 나아갈 것인가 아니면 개인의 향락적이고 이기적 삶의 차원에 머무를 것인가는 이들 소설이 제시하는 윤리적 의도1)이다.

이러한 윤리적 의도에 이르는 과정이, 폭력과 금권이 동원된 가장 타락한 양태의 성적 욕망이 어떻게 하여 숭고하고 희생적인 이타적 사랑, 달리 말하자면 탈관능화된 사랑으로 승화되는가의 여로와 같다는 데 주목하고자 한다. 즉 갱생한 계몽적 혹은 도덕적 주체는 누구보다 더욱 성적 욕망에 달떠 있었던 색마이자 요부였으며, 역으로 이들을 선도하는 인물은 정결한 금욕주의자이다. 가령, 『흙』에서 남편 허숭의 친구인 김갑진과 일탈적 성적 욕망을 탐닉하던 정선이 살여울이라는 농촌에서 계몽운동의 일원으로 변신하는 것이라든가, 『적도』에서 첫사랑의 연인인 여자가 갑부와 결혼한 첫날밤 칼부림을 하여 3년 동안 수감되어 나온 첫날 성욕을 못 이겨 순결한 처녀를 범했던 김여해가 독립운동가가 맡은 임무를 대신하여 수행하다 자폭(自爆)까지 하는 헌신성을 보여주는 것 등이 그 예이다. 한편 폭력성의 점증 양상은 앞 절에서 언급한 바 있는 (섹스) 스캔들 양식의 차용과 관련해서 생각해 볼 수 있다. 지금 다루고자 하는 1930년대 소설은 그야말로 칼부림과 폭력을 동원한 살인

---

1) 루카치에 따르자면, 윤리적 의도란 소설 장르의 본질적 성격에서 비롯된 소설의 구성 요소라고 하겠다. 소설 장르의 본질은 외부세계와 자아와의 총체성이 사라진 세계에서 총체성을 찾으려는 데 있는데, 부연하자면 존재하는 현실과 존재해야만 하는 당위적 이상 사이의 극복할 수 없는 간극이 외부 체계의 본질을 이루게 되고 주어진 객관 현실의 무의미성을 폭로하는 소설의 주인공은 '문제적 개인'이 된다. 따라서 문제적 개인의 여행으로 요약되는 소설의 내적 형식은 그 자체로 현실에 대한 인식론적, 철학적 과제를 포함하게 되는데 이러한 과제를 통칭해서 소설의 윤리적 의도라 한다. 이는 이미 주어진 것이 아니며 소설의 전개 속에서 생성되는 것이다. Georg Lukács, 반성완 역, 『소설의 이론 *Die Theories des Romans*』(Neuwied, 1962), 심설당, 1993, 33면 참조.

치사, 투신자살, 강간 등 보다 폭력적이고 선정적인 스캔들을 차용하고 있다. 예컨대, 『탁류』에서 한참봉이 자신의 부인 김씨와 고태수의 간통 현장을 덮쳐서 두 남녀를 난자하는 사건이나, 초봉이가 장형보를 살인하는 사건은 그 묘사에 있어서도 폭력성과 잔인성의 정도가 심각하다. 폭력성과 잔인성의 근원이 성적 욕망의 문제로 설정되고 있음은 강조되어야 할 것이다. 이 낮은 지하의 세계로부터 천상의 사랑에 값하는 헌신과 희생으로의 전도가 어떻게 가능했는가, 또한 무엇을 부정하고 무엇을 긍정하는가의 문제를 여기에서 살펴보고자 한다.

[1] 앞서 언급한 작품들에서 애정의 삼각관계를 축으로 펼쳐지는 낭만적 사랑의 시련은 소설의 주된 서사 구성 원리로 기능한다. 낭만적 사랑의 시련은 무엇보다 개인적 자아의 의지와 사고 그리고 욕망과 무관하게 그것들을 무차별적으로 지배하고 사회 전체의 체계로 편입시키는 근대 자본주의 사회의 지배 원리에 깊이 관련되어 있다. 호르크하이머와 아도르노에 따르면, 근대 자본주의 사회의 지배 원리란 첫째 '부자유한 사회적 노동의 원리' 둘째, 부당한 교환 및 그 속에 숨겨져 있는 기만을 통해 작동되는, 그 본질은 자기 주체의 자기 포기인 '희생의 원리', 셋째 동일화 사고와 근친관계에 있으며 시민 사회의 경제와 상응하여 작동되는 '교환의 원리'이다. 이러한 원리에 지배되는 근대 자본주의 사회를 이른바 '관리된 세계'로 명명된다.[2] 관리된 세계에서 낭만적 사랑의 시련은 무엇보다 진정으로 사랑하는 사람과는 결혼할 수 없다는 형태로 제시된다. 낭만적 사랑이 최후에는 얻고자 하는 합법성의 형식, 즉 결혼이란 제도의 경제적·물질적 도대와 싱에 대한 배타적 독점권의 문제를 제기하면서 갈등은 주조된다. 이 갈등은 속물들의 폭력적 개입에 의해 외부적으로 강제되기도 하지만, 근대적 자아가 삶의 경제

---

2) M. Horkhimer · Th. W. Adorno, 김유동 · 주경식 · 이상훈 역, 『계몽의 변증법 *Dialectic of Enlightement*』(New York; The Seabury Press, 1969), 문예출판사, 1995 참조.

적·물질적 조건을 내면화함으로써 나타났다.

언제라도 덕기가 총각이거나 독신 생활을 하는 남자라고 생각한 것은 아니나, 처자를 갖추고 호강스럽게 사는 양을 보기 전과, 본 뒤가 마음에 여간 달라진 것이 아니다. 남자의 다정한 말과 고맙게 구는 태도에 빠질 듯하던 마음이, 그 아내, 그 자식, 그 호화로운 살림을 생각하곤, 자기 따위는 교제도 그만두어 버려야 할 것이라고 낙망에 가까운 단념이 드는 것이다. 아까 그 집 안방에 들어가면서부터 전일에 병원에서나 산해진에서 보던 덕기와는 딴판 같고, 두 사람 사이에 무에 막힌 것 같이 제풀에 설면해지던 것도, 이러한 실망과 자곡지심 때문이었다. 그렇게 생각하면 덕기의 그 친절이란 것도 요새 돈 푼 있는 집 자식들의 비열한 취미나, 심심 파적으로 하는 농락은 아닌가 하는 생각이 든다. 잘못하면 자기도 홍경애 짝이나 되면 어쩌려는구? ⋯⋯3)

덕기는 필순이가 〈제2의 경애〉라고 한 모친의 말을 또한번 힘있게 부인해 보는 것이다.

(그러나 돈이란 뭐냐? 돈은 어디서 나온 거냐? ⋯⋯)

그는 필순이 부친이 아내나 딸을 자기의 돈에게 부탁한 것이지 돈 없는 덕기였다면 하필 덕기에게 부탁하였느랴 하는 생각을 할수록, 마치 돈을 시기하고 실투하듯이 반문을 하여 보는 것이다. 그러나 거기에 대한 자신의 대답은 덮어두고 싶었다. 다만 〈돈 없는 덕기〉로서 지금 필순이 모녀에게 조상을 간다고 생각하고 싶다.4)

『삼대』에서 필순이 조덕기에게 품었던 막연한 동경 내지 연정을 꺾고자 했던 계기는 그의 집을 방문하고 나서였다. 필순은 그가 처자가 있는 유부남이라는 사실을 새삼 실감하지만, 그것보다 더 큰 충격은 조덕기와 자신이 경제적·물질적 삶의 조건, 즉 계급적 지위가 같지 않다는 것에 있었다. 이 때문에 필순은 그녀와 그녀의 가족에 대한 조덕기

---

3) 염상섭, 『삼대』(『조선일보』, 1931.1.1~9.17), 『염상섭 전집』 4(권영민·김우창·유종호·이재선 편), 민음사, 1987, 353~354면.
4) 위의 책, 417면.

의 호의에 의혹을 보낸다. 조상훈이 홍경애에게 그랬던 것처럼, 조덕기 또한 사회적·경제적 처지를 이용하여 자신을 농락하려는 것이 아닌가 라는 의심을 갖게 된다. 필순의 내면 풍경은 조덕기의 호의를 의심하는 형태로 드러나지만, 실상은 그녀 자신의 계급적 지위에 대한 자격지심 이다. 자격지심은 열등감에 기인한 것이지만, 열등감은 결핍된 형태로 욕망의 존재를 말해 준다. 그러하기에 필순은 김병화가 권유한 모스크 바 행보다는 조덕기와 일본유학을 가는 공상에 더 끌린다. 계급적 지위 에 대한 자격지심은 궁핍한 조건에 있는 필순에게만 있는 것은 아니었 다. 두 번째 인용문에서 조덕기의 내면 풍경은 이를 잘 보여준다.

김종욱은 필순을 향한 조덕기의 애정은 관습적으로 인정되는 사회적 조건과 장벽을 넘어서는 것이었으며, 필순에 대한 정열을 이성적으로 억제함으로써 조상훈이 타락시킨 정결성을 유지한다고 해석한다. 김종 욱에 따르면, "그(조덕기-인용자)는 이미 결혼한 처지이고, 더욱이 아들까 지 둔 상태였기에 자신의 정열을 억제해나간다. 조상훈의 경우처럼 정 열을 억제하지 못한 채 불륜의 관계로 빠지지 않는다. 현실로 존재하는 전근대적 정혼관계와 근대적 자유연애 사이에서 화해를 모색하는 것이 다."5) 그러나 조덕기가 필순에 대한 애정을 "도의적 이념"의 차원으로 국한시킨 데에는 처자가 있는 유부남이었기 때문만은 아니었다. 필순에 대한 그의 애정을 온전히 실현시키기 위해서는 그는 가부장적 가족 제 도를 벗어나야 할 뿐만 아니라 계급적 기반을 버려야 한다. 그가 심정 적인 차원에서나마 "돈 없는 덕기"가 되고 싶어 한 까닭도 자신의 계급 적 기반과 존재양식에 대한 인식에 있었던 것이다.

필순에 대한 개인적 애정을 "도의적 이념"의 차원으로 승화시킴으로 써 억압되거나 제거되는 것이 있다면, 바로 성적 욕망의 문제이다. 영혼 과 육체의 합일을 지향하는 낭만적 사랑이 좌절된 자리에는 육체와 정

---

5) 김종욱, 「관념의 예술적 묘사 가능성과 다성성의 원리-염상섭의 『삼대』론」, 『민족 문학사연구』 5호, 1994, 137면.

신의 이원화 내지 분열이 자리 잡게 된다. 『삼대』는 그러한 이원적 분열의 경계선 상에서 긴장과 불안을 보여줬다면, 앞으로 다룰 작품들은 그 경계를 고착화시키는 방향으로 나아간다. 말하자면, 육체적 사랑=속화된 사랑, 정신적 사랑=순수한 사랑이라는 도식이 확연해진다. 또한 이 도식은 애초에 낭만적 사랑에 최종의 합법성을 부여해 주는 결혼 제도를 지탱해 주는 사회경제적 조건의 문제를 도덕성의 문제로 전도시키는 논리를 내포한다.

이태준의 『제이의 운명』[6]은 고아이자 이상주의자인 윤필재가 실연을 딛고 자신과 계몽주의의 이상을 개척해 간다는 이야기이다. 이를 도식화해 보자면, 실연(심천숙과 박순구의 결혼) → 계몽을 위한 교육활동(여학교 교사, 관동의숙 재건) → 실연(강간을 당한 남마리아의 죽음) → 더 큰 활동무대로의 진출(윤필재의 떠남)로 간추려진다. 소설의 전개를 이끌어 가는 것은 바로 윤필재의 실연을 낳는 애정의 삼각관계이다. 그것은 전반부는 윤필재－심천숙－박순구, 후반부는 윤필재－남마리아－주기헌의 삼각관계를 중심으로 전개된다. 윤필재의 연적인 박순구와 주기헌은 자신의 욕망을 위해서라면 물불을 가리지 않는 돈 많은 속물들이다. 이들 속물의 개입이 낭만적 사랑을 좌절시킨 주요 원인이다.

윤필재－심천숙－박순구의 삼각관계에서 야기된 낭만적 사랑의 시련은 속물들의 폭력적 개입은 윤필재와 심천숙이 서로에 대해 "돈 때문에 사랑을 저버렸다"는 오해를 하도록 만드는 음모를 통해서였다. 두 남녀에게 모두 물질적 욕망이 내면화되지 않았다면, 이 음모는 성공하지 않았을 것이다. 박순구와 심천숙의 결혼은 물신화된 '돈'의 가치가 팽배하는 사회에서는 사랑이 결혼의 충분조건이지 않다는 사실을 반영한다. 정신적으로 육체적으로 완전하고 충만한 합일을 추구하는 낭만적 사랑은 결혼을 통하지 않고서는 정신적 차원에서만 그 의미를 획득할 뿐 육

---

6) 『제이의 운명』은 『조선중앙일보』에 1933년 8월 25일에서 1934년 2월 23일까지 연재되었다.

체적 차원에서는 불가능의 계기로 남아 있는 것이다. 마찬가지로, '돈'으로 얻어진 박순구의 소유적 사랑은 육체적 차원—결혼이 성적 결합의 합법적 제도라는 의미에서만 그 실제적 내용을 가질 뿐이다. 나중에 그 음모가 탄로나자 심천숙은 "영혼은 필재에게, 육신은 순구에게"라는 자기분열을 경험한다. 또한 정신적 사랑=순수한 사랑, 육체적 사랑=속화된 사랑이라는 이원화된 도식이 낭만적 사랑이 좌절된 자리에 자연스럽게 대체된다. 이러한 이원화는 사상을 매개로 한 삼각관계에서도 드러난다. 『불멸의 함성』(1934~35)[7]에서 박두영—송원옥—천오상이 그리는 애정의 삼각관계는 그 갈등의 본질이 사상인 것 같지만, 정신적 사랑(박두영—송원옥)과 육체적 사랑(천오상—송원옥)의 이원화에 기초하고 있다. 사회주의자 천오상은 사랑에서 정신보다는 성적 욕망을 우선시하는 경향을 가진 것으로 형상화되고 있다.[8] 이러한 이원화는 이 작품의 후반을 이끄는 삼각관계인 송원옥—박두영—김정길에서 보다 명징하게 드러난다. 이 작품은 송원옥은 박두영의 "육(肉)의 아내"로, 김정길은 그의 "정신적 아내"로 남는 것으로 결말을 맺는다. 이 밖에도 이광수의 『흙』에서 정선이 계몽운동의 현장인 살여울에 투신하기 전까지 유순—허숭—윤정선의 삼각관계에서 유순과 허숭의 관계는 정신의 편에, 허숭과 윤정선의 관계는 육체의 편에 귀속된 것이라고 보아도 무방하다. 이러한 정신과 육체의 이원화는 『탁류』에서는 남승재—초봉—고태수 / 장형보 / 박

---

7) 이태준, 『불멸의 함성』, 『조선중앙일보』, 1934.5.15~1935.3.30.

8) 이러한 인물설정에는 사회주의에 대한 편견 이상의 당대적 함의가 개입되어 있다. 마루야마 마사오에 따르면, 자본주의도 사회주의도 모두 물질주의라는 동일한 지반 위에 서 있으므로 사회주의는 현대문명의 폐단을 진실로 구제할 수 없다는 것, 사회주의나 마르크스주의는 자본주의와 한 통속이라는 것은 일본뿐 아니라, 나치즘, 이탈리아 파시즘이 공유한 이데올로기였다. 마루야마는 파시즘 이데올로기가 물질주의에 대해서 높이 내세우는 '이상주의' '정신주의'야말로 대중의 눈을 사회기구의 근본적 모순으로부터 돌리게 하고, 현실의 기구적 변혁 대신에 인간의 머릿속의 변혁, 즉 사고방식의 변혁으로 메우려고 한다는 의미를 지니고 있는 것이라고 아울러 지적한다. 丸山眞男, 김성근 역, 「일본파시즘의 사상과 운동」(1947), 『현대정치의 사상과 행동 現代政治の思想と行動』(未來社, 1964), 한길사, 1997, 76~78면 참조.

제호, 『적도』에서는 김여해-홍영애-박병일 등에서 허다하게 찾아 볼
수 있다.

> 꿈이야 꿈이지요. 이렇게 되고 보니 꿈이라도 어림없는 꿈이지요. 그래도
> 저는 그렇게 생각을 하지 않았답니다. 본래부터 정신적인 우리 사랑이 아니얘
> 요. 그러니 여해씨 그때 말씀마따나 하필 부부가 되잖아도 좋지 않아요. 남매
> 의 의를 다시 맺고, 정말 친동기같이 지나면 그만 아내요. 그런데 ……9)

> 육체의 정절은 지키려 지킬 수 없다. 차라리 마음의 정절이나 지키리라. 그
> 는 마음을 고쳐먹었다.10)

첫 번째 인용문은 첫사랑의 연인 김여해의 이해와 배려 하에 어려운
집안의 생계를 위해 박병일과 결혼한 『적도』의 홍영애의 발언이다. 두
번째 것은 같은 작품으로, 김상열을 백년낭군으로 섬기고 사랑하지만
가족의 생계를 위해 몸을 팔아야 하는 상황에서 기생 명화가 갖는 생각
이다. 이러한 육체와 정신의 분리에서 지향과 가치 부여는 정신의 편에
있을지라도, 현실성을 갖는 것은 육체의 관계일 수밖에 없다. 이는 제도
로서의 결혼과 사회적 규범인 '정조'가 지니는 힘 때문이다. 이러한 이
원적 구조의 전면적 부상은 1930년대에 들어 더욱 심화된 식민지 근대
화의 진행 정도에서 일차적인 배경을 찾아야겠지만, 경제적·물질적 조
건이 삶의 중요한 문제로서 근대적 자아에게 상당히 내면화되었다는
것을 간과하지 말아야 한다. 예컨대, 『제이의 운명』의 윤필재가 남마리
아에게 정작 사랑한다는 고백조차 하지 못하고 단념한 결정적 이유는
'돈'에 있었다. 남마리아와 결합하는 것은 그 후에 불을 보듯 분명한
'돈'의 문제를 짊어져야 하는 것을 의미한다. 조선의 지식인이라는 남다

---

9) 현진건, 『적도』(『동아일보』, 1933.12.20~1934.6.17), 『현진건 전집』 1, 이재선·김시태
　　편, 문학비평사, 1988, 177면.
10) 위의 책, 166면.

른 사명감을 지닌 그가 결혼으로 인한 생활의 문제에 얽매인다는 것은 자신과 가족의 이기적 욕망에만 혈안이 된 속물들의 세계로 진입하는 것과 같다. 또한 생계를 위해서 얽매이는 모습을 사랑하는 남마리아에게 보인다는 것은 윤필재의 자존심이 허락하지 않는다. 그는 낭만적 사랑이 불가능한 현실에서 정신적 사랑이라는 지향을 표방함으로써 결혼제도로부터 도피한다. 남마리아와 함께 관동의숙에서 펼치는 계몽운동이 정신적 사랑의 구체적인 형태인 것이다.

② 1930년대 소설에서 낭만적 사랑의 시련이 제기하는 문제는 결혼제도의 경제적·물질적 토대 문제만은 아니다. 호르크하이머와 아도르노에 따르면, 인간을 사유하는 존재와 육체를 가진 존재로 나누는 데카르트적인 이분법이 이미 내포하고 있는 피할 수 없는 결론이 '낭만적 사랑'의 파괴에서 분명히 드러나고 있기 때문이다. 육체적 충동을 끊임없이 지연시키거나 완곡화하는 낭만적 사랑은 사실 육체적 충동을 은폐하고 합리화한 것이며, "거짓된, 그리고 매우 위험한 형이상학"이라는 지적은 타당하다. 영혼과 육체의 분리를 통해, 사랑은 한편으로는 성에만 국한된 의도로 드러나거나 한편으로는 유토피아적 과잉양태로 양극화된다.[11] 지금 다루는 작품들에서 한편에는 계몽운동 등으로 지극히 탈관능화된 정신적 사랑이 추구되는가 하면, 다른 한편에서는 성적 욕망만을 뒤쫓는 양상이 존재한다는 것은 이 양극화 현상을 여실히 보여준다.

　　형보는 물향내와 살냄새가 한데 섞여 취할 듯 이상스럽게 물큰한 규방의 냄새에 코를 사냥개처럼 벌씸거리면서 너푼 들어앉는다. 그는 이 냄새를 매일 아침같이 맡곤 하는데, 그러노라면 초봉이의 몸뚱이가 연상이 되고 하여, 그 흥분이 괴로우면서도 맛이 있었다. 그는 그래서, 별로 할 이야기가 없더라도,

---

11) M. Horkhimer · Th. W. Adorno, 앞의 책, 123~168면 참조.

아침이면 많이 문을 여닫아 그 냄새가 빠져버리기 전에 안방으로 건너오곤
한다.12)

채만식의 『탁류』의 고태수는 고객이 예탁해 둔 은행 장부를 조작해
서 미두와 주색에 빠져든다. 고태수는 발각될 날만을 기다리다 여차하
면 자살을 감행할 결심까지 하면서도 초봉과 결혼한 이유가 초봉과의
정사(情死)에 있었다. 즉 죽는 최후의 순간까지 성적 쾌락의 환희를 누리
기 위함이었다. 인용문에서 보듯이, 장형보가 친구인 고태수의 아내 초
봉을 통해서 느끼는 욕망이란 성적 욕망이다. 이 욕망을 실현하고자 하
는 장형보의 의지는 한 치의 주저도 없이 완강해서, 초봉을 강간하고
고태수를 죽음으로 몰아넣는다. 더욱이 고태수가 죽음을 맞이한 현장은
간통현장이었다. 형보의 간계는 고태수와 김씨 부인과의 간통현장을 한
참봉이 목격하게 하는 것이었다. 고태수는 간통현장에서 한참봉에게 난
자당해 죽는다. 고태수가 죽은 후, 무작정 서울로 도피한 초봉을 구원해
준 박제호의 손길이라는 것도 히스테리에 걸린 부인 윤희에게서 더 이
상 채울 수 없는 중년 남성의 성적 욕망이었다.

다른 어떤 작품보다 계몽주의 이상을 뚜렷하게 보여준 이광수의 『흙』
에서도 사정은 마찬가지다. 몰락한 남작의 아들 김갑진은 허숭과 함께
변호사 자격 취득을 위해 고등문관 시험을 보러 가는 뱃길에서 유곽으
로 팔려가는 소녀를 제법 의협심을 갖고 구해 놓았지만, 그는 결국 그
소녀를 유린하고 임신까지 시킨다. 카페와 요릿집을 떠돌며 성적 욕망
을 채울 뿐만 아니라 허숭의 부인이 된 정선과도 불륜의 관계를 맺는다.
미국 프린스턴대학 출신인 이건영 박사 또한 점잔을 차리고 자신의 학
벌과 교양을 내세우는 세련된 방식을 취한다는 것 외에는 김갑진과 다
를 바 없는 인물이다. 살여울에서 허숭의 계몽운동을 방해하는 유정근

---

12) 채만식, 『탁류』(『조선일보』, 1937.10.12~1938.5.17), 『채만식 전집』 2(전광용 외편), 창
　　작과비평사, 1987, 211면.

은 본부인을 두고 여학생 첩을 얻는가 하면 감옥에 수감된 작은갑의 부인과 간통을 한다. 더 찾자면, 이광수의 『사랑』에서 허영, 현진건의 『적도』에서 박병일, 김말봉의 『찔레꽃』에서 조만호 등이 여기에 해당한다.

성적 욕망에 의해 이들이 야기하는 사건들이 각각의 작품의 서사 전개 전체를 감당하고 있다고 해도 과언이 아닌데, 성적 욕망을 실현하기 위한 매개로서의 사회경제적 수단의 문제나, 그것이 야기하는 윤리 규범의 문제가 그 자체로 인과관계의 질서를 갖추고 있기 때문이다. 달리 생각해 보자면, 이들 동물왕국의 인물들이 소설형식의 측면에서는 정신왕국의 인물보다 더욱 유용한 기능을 하는 이유는 그들이 자신이 속한 사회경제적 위치에 대해서 훨씬 민감하며 그로부터 가능한 행위 방식을 더 잘 알고 있다는 데 있다. 가령, 비록 몰락했지만 남작의 아들이자 경성제대 법대생인, 그러니까 가문과 학벌에 있어서 뒤지지 않지만 가난한 『흙』의 김갑진이 생각하는 "혼인이란 재물을 의미하는 것이었다. 여자야 어디는 없느냐. 카페에 가도 수두룩하고 여학생을 후려내더라도 미처 주체를 못할 형편이다. 오직 돈 있는 아내 ― 그것이 갑진에게는 가장 貴하고 또 필요품이었다."13) 이러한 욕망에서 비롯된 활동성과 적극성은 욕망의 종국적 실현 여부와 무관하게 다른 사람의 삶의 국면과 사회 제관계의 다양한 국면들로의 진입을 종횡무진 하도록 만든다. 그 영향력은 마치 고태수가 문란한 성생활에서 얻은 성병이 초봉이에게로, 또 박제호에게로 전염되었듯이, 자율적인 활성을 지닌 것으로 그려진다.

③ 『흙』에서 허숭이 윤정선과 결렬한 직접적인 이유는 그가 이남작집 소송 의뢰를 거절했기 때문이다. 이 소송은 이남작과 부인, 이남작의 아들과 친족이 관련된 간음, 이혼, 동거청구, 재산 다툼을 포함한 "추악하고 복잡한" 사건이었다. 또한 착수금이 2,000원으로 변호사들이 탐을

---

13) 이광수, 『흙』(『동아일보』, 1932.4.12~1933.7.10), 『이광수 전집』 3, 삼중당, 1971, 24면.

내던 사건이었다. 이런 명성과 재물이 주어지는 일을 거절한다는 것은 정선으로서는 용납할 수 없는 것이었다. 하지만 허숭은 이 소송사건에 앞서 김자작집 재산 싸움에서 승소하여 사회적으로 명망을 얻었지만, 양반계급의 도덕적 타락상에 대한 환멸은 자신의 직업에 대한 환멸로 이어졌던 것이다. 특히 이남작집 사건은 성적 타락과 관련된 사건이었는데, 성적 문란함 혹은 성적 욕망의 과잉은 양반계급의 자제인 김갑진과 윤정선 모두에게 발현되는 공통된 특성으로 그려진다. 이남작집 소송의뢰 거절 사건이 표면적인 계기로 드러났지만, 허숭이 윤정선과의 결렬을 감행한 근본적인 원인은 바로 윤정선의 성적 욕망이 허숭이 감당할 수 없을 정도로 과도했다는 데 있었다.

　　「이 세상에 돈이 제일이지.」
하는 것이 정선의 근본 사상의 제일조였다. 둘째는 그가 말로 발표는 아니하더라도 또 한 가지 근본 사상이 있는 것을 숭은 정선에게서 발견하였다. 그것은 성욕을 중심으로 한 향락생활이었다. 마치 정선의 호리호리한 어여쁜 몸이 전부 성욕으로 된 듯한 생각을 줄 때가 있었다. 이것이 숭에게는 못마땅하였다. 숭의 생각에는, 고등한 교육을 받지 아니하였더라도 인격의 존엄을 믿는 사람—이라는 것보다도 음란하다는 말을 듣지 아니하는 사람으로는 성적 욕망이라는 것은 비록 부부간에라도 서로 억제 할 것이라고, 서로 보이지 아니할 것이라고 믿었다. 「서로 대하기를 손같이 하라.」 하는 동양식 부부 도덕에 젖은 때문인가 하고, 숭은 혼자 저를 의심해 보았다. 그래서 아내가 원하는 대로 되어 보려고도 하였다. 그러나 그것은 숭에게는 자기를 낮추는 듯한 심히 불쾌한 일이었다. 그가 애써서 수양해 온 인격의 존엄이라는 것을 깨뜨려 버리는 것이 싫었다.14)

　　허숭에게 있어서 성적 욕망의 처리 방식은 인격의 존엄과 관련된 문제이다. 정선의 과도한 성적 욕망은 그녀의 인격을 의심스럽게 만드는

---

14) 위의 책, 69면.

데서 머물지 않았다. 그 요구에 응해야 하고 시달려야 했던 허숭은 자신의 인격상의 모멸감을 느낀다. 유순과의 언약을 저버린 양심의 가책에도 불구하고 허숭이 정선과 결혼한 이유는 서울/시골, 양반/상놈 등의 대립에 내재되어 있는 물질과 문화의 수준의 우열 문제가 자신에게도 내면화되어 있기 때문이었다. 그러하기에 재산과 학벌, 가문 그 자체를 거부할 뚜렷한 이유는 존재하지 않는다. "농촌 사업은 정선이하고 하지. 정선이야말로 훌륭한 동지요, 동료가 될 수 있는 짝이 아닌가. 아아, 모든 문제는 해결되었다"15)는 식으로 자신의 선택을 합리화할 수 있는 문제였다. 따라서 허숭과 윤정선을 갈라서게 하는 궁극적인 원인은 성적 욕망이었던 것이다.

성적 욕망의 자유로운 전개와 실현은 무엇보다 그 열정이 무가치하게 탕진되고 만다는 인식과 쌍을 이룬다. 『상록수』의 채영신은 남녀 간의 육체적 교섭과 그것을 통해 맛보는 환희를 자연스러운 것이라고 인식하면서도, "연애를 하는데 소모되는 정력이나 결혼 생활을 하느라고, 또는 개인의 향락을 위해서 허비되는 시간을 왼통 우리 사업에다 바치고 싶어요. 난 내 몸 하나를 농촌 사업이나 계몽 운동에 아주 희생하려고 하나님께 맹세까지 한 몸이니까요"16)라고 하면서 남들과 같은 방식의 연애와 결혼을 거부한다. 말하자면 자신의 성적 욕망을 어떻게 처리하느냐의 문제는 한 개인의 삶이 사회와 국가·민족의 차원에서 얼마나 가치 있는가를 가늠하는 주요한 기준으로 인식된다. 이렇듯, 억제심 없는 성적 욕망의 추구는, 무분별한 물질적 욕망의 추구와 마찬가지로 극히 이기주의적이라는 인식은 단지 개인의 도덕성을 비판하는 데 머물지 않는다. 조선의 쇠퇴가 양반 계급의 계급적 이기욕과 가치판단의 전도에서 나왔다고 비판하는 허숭의 논리도 이러한 인식의 연장선상에서 가능

---

15) 위의 책, 37면.
16) 심훈, 『상록수』(『동아일보』, 1935.9.10~1936.2.15), 『한국문학전집』 13(박종화 외편), 삼성당, 1984, 70면.

한 것이었다. 『흙』에서 비판의 대상이 되는 양반계급만이 아니라, 『찔레꽃』에서 은행두취인 조만호, 『적도』에서 ××견직회사 사장이자 ××토목협회 회장, ××은행 두취인 박병일 즉 부르주아 계급도 개인의 안일과 향락을 자제심 없이 추구한다는 점에서 마찬가지의 비판이 가능하다. 또한 이와 비슷한 삶의 방식을 취하는 속물적 지식인과 범부들은 건전한 사회 발전에 결코 도움이 못 된다는 이유에서 비난받는다.

성적 욕망에 대한 억제, 즉 금욕이 개인을 사회와 국가, 민족의 일원의 일원으로 만든다는 논리는 확인될 수 없는 허위의 전체론이거나 파편적 경험의 일반화일 뿐이다. 하지만 여기서 1920년대 소설에서 다소는 선언적인 형태로만 제시되었던 성적 규범과 민족주의의 결합이 1930년대에 이르면 구체화되고 있음을 확인할 수 있다. 앞서 언급한 성적 욕망과 물질적 욕망을 뒤쫓는 인물군상의 행위와 태도가 세속적인 일상의 그것보다 파렴치하고 극화되어 있다. 속물들의 이러한 성격에 힘입어 뚜렷하게 부각되는 것은 금욕의 도덕성이다. 물질적 실제성을 갖춘 이해관계만으로 사회 속에서 자신의 입장을 견지할 수 없는 인간이 자기유지를 위해 내세울 수 있는 것이 도덕이기도 하지만, 이는 민족주의에 매개되어 정당화된다. 이들 작품에서 내세운 도덕성이 '순결' 내지 '정결'이었음을 상기할 필요가 있다. 성적 욕망의 문제에서 가장 높은 순도의 도덕성은 순결이다. 하지만 주로 여성들에게 부여되는 규범이기도 하다. 말하자면, 민족주의는 순결한 여성을 민족의 도덕적 순결성과 가치의 구현체로 이상화했다. 여성의 섹슈얼리티를 처녀성과 모성성으로 국한시킴으로써, 성별 역할의 분리와 성적 규범을 더욱 강화시키는 역할을 했다.[17] 이에 1930년대 이들 소설에 나타난 여성의 상태를 살펴

---

17) 이는 민족주의의 일반적 경향이기도 하다. 모스에 따르면, 19세기 초반 유럽의 민족주의는 자신의 고결한 목적을 제시하기 위해 순결하고 정숙한 여성 전형(stereotype)을 활용했으며, 그 과정에서 이상화된 여성 전형은 19세기 동안 사회 전계급에 침투했던 예의범절(respectability)이라는 부르주아적 이상을 강화시켰다. 게르마니아, 퀸 루이스 등 모든 민족적 지역적 여성 상징들은 여성을 여성의 장소(가정)에 고정시키고, 나아

보고자 한다.

2. 계몽의 도구로서의 여성과 금욕주의

염상섭의 『모단(牡丹)꽃 필 때』(1934)는 문자와 신성이라는 대조적 두 여성을 통해서, 여성의 사랑과 실연, 그리고 결혼문제를 다룬 작품이다. 이 작품에서 고교 동창생인 신성과 문자의 대조적인 성격과 삶의 방식은 일본인 화가 추수화백이 신성과 문자를 각각 모델로 삼아 그려 놓은 초상화를 통해서 가장 명징한 의미를 부여받게 된다. 문자의 초상화를 그린 후, 신성의 초상화를 그리고자 하는 추수화백의 의도는 다음과 같이 표명된다.

「한 말로 말하면 그 여자는 현대적이지 아메리캔이즘이란 말일세. 그러나 박상은 그 후의 사람 아메리캔이즘 뒤에 올 사람이지.」

「그러면 신세이상의 초상에는 제목을 〈그 후에 올 사람〉이라거나 〈아메리캔이즘 이후〉라고 붙이시면 좋겠지요.」

하고 삼포청년은 웃는다.

「그래서는 너무 그림 제목이 아니라 소설제목이 되지 않나 그림은 미적표현(美的表現)이 제일의(第一義)가 아닌가. 어쨌든 후미꼬상(문자)의 것은 모던이요 아메리캔이즘에다가 결혼 후의 젊은 여자의 기분을 나타내었지만 이번에는 아메리캔이즘 이후—다시말하며 아메리캔이즘에 세련이 되고 세례를 받고 거기에 지친 이후에 오는 오리엔탈리즘(동양주의)라고도 할만한 다음 시대의 여성이 표현될 것일세. 그것은 박상 자신의 소질이 그렇기도 하거니와

가 성별 사이의 차이, 정상과 비정상이라는 부르주아적 인식을 강화시키는 데 기여했다고 지적한다. George L. Mosse, *Nationalism and Sexuality : Middle-Class Morality and Sexual Norms in Modern Europe*, The University of Wisconsin Press, 1985, pp.90~99 참조.

그 처녀성이 충분히 그런 의사를 표현해 줄 것일세」[18]

　추수화백은 문자와 신성 두 여성의 성격의 대조는 '아메리카니즘 대 오리엔탈리즘'이라는 이데올로기 차원으로까지 고양시킨다. 식민지 조선의 소설에서 작중 일본인 화백의 입을 빌어 이러한 규정이 나왔다는 것 자체에 대해서도 의미망을 면밀하게 규명해야겠지만, 여기에서는 우선 아메리카니즘을 상징하는 문자와 오리엔탈리즘을 상징하는 신성의 성격에 초점을 맞추고자 한다. 먼저 문자를 모델로 삼은 그림의 제목이 "H부인의 초상"이고, 신성의 것은 "소녀"라는 점에 착안을 해 보자. "이름도 모를 홀란한 양장을 나는 잠자리 같이 원체 남들이 칭찬하는 그 맥끈한 몸매에 빈 틈 없이 입은" 문자의 초상화는 "행복과 생의 힘에 넘치는 아름다운 여성"을 표현한다. 반면에 양장이 아닌 조선옷으로 흰 저고리에 연보라 빛 치마를 입은 신성의 초상화는 소녀의 청초한 처녀성을 통해서 "문자에게서 발견할 수 없을 이상과 매력"을 표현했다. 말하자면 문자는 관능적인 풍요의 상징이라면, 신성은 순결한 처녀성의 상징이다. 초상화라는 예술작품에서 드러나는 심미적 가치 이상의 차이가 작품 내 두 여성의 삶의 방식에 내재해 있다. 문자는 이간질과 특유의 유혹을 통해 신성과 약혼한 진영식을 가로채 결혼을 하고, 남편이 있는 몸으로 댄스홀과 피서지를 전전하면서 일본인 삼포청년, 서양 남자와 부적절한 관계를 맺는가 하면 소비적이고 향락적인 생활을 한다. 아메리카니즘의 의미는 여기에서 분명해지는데, 아메리카니즘은 연애지상주의=(부르주아적) 개인주의=향락주의의 동의어였던 것이다. 특히 아메리카니즘은 부르주아적 향락과 쾌락을 의미하는 말로, 서구적 근대화의 부정성을 드러내는 말이었다.[19] 그런 반면 신성은 당당하고 능력

---

18) 염상섭, 『牡丹꽃 필 때』(『매일신보』, 1934.2.1~7.8), 『염상섭 전집』 6(권영민 외편), 민음사, 1987, 234면.
19) 전은정, 「일제하 '신여성' 담론에 관한 분석」, 서강대 석사논문, 1999, 46~48면 참조.

과 외모가 출중하지만, 자신의 의사표현을 직설적이고 대담하게 표현할 줄 모르는 처녀다운 내성적인 성격의 소유자로, 집안이 몰락하자 가난 속에서도 자신의 자긍심을 떨어뜨리지 않는 자기 발전의 독립심을 갖고 있다. 추수화백은 미술전람회에 출품하면서 "H부인의 초상"에는 500원, "소녀"에는 600원이라는 그림 값을 책정함으로써 순결한 처녀성에 더 높은 가치를 두고 있음을 분명히 한다. 비단 『모란꽃 필 때』에서만이 아니라, 1930년대 소설이 제시한 이상적 여성상에는 이러한 가치 지향이 뚜렷하다. 즉 1920년대 소설에서 이미 선보인 바 있는 허영심과 성적 욕망의 포로로 재현된 신여성과는 대조적인 여성상의 탄생이 이루어졌다.

　① 처녀성은 남성과의 접촉에 굴복하지 않는 존재로서의 여성성을 구축하는 것이다.[20] 지금 분석 대상에 오른 1930년대 소설에서 이상적 여성상은 처녀성의 보존을 통한 여성성의 구축과정을 통해서 형상화된다. 부연하자면, 그녀들이 처녀성을 위협하는 시련과 위기에 어떻게 저항하고 극복하는가, 또는 정복당해서 불결해진 상태에서 어떻게 자기 갱생을 도모하는가를 통해서 제시된다. 1930년대의 많은 장편소설들이 '여자의 일생'이라는 부제를 붙여도 좋을 만큼, 소설의 서사는 여성들의 수난에 대한 비극 혹은 극복의 로망스라고 해도 지나치지 않다.

　처녀성의 시련과 위기 상태는 어떤 여성에게나 주어질 수 있는 것이다. 그러나 특히 가난한 집안의 처녀에게는 시련과 위기의 상황이 더 쉽게 찾아오는 것으로 그려진다. 김말봉의 『찔레꽃』의 첫 장면은 안정순이 직장을 구하다 낙망하는 장면이 제시된다. 밀양 한실 유치원의 교사였던 정순은 유치원이 폐쇄되자 곧바로 직업을 다시 구해야 하는 처지였다. 정순의 가족이 하루 세끼의 밥을 굶게 된 상황에 놓여 있을 뿐만

---

20) Nathalie Heinich, 시민원 역, 『여성의 상태 *Etats de femme*』(Editions Gallimard, 1996), 동문선, 1999, 31면 참조.

아니라 ○○정신병원에 입원해 있는 아버지 안초시의 밀린 치료비를 완납하지 못하면 병든 아버지가 강제 퇴원당할 날이 임박해 왔기 때문이다. 실의에 빠져 있던 안정순은 ○○고등학교 교장의 주선으로 은행 두 취인 조만호, 즉 부르주아 가정의 어린 자녀들을 돌보아주는 가정교사가 된다. 이 상황을 접하게 된 정순의 연인 민수의 마음이 "어린 양(羊)을 이리떼 속에 들여 보내는 목자(牧者)와 같이 가슴 한 구석이 어두워"진다. 왜냐하면 민수가 생각하는 부르주아의 가정이란 그리 안전한 성벽일 수 없었던 것이다. 이를 증명이나 하듯이 "정순의 호리호리하고 탄력 있는 뒷맵시를 물끄러미 바라보고 섰던 조만호씨는 무엇 때문인지 후우 한숨을 내 쉰다. 잘 익은 과일을 보는 때처럼 그의 눈에서는 어떤 애욕의 횃불이 여름 밤의 인광(燐光)과 같이 흩어졌다."21) 즉 조만호라는 부르주아의 가정은 정순의 처녀성의 시련과 위기의 무대였던 것이다.

> 수림이 우거지고 키보다 높은 담장이 둘러 싸인 문자 그대로의 고대 광실이다. 실로 만인이 우러러 보는 행복의 전당(殿堂)임에 틀림이 없다.
> 그러나 고양이털 같이 보드러운 말로 사람을 낚아다가 함부로 사람의 영혼을 할켜주는 고양이 발톱이 숨어 있는 이 집은 황금으로 만들어진 지옥 같이 정순에겐 지긋지긋 무서운 생각이 드는 것이다.22)

정순은 병들고 히스테리에 걸린 조만호의 아내로부터 조만호와 불민한 관계를 맺었다는 모욕스러운 의심을 받는다. 정순의 처녀성은 이렇듯 조만호에게서는 정복의 대상이 되고, 그의 아내에게서는 의심의 대상이 된다. 약혼한 사람이 있다는 사실은 정순을 이러한 처녀성의 위협으로부터 사회적 협약의 보호막이 어느 정도 되어줄 수는 있지만, 토지가 조만호의 은행에 저당 잡혀 가계가 파산의 지경에 이른 이민수를 돕기 위해 정순은 임시방편 상 조만호에게 민수를 외사촌 오라비라고 속

---

21) 김말봉, 『찔레꽃』(『조선일보』, 1937.3.31~10.3), 문학출판사, 1984, 17~18면.
22) 위의 책, 127면.

였기 때문에, 이민수와 자신의 약혼 사실을 발설할 수 없는 상황에 빠진다. 더구나 조만호의 딸 조경애와 아들 조경구가 각각 민수와 정순을 사랑하게 되면서, 민수와 정순은 서로가 사랑을 저버리고 돈을 선택했다는 오해를 하게 되는 지경에 이른다. 또한 부인이 죽은 후 조만호는 침모 박씨를 통해 정순에게 청혼을 하게 되는데, 침모 박씨의 악랄한 간계로 정순이는 조만호에게 이미 여러 차례 몸을 허락한 사이가 된 것으로 오해받게 되어, 민수는 물론 경구와 경애에게 경멸의 대상이 된다. 이러한 오해는 끔찍한 사건을 통해서 해소된다. 순정적인 연인인 최근호를 버리고 조만호의 본처를 꿈꾸었던 기생 옥란이 자신의 계획이 수포로 돌아가자 몰래 조만호의 침실 벽장에 숨어들어 조만호를 살해하려 한다. 그 사건에 의해, 조만호가 지금껏 정순으로 알고 성관계를 맺어오던 여자는 침모 박씨의 간계 아래 정순을 가장한 박씨의 딸 영자임이 탄로난다. 이로써 정순은 오해와 의혹에 휩싸였던 처녀성의 결백을 증명하게 된다. 결국 『찔레꽃』에서 정순만이 순수성을 보존한 존재가 되는데, 조만호와 정순의 관계를 오해한 민수는 이에 대한 복수의 일환으로 자신을 사모한 경애와 약혼을 했기 때문이다. 모든 복잡한 관계와 사건에 대한 최종 판관의 지위는 정순에게 주어진다.

처녀성의 정복과 온존의 서사를 극명하게 드러내는 작품은 이효석의 『화분』이다. 『화분』은 정복당한 처녀성이 어떻게 갱생되어 유지되는가의 사례를 보여준다. 성적 욕망으로부터의 결별을 통해 처녀성의 성격을 드러낸다는 점에서 주목할 만하다. 권정호는 『화분』에는 동성애적 관계를 포함하여 삼각관계가 무려 여덟 개나 나타나고 있음을 보여주면서, 그 만큼 복잡한 구조 분석을 시도했다.[23] 『화분』에 나오는 현마와 단주의 동성애 관계는 잠시 제쳐두고, 남녀관계를 중심으로 생각해 보자면 단주·현마·영훈 모두 미란을 향하고 있음은 쉽게 드러난다. 그

---

23) 권정호, 「이효석 소설 연구─구조 분석을 중심으로」, 성균관대 박사논문, 1989, 141
　　~152면 참조.

렇다면 왜 미란인가를 물어야 할 것이다.

> 지금도 옥녀는 한가한 틈을 타서 잠간 부엌 일을 멈추고 철벅거리는 미란의 자태를 창밖에 서서 물끄러미 들여다보면서 그 고운 살결을 탐내고 있는 것이다. 보얗게 서리운 안개 속에 움직이는 처녀의 자태는 배춧단같이 멀쑥하면서도 물고기같이 퍼들퍼들하다. 봉곳한 팔이며 앵도알 같은 젖꼬지가 그래도 보기는 아까운, 뒤어들어가서 만져라도 보고 싶은 것이다. 자기가 만약 사내라면 그 흰 다리를 독수리같이 물어뜯고야 말 걸, 망간 북새들을 친 찔레나무 아래 밤이 마음있던 짐승이라면 그 고운 팔다리를 그대로 두지는 않았을 것을 생각하면서 아무리 들여다보아도 귀중한 보물같이 싫어지지 않는다.[24]

프로이드는 「성욕에 관한 세 편의 에세이」에서 "'아름답다'는 개념이 성적 흥분에 뿌리를 두고 있으며, 그 본원적인 의미가 '성적으로 자극적인'이었다는 데는 의심의 여지가 없다"[25]고 쓰고 있다. 위의 인용문은 옥녀의 시선으로 훔쳐 본 미란의 목욕 장면이다. 이 장면에서 미란의 '아름다움'은 분명 성적인 차원의 그것이다. 옥녀가 "자기가 만약 사내라면'" 그리고 "짐승이라면"이라는 가정법에 의해 진술하고 있듯이 같은 여자가 생각해도 미란의 몸은 남성의 성적 욕구를 자극하게 충분히 아름답고 매혹적임을 보여준다. 이 점에서 옥녀의 시선이 실상 남성의 시선[26]이라는 점은 수긍할 수 있는 견해이다. 그런데 미란의 아름다움은 이제 막 성숙한 '처녀'라는 사정에 의해 더욱 증폭된다. 목욕 장면도 그렇거니와 『화분』의 첫 부분은 미란의 '처녀성'을 드러내는 데 할애된다.

여학교를 졸업하고 아이의 티를 벗어낸 동생 미란에 대한 세란의 시선과 감회를 보자면, 세란은 미란의 몸에서 그 자체로서의 성숙을 발견

---

24) 이효석, 「화분」, 『이효석 전집』 8, 창미사, 1983, 77~78면.
25) Sigmund Freud, 김정일 역, 「성욕에 관한 세 편의 에세이」, 『프로이드 전집』, 열린책들, 1998, 264면.
26) 최익현, 「이효석의 미적 자의식에 관한 연구」, 중앙대 박사논문, 1998, 160면.

하기보다는, 성징(性徵)을 발견한다. 이는 "아깝다. 이 고운 몸을 날도적한테 뺏길 생각을 하면"이라든가 "무르녹은 봉오리가 하룻밤 비에 활짝 피어버린다는 게 슬픈 일이란다"라는 세란의 말에서도 드러나는데, 세란은 처녀의 몸에 예정된 운명에 대해서 말하고 있는 것이다. 이 밖에도 '푸른 집'의 수풀이 우거진 뜰 안에서 뱀에 물릴 뻔한 사건과 미란의 월경 혈이 욕조 안을 붉게 물들인 사건, 그리고 이 사건을 세란이 떠들어대자 집을 나간 미란과 뒤쫓아 나온 단주가 함께 본 영화가 아담과 이브의 운명을 그린 〈실낙원〉이라는 것 모두 『화분』의 첫 부분에 배치되어 미란의 '처녀성'과 그 운명을 중심으로 서사가 전개될 것임을 예고한다.

미란의 처녀성은 순결하기에 정복의 대상이 되기도 하지만 순결하기에 경외의 대상이 되기도 하는 것이다. 동경에서 미란과 보내는 나날들 동안 미란을 정복하고자 호시탐탐 기회를 노리지만 그럴 수 없었던 현마는 거리의 창녀와 밤을 보낸 다음날, 피아노를 사주는 대가로 미란의 입술을 완력으로 덮친다. 그런 후에 현마에게 드는 감정이란, "간밤의 숨은 행동을 생각하고 더럽혀진 자기의 몸과 순결한 미란의 몸을 대조하게 될 때 누추한 자격으로 신성한 것을 겨누고 범한 듯 부끄러웠다"[27]는 식이다. 첩의 동생도 처제인지라 세란과의 관계를 생각하자면, 현마의 행동은 근친상간의 금기를 깨뜨리고자 한 것이고 죄책감을 느끼자면 응당 그에 대한 것이어야 하겠지만, 현마의 자괴감은 미란의 처녀성을 내면화한 데서 비롯된다. 미란은 정복하고 싶지만 정복하기 어려운 존재인 것이다. 이는 단주와의 관계를 통해서 그 성격이 부조되고 있는 세란과 옥녀를 미란과 비교해 보자면 미란의 '처녀성'의 정체란 무엇인지가 더욱 분명해진다.

세란은 현마와 미란이 동경에 간 사이 단주를 자신의 침실로 유인하

---

27) 『이효석 전집』 8, 138면.

고, 음화(淫畵)를 보여주는 등 대담한 유혹을 통해 단주를 성적 유희의 제물로 삼는 요부로 등장한다. 한편 현마와 세란, 미란 등 주인네들이 피서를 떠나 '푸른 집'을 비운 사이 단주는 옥녀를 유혹해 성 관계를 맺지만 나중에는 옥녀가 오히려 단주와의 성적 탐닉을 주도하는 변신을 보인다.

> 단주는 몸을 던지면서 말 이상의 설명을 몸으로 하는 수밖에 없었다. 옥녀를 한층 부채질해 주는 결과가 되어서 찰거머리같이 엉겨들게 될 때 단주는 자기가 시작한 그 열정의 도가니 속에서 도리어 숨이 막히고 기가 지쳐서 낙지다리같이 휘줄그레해지고는 말았다. 세란과의 때와도 흡사했다. 저편에서 걸어 오는 열정이 처음에는 단술이어서 마시기 시작한 것이 차차 진해지면서 모르는 결에 흠뻑 취해 와서 기진맥진한 끝에 혼몽상태에 이르게 되는—그런 눅진한 열정을 욕심스럽게 요구하는 점에서 옥녀는 세란과 흡사했다. 조그만 몸속 어느 구석에 그런 무진장의 열정이 숨어 있나를 의심하면서 단주는 까빡 취해버리고야 말았다. 탁하고 혼몽한 속에서는 한 모금의 찬물을 원하게 되듯 단주에게는 으레히 한 줄기의 깨끗하고 맑은 것—미란을 생각하게 되는 것이 버릇이었다. 세란과의 때에도 번번이 미란의 자태가 날카롭게 솟던 것이 옥녀와의 불더미 속에서도 역시 미란의 초초한 환영이—그만이 세상에서 귀하고 신성한 것인 듯 눈부시게 떠오르는 것이다.[28]

즉, 단주에게 이 두 명의 여인은 결국 멈출 수 없는 성적 욕망에 달뜬 화신이자, 그 정염 속에 휩싸이다 보면 "문득 독약냄새를 맡은 착각"이 생길 정도로 자신을 파멸의 구렁텅이에 빠뜨리는 요부일 뿐이다. 이들 요부들과 비교할 때 강조된 부분에서 보듯이 미란은 순결한 처녀지로 표상된다. 특히 이미 단주가 단주의 아파트로 미란이 문병을 온 날 미란의 처녀성을 정복했음에도 불구하고 미란은 여전히 "깨끗하고 맑은" 표상으로 지속된다는 점을 염두에 두어야 한다. 말하자면 미란의 처녀

---

28) 위의 책, 230면.

성이란 육체의 것이면서도 육체 이상의 것임을 의미한다. 우선, 세 여성 중 오직 미란만이 '자의식'을 가진 존재로 부각되고 있다는 점은 그래서 중요하다.

> 딴은 어둠 속에 솟아 있는 단주의 자태를 미란은 오늘 그 어느 때보다도 아름다운 것으로 보았다. 어둠 속에 솟아 있는 하아얀 초상―고전의 명화 속에 그런 그림이 있었던 듯이, 있을 듯이 짐작된다. 얼굴의 잔 선들은 말살해버리고 윤곽만을 드러내고 그 윤곽 속에 이목구비를 짐작케 하는 어둠의 수법이 놀라운 것이었다. 약한 것이 약하므로 말미암아 아름답게 보이는 때가 있다. 강한 것이 아니고 영웅이 아니고 천재가 아니고 약하고 병들어 있는 까닭에 아름다운 것―그날의 단주의 자태는 그런 것이었다. 아름다운 것에 대해서 사람은 이치도 연유도 없이 무턱대고 머리를 숙이고 항복해야 한다. 아름다운 것의 절대적인 특권인 것이다. 미란은 그날 저녁 오래간만에 단주의 모양에 정신을 뽑히웠다. 반성을 허락하지 않는 순간의 감정인지 모르나 그 순간의 감정이 절대적인 것이었다.[29]

> 그 죄에는 벌이 있을 듯―자연의 계시를 기다리지 않고 마음대로 임의의 시간에 계율을 어긴 데 대해서 천벌이 있을 듯도 한 생각이 났다. 이런 복잡한 뉘우침과 반성은 곧 단주에게 대한 염증으로 변했다 (…중략…) 그 결과는 미란을 몰아다가 한갓 예술의 길로 향하게 했다. 정진에 대한 자각이 굳어지고 영훈에게 대한 존경이 극진해 갔다.[30]

첫 번째 인용문에서 보듯이 단주와의 육체적 교섭을 맺게 된 미란의 내적 동기는 성적 욕망 자체로만 해석할 수 없는 성질의 것이다. 미란에게는 아파 누워 있는 단주가 아파트 내부의 빛과 어둠의 연출 속에서 "고전의 명화"처럼 병적 아름다움을 지닌 예술작품으로 다가온다. 그러하기에 단주와의 육체적 교섭은 '아름다운 것'에 대한 항복이지, 성적

---

29) 위의 책, 170면.
30) 위의 책, 173~174면.

욕망에의 굴복이 아니라고 생각한다. 하지만 그로 인한 쾌락이란 인공물인 예술작품이 주는 쾌락과는 다른 육체의 쾌락이기 때문에 미란은 여기에 대해 후회를 한다. "한꺼번에 세상을 알아버리고 복잡한 우주의 신비를 잡아버리고 아까까지의 세상을 하직하고 새로운 세상에 들어선 듯―복잡한 감동"31)을 느꼈음에도 불구하고, 미란의 전도(前途)는 성적 탐닉이 아니라 '예술'과 예술가 영훈에 대한 존경이다.

앞에서도 언급했지만, 처녀성은 그것이 개인에게 있어 공존하는 중요한 것이 될 때부터 남성에게서 분리된 자격으로서, 즉 남성과의 접촉에 굴복하지 않는 존재로서의 여성성을 구축하는 것이다. 예술과 영훈에 대한 정신적 사랑이 단주와의 성교로 더럽혀진 육체의 처녀성을 갱생시키는 매개가 되고 있다는 것, 그리고 영훈에게 헌신적인 사랑을 보냈던 순결한 처녀 가야의 죽음이라는 희생을 통해 최종의 정화의식을 치른다는 것은 별도로 살펴봐야겠지만, 미란의 이 같은 처녀성은 단주에게는 결국 그에 대한 미란의 '마음의 굴복'이라는 과제로 제시된다는 사실은 처녀성이 놓인 좌표가 무엇인지를 보여준다.

한편 미란의 처녀성이라는 상태는 '비밀'에 부쳐지고 있기 때문에 지속되는 상태이다. 단주와 미란의 관계, 현마와 미란의 관계는 그 전모는 각각의 두 사람들만 알고 있는 비밀의 서사로 남게 된다. 즉 단주는 현마와 미란의 관계를 모르고 있으며, 현마는 단주와 미란의 관계를 모른다. 영훈 또한 단주를 통해 '푸른 집' 남자들과 미란과의 비밀을 눈치채지만, 미란을 통해 사실을 확인하지는 않는다. 우선 『화분』의 서사는 이 비밀유지에 의해 전개되고 있다고 해도 과언이 아니다. 단주와 미란의 관계가 애초에 공공연하게 발설되었다면, 현마가 지속적으로 미란을 정복의 대상으로 삼지도 않았을 것이기 때문이다. 이렇게 서로가 서로의 관계를 모르고, 비밀을 지키는 상황 속에서 미란은 '처녀'로 남게 된

---

31) 위의 책, 173면.

다. 미란 자신이 그 사실을 결코 발설하기 않는다는 것 또한 중요하다. 예컨대 그 이유는 자신이 처녀가 아니라는 사실을 신혼 첫날밤 신랑에게 고백하여 비극의 운명을 맞는 토마스 하디의 『더버빌가의 테스』(1891)에서 테스의 운명과 비극만 참조해도 충분하다. 『화분』의 대단원이 합법적인 부부인 죽석 부부의 행복론과 구라파로 떠나는 미란과 영훈에 대한 축복으로 짜여 있다는 사실은 이와 무관하지 않다. 즉 미란의 처녀성의 파란만장한 항해가 닻을 내리는 지점은 바로 합법적인 결혼, 다른 말로 성에 대한 배타적 독점계약이며, 이를 가능하게 하는 전제야말로 '처녀성'이기 때문이다.

　② 김말봉의 『찔레꽃』과 이효석의 『화분』은 미혼 여성의 '처녀성'이 어떤 시련과 위협에 처할 수 있는가를 보여준다. 『찔레꽃』의 정순의 시련은 가난한 연인들에게 닥칠 수 있는 낭만적 사랑의 좌절은, 성과 돈의 교환 가능성에서 비롯될 수 있다는 것을 보여주며, 『화분』은 늘 닥쳐오는 남성의 유혹 속에서 처녀가 더 고귀한 사랑과 이상의 실현을 위해서 자신의 성적 욕망을 절제해야 함을 제시한다. 그러나 다행스럽게 합법적 결혼에 정박했다고 하더라도, 그 결혼 자체가 소망스럽지 못하다면 항상 '정숙한 신부'에 머무를 수 없는 위기에 처하게 된다. 그 대표적인 예는 『탁류』의 초봉과 『흙』의 정선이다.

　『탁류』에서 초봉과 고태수의 결혼 자체가 초봉의 희생의 원리에 의해 가능했다는 사실 자체가 초봉의 불행을 암시한다. 고태수의 거짓 정체—전문학교 출신에다 부잣집 과부의 아들이며 경험 삼아 은행직원을 하고 있다—는 고태수가 죽고 나서야 밝혀신다. 하지만 고태수의 거짓 정체를 사실로 받아들였던 초봉의 부모는 표면상으로는 딸의 행복을 위한다는 명분을 내세웠지만 실상은 가족 전체의 생계 방편을 도모하기 위해 딸을 고태수와 결혼시키려 한다. 이러한 이면의 의도에 초봉은 물론 그녀를 사모해 오던 남승재조차도 승복하게 된다. 이 결혼에

대해 내심 못마땅하고 분노했지만 승재는 결국 "초봉이는 불쌍한 부모
와 동기간을 위하여, 제 한몸이나 제 사랑을 희생시키는 것이라서, 그
혼이 거룩하고 그 심정이 감격했던 것이다."32)

> 종시 말이 없고 눈을 치떠 허공을 보는 승재의 얼굴은 차차로 황홀해간다.
> 그는 시방 눈앞에 자비스런 초봉이가 한가운데 천사의 차림으로 우렷이 나타
> 나 있고, 그 좌우와 등 뒤로는 그의 가권들의 가엾은 얼굴들이 초봉이의 후광
> (後光)을 받아 겨우 희미하게 안식을 얻고 있는 그런 성화(聖畵)의 한폭이 보
> 이던 것이다.33)

이렇게 신성화되기까지 하는 희생의 원리에는 교환의 원리가 내포되
어 있으며, 교환의 원리에 초봉은 계속해서 내몰리게 된다. 더욱이 고
태수가 죽은 후 과부가 된 초봉이의 처지는 이미 형보의 강간에 의해
정조가 더렵혀진 상황이었으며, 그녀를 보호해 줄 합법적 남편도 존재
하지 않는 상황이었다. 이 상태가 무엇을 의미하는가는 바로 증명된다.
"미혼 처녀에게 대한 중년 남자다운 조심성" 때문에 초봉이에 대한 성
적 욕망을 행동으로 옮기지 못했던 박제호는 과부가 된 초봉을 "이미
헌계집," "그리고 임자 없는 계집"으로 인식하고 자신의 욕망을 곧바로
행동에 옮긴 것이다. "인생의 첫걸음에 실패한 것으로 부지중 자긍을
잃고 자포자기가 된" 초봉은 박제호의 첩살이라는 운명에 굴복한다. 게
다가 제호가 제안한 "생활의 설계"도 만족스러웠기 때문이다. 초봉은
아득했던 자신의 앞날을 생각해 보니 거부할 이유가 없었고, 동생 계봉
과 형주의 장래 교육까지 제호가 책임질 것을 약속 받아 제호의 첩 노
릇을 한다. 이렇게 결혼한 지 한 달 보름이 안 되는 동안 세 사람의 남
자와 성 관계를 맺은 초봉에게 닥친 가장 현실적이고도 상징적인 결과
는, 아버지가 누구인지를 분간할 수 없는 "모듬쇠 자식"을 잉태하고 출

---

32) 『채만식 전집』 2, 184면.
33) 위의 책, 184면.

산한다는 사실이다. 이는 장형보가 제호에게 초봉에 대한 우선적인 소유권을 주장할 수 있는 결정적 근거가 되었다. 아버지의 정체를 따진다는 점에서 "모듬쇠 자식"이라는 명명 자체가 부계계승주의에 기초한 것이다. 부계계승주의에서 어머니의 지위는 자녀에 대한 직접적인 모성이라기보다는 아버지와의 혼인관계 및 성관계에 의해 보장된다는 제도적 논리와 잘 부합된다.[34] 따라서 초봉이의 송희에 대한 모성애는 대단했지만, 아이의 아버지가 불분명한 상태에서 초봉의 어머니로서의 지위는 불안하고 불완전한 것일 수밖에 없었다. 그녀만을 꼭 빼어 닮은 딸 송희에 대한 초봉의 모성애적 애착이 깊어지자 제호는 이렇게 생각한다. "초봉이란 간색만 좋았지, 애무(愛撫)의 취미에 있어서 사십 된 중년 남자의 무르익은 흥취를 만족시켜주기에 쓸모가 없는 계집이고 말았다." 즉 제호가 초봉에 대한 권리를 쉽게 포기하고 형보에게 양도하게끔 한 더욱 결정적인 원인은 '모슴쇠 자식'의 출산에 있었던 것이다. 초봉이 동생 계봉과의 대화에서 토로하듯이 "요컨대 여자란 것은 정조가 생명과 같이 소중하고 그러니까 한번 정조를 더럽히기 시작하며는 그 여자는 버려진 인생이라고, 쓰디쓴 제 체험으로부터 우러난 소리를"[35] 한다.

『흙』의 정선은 정숙한 부인이 되기는 어려울 정도로 과도한 성적 욕망을 갖고 있다. 정선은 허숭이 자신의 가치관에서 벗어난 인물임에도 불구하고 "아버지의 명령에 복종할 것이라는 조선의 딸의 전통적 생각

---

34) 양현아, 「한국가족법에서 어머니는 어디에 있(었)나」, 『모성의 담론과 현실』(심영희·정진성·윤정로 편), 나남출판, 1999, 131면 참조. 양형아의 글은 1957년 제정된 이래 1989년까지 세 차례 개정된 한국의 가정법에서 모성의 지위가 어떻게 규정되어 왔는지에 대한 것이다. 하지만 부계계승주의는 법으로 제도화된 것이기 이전에 가부장적 이데올로기의 핵심을 이루는 것이었다는 점에서 이 경우에도 이해맥락을 공유하고 있다고 판단된다. 더욱이 해방 후 남한의 가족법이 일제의 시각과 필요에 의해서 구성된 식민지조선의 "관습법"에 의존하고 있었다. 이에 관련해서는, 양현아, 「한국적 정체성의 어두운 기반」, 『창작과비평』 109호, 1999년 겨울 참조

35) 『채만식 전집』 2, 388면.

을 가졌으므로" 혼사를 받아들이고 허숭을 사랑하려고 애쓰고 그의 장점을 종합해 본다.

숭의 건강, 도저히 서울 양반 계급에서는 찾아 볼 수 없는, 차라리 야만적이라고 할 만한 건강, 그의 남성적인 행도, 힘있게 다문 입, 보기에는 좀 흉하지마는 억센 손, 어깨, 가슴통, 그의 재주, 그의 아첨하는 빛 없는 솔직할 표정과 음성, 여자에 대하여 심히 범연한 듯한 것, 그의 거무스름한 살빛, 좀 과히 많은 듯한 눈썹, 두툼한 입술, 얼른 보기에는 둔하다고 할 만하도록 체격과 태도가 무거운 것, 이런 것들을 종합하여 정선을 숭을 남성적이요, 영웅적인 남편을 만들었다.36)

즉 정선은 허숭을 남성성의 완벽한 표상으로 허숭을 생각했던 것인데, 대체로 육체의 골격과 외모 등에서 추출해낸 남성성의 특징은 특히 여성에게는 성적 복종을 포함한 남성적 권위를 의미한다. 그러나 정선의 과도한 성적 욕망에 대한 허숭의 인식은 다른 것이었음은 이미 살펴보았다. 허숭이 살여울로 내려간 뒤, 정선은 김갑진의 성적 유혹에 무방비했으며 자신이 김갑진의 아이까지 임신까지 한 상태에 있음을 알았을 때는 이미 절망적인 상태였다. 왜냐하면 허숭은 갑진과 정선이 함께 자동차를 타고 오류장을 향해 가는 것을 목격했으며, 유부녀의 정부로서 일말의 조심성도 없는 갑진이 그날의 사연을 담아 보낸 편지가 허숭에게 먼저 발각되었기 때문이다. 정선은 한없는 남편의 사랑이 자신을 구원해 줄 것을 기대하지만, 허숭은 먼저 정선이 참회의 고백을 할 것을 기대한다. 끝끝내 정선의 고백을 듣지 못한 허숭은 이혼서류를 챙겨 정선에게 이혼할 것을 통고한다. 정선은 이제 "하나님 나는 어디로 가요?"라는 가망 없는 상황에 닥쳐서 기차 투신자살을 기도한다.

『탁류』의 초봉과 『흙』의 정선은 각각의 사연은 다르지만 결혼한 여

---

36) 『이광수 전집』 3, 46면.

자가 '정숙한 신부'로 남지 못할 때 야기되는 파탄이란 얼마나 끔찍한 것인가를 보여준다. 그러한 파탄이 사회적 의미에서 정조를 지키지 못한 여성에게 대한 정죄라는 것은 두 말할 것도 없다. 그녀들의 삶의 편력이 성적 욕망에 의지해서만 여성을 취하는 또 다른 남성성의 화신들에 의한 개입에 의해 가능했음에도 불구하고, 가장 잔혹한 대가를 치러야 한다는 것은, 정조와 순결이라는 것이 실상은 여성에게 강제된 규율이자 덕목임을 다시 한 번 확인해 준다. 물론 막다른 삶의 국면에 처한 그녀들에게 구원의 기회는 남아 있는데, 그것 자체가 남성의 영웅적이기 조차 한 도덕적 권위에 근거한 것이었다. 초봉은 자신의 앞날을 돌보아주겠다는 승재의 "명일의 언약"에 의지해서 장형보를 살인한 대가의 벌을 달게 받고 나오기로 한다. 기차에 투신해 한 쪽 다리를 잃은 정선은 김갑진의 아이를 낳게 되는데, 허숭의 관용과 용서에 힘입어 정선은 유정근의 모함에 의해 수감되어 있는 허숭을 대신해서 살여울을 묵묵히 지키는 삶을 살아간다.

③ '여자의 일생'이라는 서사로 읽어본 위의 작품들에서, 끝끝내 처녀성을 간직한 처녀와 아이들을 보살피고 남편을 내조하고 현모양처로서의 삶, 그러니까 여성으로서의 성적 매력이나 성적 욕망이 배제된 삶만이 그녀들에게 명예로운 가족 구성원내지 사회 구성원이 될 수 있는 가능성의 무대로 남아 있다는 사실을 유추할 수 있었다. 특히 현모양처로서의 삶에 대해서는 좀 더 자세히 살펴볼 필요가 있다. 왜냐하면 사랑의 인간적인 극치라고 할 수 있는 모성애가 제기되는 곳이기 때문이다. 가령 남편에게 더 이상 여성으로서의 매력을 발휘하지 못하고 남편의 정부를 늘 의식하면서 히스테리를 앓고 있는 여성들은 염상섭의 『삼대』의 조덕기의 어머니, 『삼대』의 후속편이랄 수 있는 『무화과(無花果)』(1931~32)의 이인영의 어머니에게서 그 뚜렷한 성격을 부여받은 바 있으며, 『찔레꽃』의 조만호의 부인 김씨, 이광수의 『사랑』(1938)의 옥남 등도

여기에 해당한다. 이 여성들은 소설에서 결코 주도적인 인물이 아니며 동정을 자아내는 신산스러운 삶을 살지만 적어도 끝까지 자식의 안녕을 염려하는 어머니로 죽음으로써 최후의 명예를 지킨다.

『찔레꽃』에서 가정교사를 수시로 바꿀 정도로 의부증에, 또 병석에서 떨쳐 날 수 없었던 조만호의 부인 김씨는 임종이 나가오자 남편 조만호에게는 아이들을 잘 거두어 돌보아 줄 수 있는 정순과 같은 여성을 후처로 받아들일 것, 딸 경애에게는 결혼을 하려거든 경애를 구해 준 민수와 할 것을 유언으로 남긴다. 『사랑』의 옥남은 현모양처의 미덕을 완벽하게 발휘한 헌신적인 여성으로 등장한다. "안빈이가 삼년이나 병을 앓는 동안, 또 안빈이 칠년이나 의학 공부를 하는 동안, 그 부인 천옥남이가 학교 교원 생활과 이 재봉틀로 살림을 하여 갔다는 것이다. 달달달 울리는 재봉틀 소리가 남편의 앓는 신경을 자극할 것이 두려워서 동네 아는 집에 재봉틀을 갖다가 놓고 밤이면 삯일을 하였다는 것이다."37) 병들어 자신의 생이 얼마 남지 않았다는 것을 안 옥남은 한때 순옥에 대한 질투의 마음도 없지 않았으나 이 자연스런 질투의 감정도 극복하고, 자신이 죽고 나면 안빈과 결혼하고 아이들을 거두어 달라는 부탁을 순옥에게 유언으로 남긴다.

질투의 감정까지 희생하는 이들 여인의 미덕은 모성애이다. 이들이 최후까지 가족의 안녕을 염려하며 자신을 대신할 아내이자 어머니로 추천하는 여성들이 『찔레꽃』의 안정순이나 『사랑』의 석순옥이나 모두 정결한 '처녀성'의 소유자라는 점을 주목해야 한다. 병들어 죽으면서 어머니의 명예를 간직한 이 여인들을 내세워 지향하고자 하는 가치가 무엇인지가 명쾌해지기 때문이다. '처녀성'만이 '모성성'으로 이동하는 정당한 자격을 획득할 수 있음이 여기에서 뚜렷하게 드러난다. 또한 '처녀성'이 남성에게 굴복당하지 않는 분리된 자격으로서의 정체성이라는

---

37) 이광수, 『사랑』(1938, 박문관), 『이광수 전집』 6, 22면.

점에서 성적 욕망의 억압을 요체로 하듯이, '모성성' 또한 여성 자신의 성적 욕망으로부터의 소외를 각인하고 있다. 이러한 처녀성과 모성성의 강고한 결합에 의해, 1930년대 계몽주의 소설들의 새로운 여성상이 구성된다. 여성의 섹슈얼리티는 은폐되거나 배제되고 단지 국가와 국민을 돌보는 여신과 같은 존재가 이상형으로 부각되었던 것이다.[38] 이 여성상은 남성들의 강력한 도덕성에 기초한 가부장적 질서에 국한된 성 역할을 부여받는다는 점에서 계몽의 주체라기보다는 도구적 역할을 담당한다. 이러한 문학의 양상은, 1930년대 후반에 들어오면서 모성이 민족의 발전에 주는 영향력이 긍정적으로 인식되었으며, 모성애가 애국심과 연결되어 표현되는 경우가 많아졌다는 사실과도 무관하지 않다. 나아가 이러한 경향이 식민지 여성교육정책에서 현모양처 사상이 황국신민을 형성하기 위한 목적으로 적용되었다는 것과도 전적으로 배치되지 않는다는 점에서 문제성을 내포한다.[39]

신여성에 대한 인식에 대해서는 이미 앞에서 살펴본 바 있지만, 1930년대 소설에서 이상화된 여성의 성격 또한 이들 신여성과의 대비를 통해서 주조되었다. 심훈의 『상록수』에서 채영신의 형상은 작품 초반부 백현경과 대조되면서 부각된다. 작중 백현경은 조선 사회에서 유명한 여자인데, "말썽 많던 그의 과거로부터 최근에 세계 일주를 하고 돌아와서, 또다시 개인문제로 크나큰 이야깃거리를 제공하였고 한편으로는 농촌 사업을 한다고 강연도 저술도"[40] 한 여성이다. 구체적인 정보는 제공되지 않았지만, 백현경이 유명한 것은 그녀의 사회적 활동뿐만 아니라 연애와 결혼 등과 관련된 사생활의 스캔들 때문임을 짐작할 수 있다. 박동혁은 이 여성의 징체에 대해 의혹의 눈길을 보낸다. 농촌계몽운

---

38) 신영숙, 「일제 시기 여성사 연구에 있어 민족과 여성 문제」, 『여성, 역사와 현재』(박용옥 편저), 국학자료원, 2001, 258면.

39) 가와모토 아야, 「한국과 일본의 현모양처 사상」, 『모성의 담론과 현실』(심영희·정진성·윤정로 편), 나남출판, 1999 참조.

40) 심훈, 앞의 책, 15면.

동에 대한 회합을 하러 찾아간 백현경의 저택은 박동혁이 보기에는 독
신 여성의 것이기에는 너무나 호화로운 문화주택이었으며 얼핏 들여다
본 백현경의 침실은 "기생방이면 저만큼이나 차려 놨을까?" 싶을 정도
였다. 사치스러움은 의심스러운 사생활과 연관되어 있으리라고 추정될
수 있다. 유성기에서 나오는 교향악을 들으면서 양식(洋食)을 먹으며 떠
들어대는 농촌계몽운동이란 박동혁에게는 그 진정성 자체가 의심스러
운 것이었다. 그 의심 자체는 백혁경의 생활 방식에서 비롯된 것이었다.
채영신은 백현경에게서 감화 받은 여학생이었으나, 이 모임에서 백현경
에 대한 박동혁의 비판을 계기로 그녀의 그늘에서 벗어나게 된다. 채영
신은 안락한 삶이 보장된 약혼자와 파혼하고, 박동혁과의 결혼도 미룬
채 청석골에서 계몽운동에 헌신하다 병에 걸려 죽는다. 채영신의 임종
에 즈음해 교인들이 예배당에 모여서 밤늦도록 드리는 기도의 내용은
채영신의 삶이 어떤 삶인가를 극명하게 보여준다.

> 저희들을 창조하시고 길러 주시는 아버지시여, 당신이 모처럼 이 땅에 내려
> 보내신 귀한 따님을, 왜 어느새 부르려 하십니까. 이것이 과연 당신의 뜻이오
> 니까? 그 누이는 이곳에 와서, 무식한 저희들을 위해, 뼈가 깎이도록 일을 했
> 습니다. 육신의 고통으로 말미암아 넘어지는 그 시각까지 불쌍한 조선의 자녀
> 들을 위해서 걱정했습니다. 자기의 손으로 지은 학원 하나를 붙잡으려고, 온
> 갖 고생을 참아왔습니다. 그는 청춘입니다. 열매도 맺어보지 못하고, 다만 당
> 신 한 분을 의지하고 동족을 사랑함으로써, 그 귀중한 몸을 바쳤습니다. 주여!
> 오오, 사랑이 충만하신 주여! 그에게 생명수를 뿌려 주소서! 저희들의 천사인
> 채영신 누이를, 언제까지나 언제까지나, 우리 「청석골」에서 떠나지 않도록 붙
> 들어 주시옵서서!41)

제 일신은 돌보지 않고, 처녀로서의 욕망도 내버린 채영신의 일생은
신에게 의지한 정결한 삶이자, 동족을 사랑한 헌신적인 삶이다. 이러한

---

41) 위의 책, 197~198면.

삶은 자식을 위해 온갖 고초를 감내하고 헌신하는 모성의 신화에 견줄
수 있다. 채영신의 모성성은 자신의 가족이나 혈육이 아닌 동족 자체로
그 대상이 확대될 뿐만 아니라 그녀가 한 번도 제 육체를 남성에게 허
락한 적 없는 처녀였다는 점에서 그 숭고성이 더욱 증폭된다.

④ 한 가정 내에서의 어머니이든 각성시켜야 할 대중의 상징적 어머
니이든 어머니로서의 위치가 여성에게 민족의 일원이라는 자격을 부여
한다는 입장은 일제강점기 페미니즘 운동이 민족주의 운동에 의해 어
떻게 견인되었는가를 보여주는 맥락과도 상통한다. 즉, 남성 엘리트인
민족주의자의 입장은 민족으로부터 여성을 분리시키지 않았으나 여성
을 오직 어머니로서만 계몽할 것을 강조했다. 불가피하게, 민족해방운
동은 1920년대 초반 신여성 운동에 적대적이었다. 신여성 운동은 그들
자신의 섹슈얼리티에 대한 탐구와 가부장적 가족으로부터의 해방을 주
장했는데, 이는 일부 교육받은 한국의 여성들이 일본을 거쳐 들어온 유
럽의 자유주의에서 습득한 개념들이었다.42) 앞서 살펴본 1920년대 소설
에서 신여성이 성적 욕망과 물질적 가치에 대한 허영심에 포로로 그려
졌다는 것을 상기한다면, 여성이 민족의 일원이자 계몽운동에 유용한
일원이 되기 위해서, 즉 어머니가 되기 위해서는 버리거나 억압해야 될
것이 무엇인지 분명해진다. 다름 아니라 성적 욕망과 세속적 안락의 추
구이다.

『흙』에서 돈과 성적 욕망을 제일의 가치로 삼았던 정선이 어떻게 허
숭을 대신하여 살여울을 지키게 되는가는 이미 앞에서 살펴보았다. 그
깃은 정선이 가지고 있던 물질적·성적인 욕망을 버리고 허숭의 자리를
대신하는 방식으로 가능했다. 한편 『흙』에서 허숭의 계몽운동에 있어

---

42) Elaine H. Kim·Chungmoo Choi, "Introduction", *Dangerous Women : Gender and Korean Nationalism*, edited by Elaine H. Kim and Chungmoo Choi, Routledge : New York and London, 1998, p.2 참조.

반려가 되는 여성은 정선뿐만이 아니었는데, 허숭이 정선을 택함으로써 버림받은 유순, 그리고 정선과 동창인 여학교 출신의 기생 선희이다.

유순은 전통적인 정조 관념을 깊이 각인한 여성으로 허숭이 정선과 결혼한다는 소식을 듣고 "부모님께서 정해 주신 한번 얼굴도 대해 보지 못한 남자를 위해서도 절을 지키거든, 저와 같이 제 맘으로 사랑하고 또 비록 잠시라도 당신의 품에 안겨 본 당신께서 저를 잊어버리신하고 저마서 당신을 잊고, 이 몸과 이맘을 가지고 또 다른 남자를 사랑할 생각은 없나이다"43)는 편지를 허숭에게 보내, 허숭이 정선과 결혼한다 해도 자신은 정절을 지킬 것임을 알려준다. 유순이 허숭의 사업에 헌신적인 반려로서의 역할을 하게 된 동기는 허숭의 사상과 활동에 대한 자각적인 이해가 아니라, 이처럼 전통적인 정조 관념에서 나온 일부종사·여필종부라는 신념의 맹종에서 가능한 것이었다. 유순은 아버지가 죽으면서 허숭에게 그녀의 혼사 문제를 전적으로 맡긴다는 유언에 따라, 그가 그녀의 신랑감으로 추천한 한갑과 결혼한다. 이 또한 허숭의 명령에 복종하여 그를 위한다는 생각에서였다. 허숭이 유순을 농락했다는 정근의 모략을 믿어버린 남편 한갑의 구타와 폭행 때문에 죽음에 이르는 마당에서도, 유순은 자신의 결백보다는 허숭의 누명을 벗기기 위해 태중에 있는 한갑의 아이를 낳아야만 한다고 절규한다.

선희는 이건영에게 짓밟힌 처지가 되어 자포자기적으로 기생이 된 인물이었다. 그런데 선희가 스스로 고백한 자신의 이력이란 "어려서부터 말 안 듣는 계집애로 유명"하여 부모의 권위에도 복종하지 않았다. 이건영과 같은 남성의 허위와 가식을 벗겨내고 폭로하는 것을 낙으로 삼던 선희는 허숭을 사모하면서 폐업을 하고 그를 따라 내려와 살여울에서 자신의 돈으로 유치원을 건립하고, 아이들을 힘써 가르친다.

---

43) 『이광수 전집』 3, 59면.

선희는 금시에라도 숭에게로 달려가서 그 가슴에 매어 달리고 싶었다. 그래서 그 끝이야 어찌되든지 하고 싶은 말 다 해버리고 싶었다. 그러나 선희를 그의 습관대로, You should not do that.(못한다!) 하는 종아리채로 마음의 종아리에서 피가 흐르도록 후려갈겼다.[44]

허숭에 대한 사랑을 그의 사업에 동참하는 것으로 승화시킨 선희의 삶은 사랑의 감정을 표현하고, 사랑하는 이의 육체를 애무하고 싶은, 시시 때때로 닥쳐오는 욕망을 거세하는 금욕적인 삶이라는 것을 위 인용문은 보여준다. 성적 욕망의 억압은 감정의 절제로 드러나기도 하는데, 선희는 전달될 수 없는 편지를 쓰거나 시를 씀으로써 자신의 감정을 삭일 뿐이다. 비근한 예로, 『상록수』의 두 연인은 둘 만의 폐쇄적인 소통 매체인 편지에서도 "보고 싶다든지 그립다든지 하는 말은 한 마디도 없고" 건조한 문체로 각자의 공간에서 주력 중인 사업보고만을 할 뿐이었다. 때때로 두 연인에게는 영신이 청석골을 방문했을 때 바닷가에서 나눈 포옹과 키스의 환영이 나타나지만, 이를 더욱 각자의 계몽사업에 주력하게끔 하는 동력으로 삼는다. 달리 말하자면, 그네들에게 계몽사업이란 "그와 완전히 결합될 시기를 지루하게 기다리는 동안의 최면제(催眠劑)도 되고 강심제(强心劑)도 되는" 것이었다.

계몽운동의 형태로 제시되지는 않았지만, 채만식의 『탁류』 대단원에서 제시되는 초봉의 구원은 동생 계봉이 승재와의 사랑을 단념함으로써 가능했다는 점에서 금욕주의적인 지향을 내포한다. 물론 성과 결혼에 대한 계봉의 사고방식은 진보적이다. 한번 정조를 더럽히긴 여자의 인생은 버려진 여자의 인생이라는 언니 초봉의 논리에 맞서, 계봉이 내세우는 입장만 보더라도 그렇다.

정조는 행리의 한 수단이지 결탄코 생명의 주재자(主宰者)가 아니요, 그러

니까 정조의 순결성이란 건 상대적인 것이어서, 한 여자가, 가령 열 번을 결혼했다고 하더라도 그 열 번이 번번이 '정조적'일 수가 있는 것이요, 그리고 설사 어떠한 여자가 생활의 과정상 불가항력이나 또는 본의가 아닌 기회에 정조를 온전히 하지 못한 적이 있다 하더라고 그것만으로 '인생(人生)의 실권(失權)'을 선고할 아무런 근거도 없다는 것이었다.45)

서울의 초봉의 집에서 살면서 전문학교로의 진학을 단념하고 백화점의 점원이 된 것도 거의 몸을 팔다 시피 가족을 봉양하는 언니와 불한당과 진배없는 인간 형보에게 빌붙어서 공부하는 것을 용납할 수 없었던 것이다. 또한 간호부가 되겠다는 계봉의 또 다른 희망은 완전한 경제적 독립을 위한 계획의 일환이었는데, "계봉이는 결단코, 지레 결혼에로 도피도 하지 않고, 가정이나 남한테 구구히 의탁도 하지 않고 다만 혼자서 젊은 기쁨을 자유롭게 생활하고 싶고, 그것을 변하려고도 않는다. 그러므로 그것의 한 방편으로서 직업을 실하게 갖자니까 기술이 그립던 것이다."46) 이처럼 독립적이고, 남승재에 대한 감정의 표현에 있어서도 자유분방한 계봉이 초봉에게 미련으로 남아 있는 승재에 대한 연모와 승재에게 남아 있는 초봉에 대한 동정을 이어서 초봉을 구원할 계책을 세운 이유는 바로 조카 송희에 대한 언니 초봉의 모성애를 보호하기 위해서이다. 늘 송희를 위협하면서 초봉에게 사디즘(sadism)적 성적 굴복만을 요구하는 장형보는 도저히 초봉의 모성애 아울러 송희의 장래도 보호해 줄 수 없다는 위기의식은 초봉뿐만 아니라 계봉에게도 존재했다. "우리 송희가 남서방같이 착한 파파라두 생겼으면 좋겠어!"라고 자신의 견해를 표명하는 계봉에게 있어서, 모성애라는 것은 "퍽 참거룩하구, 그래서 애정 가운데서 으뜸가는 거"지만, 아버지에 의해 보호받지 못한 모성은 제대로 된 결실을 맺지 못하고 장형보와 같이 세상에

---

45) 『채만식 전집』 3, 389면.
46) 위의 책, 422면.

아무짝에도 쓸 데 없는 독초를 만들어낼 뿐이라는 논리를 펼친다. 즉 딸 송희의 장래를 위해 형보를 죽이고 자신도 죽어서 송희는 계봉에게 맡기겠다는 초봉의 대단한 모성애가 진정한 결실을 맺기 위해서는 승재와 같이 경제적인 능력은 물론 도덕적 권위를 갖춘 아버지의 존재가 필요하다는 주장이다. 여하튼, 『탁류』의 대단원에서 "송희를 사이에 두고 승재와 즐기는 단란한 가정"이라는 초봉의 꿈을 기대하게끔 하는 승재의 "명일의 언약"은 계봉에게 있어서는 열네 살 적부터 키워온 승재에 대한 사랑을 깨끗이 단념할 것을 요구하는 일이었다. 그것은 승재에게도 마찬가지였다. "초봉이가 애원하는 '명일의 언약'을 거절하는 눈치를 보일 용기는 도저히 나질 못했"던 승재는 자신의 도덕적 요구에 복종한다. 이 도덕적 명령을 수락하는 것이 계봉과의 사랑을 단념하는 것을 의미한다는 것은 명백하다.

『탁류』의 전지적 화자가 1930년대 계몽주의 담론과는 비판적 거리에서 식민지 현실을 인식하고 있었다는 널리 알려진 사실인데, 이 사실에 의해 『탁류』의 대단원은 시사하는 바가 크다. 남승재의 빈민가의 아이들을 위한 야학활동이나 무료의료사업에 대해 『탁류』의 전지적 화자는 비판적이다. 승재가 신념화한 "인간의 기준"은 "사실"과 동떨어져 있는, 그러니까 "남이 마련한 결론만 눈으로 모방해 가지고는 그것이 바로 제 것인 양 만능인 양 든든히 믿고서 되돌려다볼 생각도 않는 '우상'일 따름인 것"47)이라고 전지적 화자는 비판한다. 부연하자면 "가난과 병과 무지로 해서 불행한 사람이 많은 줄까지는 알았어도, 사람이 어째서 가난하고 무지하고 병에 지고 하느냐는 것은 아직도 알지를 못한다"48)는 남승재에 대한 비판은 곧바로 식민지적 근대의 구조적 질서를 건드리지 못했던 1930년대 계몽운동에 대한 비판이다. 이처럼 냉정한 『탁류』의 전지적 화자가, 『인형의 집을 나와서』(1933)에서 다소 도식적인 서사

---

47) 위의 책, 380면.
48) 위의 책, 366면.

전개를 통해서였지만 노라를 결국 각성된 프롤레타리아트로 변신시켰던 채만식이 『탁류』에 이르러서는 모성을 보호할 수 있는 도덕적 권위를 갖춘 부성(父性)의 확립을 넌지시 주장한다.

최정무는 민족주의 담론은 유아화되고 무기력해진 또는 탈남성화된(emasculated) 민족을 재건하는 것을 핵심 임무로 삼는다고 말한다. 즉 민족의 위기와 무기력은 남성성의 위기와 무기력과 동일시되었음을 의미하며, 따라서 남성적 권위를 위협하는 어떤 세력도 민족투쟁을 방해하는 것으로 의심을 샀다.[49] 처녀성과 모성성을 벗어난 여성의 정체성을 용납하지 않았던 사정은 그것이 남성적 권위에 대한 도전이요, 따라서 반민족적인 행위이기 때문이다. 1930년대 장편소설에서 뚜렷해진 성별 역할의 분리와 성적 규범은 이러한 민족주의 담론 안에서 정당화되었으며 강화되었을 것이라고 판단된다. 이러한 맥락에서 보자면, 『탁류』의 대단원이 제기하는 바는 의미심장하다. 『탁류』는 지금까지 이 글이 다루어온 1930년대 소설에 대하여 다음과 같은 문제의식, 즉 부성 혹은 부권이 몰락한 상황에서 그 숭고한 모성은 지켜질 수 없다는 문제의식을 던져준다. 이는 타락한 세계의 원인은 바로 부성의 몰락에 있다는 인식론을 포함하고 있다는 점에서, 처녀성과 모성의 복원이라는 서사가 갖는 허구성과 관념성을 지적하고 있으면서도, 처녀성과 모성의 복원이라는 서사의 궁극적인 지향이 여성의 주체화가 아니라 부성 혹은 부권의 확립에 있음을 명백히 하고 있다는 점이다. 그러나 이러한 정체성의 위기를 금욕주의를 요체로 한 도덕성에 의거해 보상받고자 할 때, 억압의 질서는 더욱 강하게 내면화될 뿐이라는 것을 이제 논증할 차례이다.

---

49) Chungmoo Choi, "Nationalism and Construction of Gender in Korea", *Dangerous Women*, pp.24~25 참조.

3. 승화의 구조와 오리엔탈리즘

정신과 육체의 이원화는 낭만적 사랑에 내재해 있는 원리일 뿐만 아니라, 그 파멸의 궁극적 기초이기도 하다. 낭만적 사랑의 파멸에서 근대적 주체에게 가해진 자존심과 정체성의 손상을 회복하는 방식은 육체의 편이 아니라 정신의 편으로 나아가는, 정확히 말해 도덕성에 있어 우위를 점하는 것이었다. 사랑이라는 사적 영역에서의 갈등은 주체가 공적 영역에서 지위를 확보함으로써 무마되지만, 정신과 육체의 이원화는 공적 영역 속에서도 여전히 해소되지 않는다. 정신과 육체의 이원화는 식민지 근대를 바라보는 현실인식과도 빈틈없이 짝을 이루고 있었기 때문인데, 이것의 가장 현저한 표현은 오리엔탈리즘(orientalism)이었다. 이태준의 『제이의 운명』에서 낭만적 사랑에서 좌절을 맛본 윤필재는 농촌에서 계몽운동을 펼친다는 자신의 진로를 결정하기에 앞서 다음과 같은 생각을 펼친다.

> "오늘날의 문화는 양심의 발현만이 아니다. 내 한몸에서 마음의 나와 몸의 내가 싸우듯 인간의 사회도 마음의 사회와 몸의 사회가 싸와옴이로다."
> 하였다. 석가나 예수와 같은 사람은 마음의 문화를 건설한 사람이요, 나폴레옹이나 요즘의 포—드 같은 사람은 몸의 문화를 건살한 사람이라 하였다. 그리고 마음의 문화는 양심의 발현으로 건설된 문화요, 몸의 문화는 물욕, 공명욕의 발현으로 건설된 문화인 줄 알았다. 그래서 인류가 문명국이니 문명이이니 하고 번쩍하면 자랑하는 그 문명이란 말은 인류의 발달된 선(善)만을 가리켜 하는 말이 아니라 선의 몇 갑절 더 발달된 악(惡)을 함께 가리켜 하는 용어라 짐작하였다.
> "인류의 진정한 문화, 진정한 문명은 인류의 양심의 발현으로만 건설된 것이라야 할 것이다. 그럼에도 불구하고 오늘의 문화란 악의 발달이 얼마나 선을 앞서서 나아갔느냐? 이 앞서서 나아가는 악의 발달을 끊어 놓고 뿌리를 캐

어버리려는 것이 우리 인류의 영원이 이상일 것이다!"50)

　윤필재는 "마음의 문화"와 "몸의 문화", 즉 정신과 육체의 대립을 인류문명의 전개 양상으로 일반화시키고 있으며, 정신과 육체의 대립을 선악의 대립으로까지 고양시킴으로써 자신의 지향은 "마음의 문화"에 있음을 천명한다. 그런데 1930년대 중후반 차츰 대두하기 시작한 대동아공영권과 동양주의 담론은 바로 "마음의 문화" 편에 동양을 위치시켰음을 상기해야겠다. 아니나 다를까 이태준의 또 다른 장편소설의 주인공은 "서양은 물질문화편에 더 앞섰구, 동양은 정신문화편에 치중했다는 비교뿐이지, 서양문화가 오지 않았으면 동양은 전기두 삘딩두 전혀 없었으리라구 봐선 빈약한 상상입니다. 서양문화가 오지 않았더라두 동양은 동양 재래의 동양인 생활, 동양인 이상에 맞는 '동양의 현대'를 건설했으리라구 봐야 됩니다"51)는 논리를 펼친다. 이태준의 『청춘무성』의 원치원이 현대의 '서울'인 서구에 맞서 추구해야 할 '동양의 현대'란 물질문명이 앞선 서양의 현대와 비교해 볼 때 근대화를 이룩하면서도 그에 따른 정신적 타락이 없는 세계였다.

　이러한 논리는 얼핏 보자면 서구 추수적 근대주의에 대한 비판으로 보이지만, 1931년 만주침략에서부터 1937년 중일전쟁, 곧 이어 1940년 태평양전쟁에 나선 일본이 "동아인의 동아를 건설하자"는 논리와 근사하다. 일본은 태평양전쟁을 미·영국의 동양에 대한 제국주의적 침탈이라 선전한다. 일본은 자신을 동양의 문명과 문화를 사수하는 성전(聖戰)의 대리자로 자임하면서, 미국과 영국의 부강 뒤에는 향락주의와 이기주의 즉 침략적 본성이 놓여 있다고 선전하였다.52) 대동아공영권과 결

---

50) 『이태준 문학전집』 13, 223면.
51) 이태준, 『청춘무성』(『조선일보』 1940.3.12~8.11), 『이태준 문학전집』 6, 서음출판사, 1988, 207면.
52) 이러한 선전은 각 언론매체를 통해 유포되었는데, 일례로 『동양지광』 1942년 2월호에는 각계의 친일 인사들이 참여하여 1941년 12월 20일 반도호텔에서 열린 「미·영

부된 동양주의 담론의 본질 자체가 15년 동안 국지적이고 세계적인 전쟁을 주도해왔던 일본의 침략논리를 정당화하는 것이었음에도 불구하고, 식민지 지식인에게는 하나의 심리적 보상물로 작용했다는 것, 나아가 신체제 논리로의 자연스러운 수렴을 위한 사상적 근거가 되었다는 것은 부인할 수 없다. 식민지 조선의 주변성과 후진성은 대동아공영권의 일원이 됨으로써 희석됨과 동시에, 그것을 강제했던 일본의 식민지 지배와 수탈을 부차적인 문제로 탈바꿈시키는 기제가 되었던 것이다. 이 지점은 제국주의 식민 지배를 수탈과 저항이라는 양분법으로 설명할 수 없는 부분이 있음을 환기시킨다. 제국주의의 식민 지배는 제국주의 지배자의 일방 통행적 지배가 아니라, 식민지민과의 상호작용에 의해 유지된다. 따라서 제국주의 지배에 대한 '협력'의 문제가 제기되는 것이다. 말하자면 친일이냐 저항이냐를 가르는 민족주의라는 프리즘은 저항과 협력 모두에 내재할 수 있는 식민주의의 다양한 양태에 대한 인식을 가로막아 결국에는 해방이 되고도 여전히 남아 있는 식민성의 청산을 요원하게 만들 뿐이다.53)

이러한 논의를 전제로, 성적 지배와 정치적 지배 사이의 식민주의적 상동성54)에 집중하고자 한다. 일본이 조선의 민족성의 열등성을 내세워 문명화의 사명을 내세운 것은 주지의 사실인데, 조선 민족의 민족적 특

타도 좌담회」가 개제되었다. 이 좌담회에서 참석자들은 각자 미국의 민족성, 영국의 민족성, 앵글로 색슨인 민족과 국가의 유색 인종에 대한 태도, 미국 자본가의 전쟁관 등을 언급한다. 요약해 보자면, 미·영국이 타인종 타민족에 대한 배타적 이기심을 지니고 있으며 그 나라들의 부강 뒤에는 이기주의적이고 향락주의적인 타락한 윤리가 도사리고 있다는 것이다. 참석자들은 저마다 태평양전쟁을 동양을 앵글로 색슨족의 지배하에 두려는 미·영국과 그것에 반격을 가하려고 하는 동양의 수호자 일본의 전쟁이라고 주장하고 있다. 최원규 편, 『일제 말기 파시즘과 한국사회』, 청아출판사, 291~342면 참조.

53) 윤해동, 「식민지 인식의 '회색지대' : 일제하 '공공성'과 규율권력」, 『당대비평』 13호, 삼인, 2000년 겨울, 137~140면 참조.

54) Ashis Nandy, 이옥순 역, 『친밀한 적 *The Intimate Enemy*』(Oxford University Press, Delhi, 1983), 신구문화사, 1993.

성으로 무기력과 여성성 등을 강조하기도 하였다.55) 예컨대, 후쿠자와 유키치는 일본과 청(靑) 사이에 끼인 조선을 "득의양양하게 맘껏 욕구를 채우고도 지칠줄 모르는 지나(支那) 남자"에게도 아양을 떠는 성적으로 방종한 '여자'로 비유하였다.56) 이는 제국주의의 '동양' 인식과 같은 것인데, 서구에 대한 콤플렉스로 가득 차 있던 후진 제국주의 일본의 한국에 대한 이런 인식을 '이중의 오리엔탈리즘'이라고 부를 수 있을 것이다. 지금까지 분석해 온 1930년대 많은 장편소설들은 타락한 성적 욕망의 퇴폐성과 범죄성을 부각시키면서 탈관능화된 사랑의 비전으로 사회운동(『적도』)·농촌계몽운동(『흙』,『상록수』,『제이의 운명』)·사회사업(『사랑』,『청춘무성』)·예술(『화분』) 등을 제시한다. 저마다의 영역과 분야 상의 차이는 존재하겠지만, 모두 성적 욕망의 승화이자 탈관능화된 사랑의 형태들이라는 점에서는 공통된 성격을 갖는다. 이러한 양상은 처녀성과 모성성에 최상의 도덕적 가치를 부여하는 것과 다르지 않으며, 그것의 심층적 의도는 부권의 확립으로 여성과 여성성에 대한 남성과 남성성의 우월성을 상징하는 문화적 합의에 있다는 것 또한 살펴보았다. 이는 오리엔탈리즘에 내포된 문명화의 사명과 상동성을 띠며, 정치적·사회

---

55) 조선총독부,『조선인의 사상과 성격』, 조사자료 제20집, 1927, 45~116면 참조.

56) 福澤諭吉,「東洋の政策果して如何せん」,『福澤諭吉選集』第7卷, 高田正文·土橋俊一 編, 岩波書店, 1989, 136면, 姜尚中, 이경덕·임성모 역,『오리엔탈리즘을 넘어서』(岩波書店, 1996), 이산, 1997, 90면에서 재인용. 강상중은 성차별을 환기시키는 은유의 증식이 이렇게 국제정치에 대한 논의 속에서도 스며든 사정은 일본의 식민정책의 심상지리와 밀접한 연관 하에 있다고 지적한다. 후쿠다 토쿠조오[福田德三], 니토베 이나조오[新渡戶稻造] 등 일본의 식민정책학의 시조들이라고 할 수 있는 이들이 식민지 지배를 정당화할 때 근저에 깔린 도식은 '보는 쪽'='대표하는 쪽'='보호하는 쪽'과 '보이는 쪽'='대표되는 쪽'='보호받는 쪽'의 이항대립 관계이며, 이는 성차별에 사로잡힌 '남성'과 '여성'의 이미지를 떠올리게 한다고 지적한다. 그럴 만한 이유가 있는데, "식민지는 '성적인 기대', '싫증나지 않는 관능성, 질리지 않는 욕망'을 도발하는 장소이기 때문이다. 식민지는 일본 본토에 이익을 제공하는 장소였을 뿐 아니라, 감당하기 어려운 '방탕아들', 곧 범죄자, 빈민, 그 밖의 바람직하지 과잉 인구를 보내는 장소로서 유용했고, 그래서 일본 본토에서는 가질 수 없는 성적인 체험'을 유발하는 장소이기도 했던 것이다." 같은 책, 89~90면.

경제적 지배 질서의 내면화와 직결된다.

여기서 가장 극명한 예라 생각되는 이효석의 『화분』을 통해, 처녀성을 복원하고 온존시키는 서사 속에서 어떻게 사회경제적 지배 질서를 그대로 반영하고 있는가, 그러할 때 성적 욕망의 예술로의 승화가 무엇을 의미하는가를 살펴보겠다.

① 『화분』의 서사가 처녀성의 정복과 처녀성의 지속을 온존시키는 비밀의 서사인 점을 인식한다면 "愛慾의 萬華鏡 펼쳐보였다는 점에서 가장 代表的인 작품"[57]이라는 평가를 얻은 『화분』이 결국에는 만태와 죽석 부부의 평범한 행복론으로 끝난다는 사실에 의아해 할 필요는 없다. 만태와 죽석 부부의 평범한 행복에 대한 자각, 영훈과 미란의 구라파 행은 그보다 앞서 일어난 사건인 세란과 단주의 간통장면이 현마에게 발각된 사건으로 인해 세란과 단주는 쫓겨나는 신세가 된 사건과 극명하게 대비를 이루면서 허락되고 보호받아야 할 성은 합법적 부부의 성이라는 모럴을 웅변한다. 여기서는 그 모럴을 선명히 부각시킨 세란과 단주의 파멸은 단지 성적 탐닉의 결과만이 아니라 그것이 주인의 은혜를 배반한 결과라는 데 주목하고자 한다. 이는 누구보다 죽석의 남편인 만태의 시선이 잘 보여준다.

> 요란한 소리에 만태들은 방문을 비끔히 열고 세란들의 방쪽을 건너다보면서 눈살을 찌푸리고, 일은 났어 집에다 공연한 족제비들을 기르다 현마 망신할 날두 멀지 않았지, 쓸데없이 첩은 왜 두구 미소년은 왜 사랑하는 거야, 아무리 지각 없는 것들이기루 환장을 한 셈이지, 자기들을 길러 주는 주인의 눈을 속여 그래 저렇게까지 농탕을 칠 법이 있다는 말인가 하면서 아내 죽석에게 몸 서리를 쳐보았다.[58]

---

57) 김교선, 「調和美의 頂點—李孝石의 作品世界」, 『현대문학』, 1975.3, 305면.
58) 『이효석 전집』 8, 242면.

현마가 떠나고 없는 피서지 별장에서 벌이는 세란과 단주의 음탕한 작태를 보는 만태의 시선은 현마가 첩을 두고, 미소년을 사랑하는 등 합법적 제도와 규범으로부터 벗어난 것에 대한 비난에 쏠린 듯하지만, 정작 세란과 단주에게 비난의 화살을 돌리고 있다. 이유는 "자기들을 길러 주는 주인의 눈"을 속였다는 데 있다. 여기에서 주인이란 당연히 현마이고, 현마의 주인됨은 '푸른 집'의 세란과 미란, 그리고 단주에게 살아갈 수 있는 경제적 기반을 전적으로 제공하고 있다는 사실에 기초한다. 따라서 세란과 단주의 행위는 불륜이라는 치정의 범주에 속하는 게 아니라 "배은망덕"에 속하는 것이다. 정사현장이 발각된 대가로 세란은 눈알이 깨지고, 단주는 팔이 부러졌지만, 만태는 흡족한 벌이 못된다고 하면서 "현마 편으로 본다면 아직두 천벌이 부족한 듯해. 그것쯤으론 맘이 시원하지 못할 걸"59)이라고 불평한다. 만태가 현마를 피해자로 여기며 관대한 아량으로 두둔하는 근거는 현마의 사회경제적 기반이다.

『화분』의 대단원에서 현마가 자신이 강간한 미란에게서 용서를 받을 수 있었던 것 또한 그의 경제력 때문이다. 현마는 영훈과의 구라파 여행 경비를 부탁한 미란에게 죄에 대한 대가이자 미란과 영훈에 대한 축복의 표시인 것처럼 스스럼없이 돈을 내어준다. 이러한 자발적인 호의에 "친친 감은 현마의 붕대가 돌부처의 새하얀 귀고리같이 가슴 속에 배어오면서 미란은 더 뒤를 돌아볼 용기조차 없었다."60) 미소년을 탐했던 호색한이자 미란을 범한 강간범인 현마는 피해자에 대한 경제적 시혜를 통해 마치 순결한 딸의 결혼을 위해 지참금을 내놓는 아버지가 됨으로써, 도덕적 신뢰까지 회복하게 된 것이다.

사회경제기반에 의한 종속적 위계질서는 현마—세란, 현마—단주만이 아니라, 세란과 단주의 관계에게서도 그대로 적용된다. 현마가 단주

---

59) 위의 책, 282면.
60) 위의 책, 278면.

를 성적 탐닉의 대상으로 삼거나, 세란이 단주를 지속적으로 성적 탐닉의 대상으로 삼을 수 있었던 데에는 단주에게는 사회경제적 기반이 부재했기 때문이다. 세란은 때때로 자신에게 고분고분하게 굴지 않는 단주에게 "누가 그 눈치 모를까봐. 사람이 앞이 닦여지면 욕심이 나는 법이라구. 룸펜노릇 하면서 찻집에서 뒹굴던 올챙이적 생각을 좀 해보지. 이래저래 처지가 흡족해지니까 눈앞을 깔보구 아닌 욕심만 내면서……"[61]라며 힐난한다. 단주는 룸펜의 처지에서 자신을 구해 준 현마에게 굴종해 왔지만, 그의 첩인 세란에게서도 마찬가지의 지위를 강요받았던 것이다. 세란과의 관계를 청산하고 싶어도 뜻대로 할 수 없는 상황, 이는 경제적 굴종의 상태는 성적인 굴종의 조건임을 말해 준다. 한 걸음 나아가 단주가 이러한 처지를 십분 이용하여 미란을 유혹하기 위해 자기연출을 감행한다.

> 어쩌다가 미란이 혼자서 찾아와 주는 때면 방안은 고요하고 침대에 누운 단주의 모양은 한껏 슬프게 보여서 단주가 생각하는 호과가 제물에 충분히 발휘되었다. 의지가지 없는 외로운 사람이 여기에 병들어 누웠도다─그런 인상을 주기에 성공하였던 것이다.
> 미란이 단독 두 번째 찾아오던 날 저녁, 그런 효과는 예측 이상으로 발휘되었던 것을 단주는 안다. 자신 그런 효과를 꾸며 놓고는 동시에 다른 편에 서서 그것을 계산하고 측량하는 국회자─말하자면 자기도 모르는 동안에 한 사람의 배우노릇을 하는 셈이었다.[62]

스스로를 연출된 존재로 드러낸다는 것, 즉 타인의 시선에 지배받는 존재가 된다는 것은 자신을 대상화한다는 것을 의미한다. 단주는 실체가 아닌 연출된 이미지로 보이기를 원한다. 하지만 그 연출된 이미지의 현실적인 재료가 다름 아니라 단주의 사회경제적 지위라는 것은 단주

---

61) 위의 책, 166면.
62) 위의 책, 167면.

가 조장하고자 한 분위기가 푸른빛이 상징하는 비극적 정서이며, 미란에게서 얻어내려는 감정이 동정 내지 연민이라는 데서 드러난다. 현실이라는 이성의 질서를 감성의 질서로 역전시키고자 하지만, 감성의 질서는 결코 이성적 질서를 역전시키지 못한다. "신비와 공상은 날아가고 어둡고 침침한 방안의 환멸의 굴속으로 변하고 감상을 위조하고 도롱뇽의 안개를 뿜고 있는 비극 배우 단주는 평범하고 산문적인 한 마리의 나귀로 되돌아가고 말았다."[63] 즉, 온전한 남성적 질서의 확립은 결코 여성을 성적으로 굴복시키는 것만으로 완성되지 않는다.

　한편 세란, 미란과의 관계와 옥녀를 비교할 때, 단주와 성 관계를 맺은 여성들의 성적 위계질서는 그 전모를 드러낸다. 주인의 첩인 세란과의 관계에서는 현마에 대한 죄책감에 시달리고, 미란을 성적으로 굴복시키기 위해서는 비극배우처럼 자기연출을 해야 했던 단주에게 "옥녀와의 경우가 가장 헐하고 수월했던" 이유는 자명하다. 옥녀는 하녀였던 것이다. 이러한 성적 위계질서가 그녀들의 사회경제적 위계질서와 무관하지 않다는 것은 『화분』에서도 충분히 드러나지만, 이효석의 다른 작품들도 시사하고 있는 바이다. 이효석의 「들」(1936)의 옥분과 「분녀」(1936)의 분녀는 사회적으로 하층민이다. 그리고 쉽게 남성에게 성적 굴복을 하고 마는 여성들로 그려지고 있다. 심지어는 그녀들의 가치관 자체가 성적 무규범 상태를 낳았다는 가정 하에 설명한다. 예컨대 분녀를 보자면, "어차피 기구하게 시작된 팔자였다. 명준이 때나 천수 때나 누구인지 모르고 강박으로 몸을 맡겼다. 당초에 몸을 뜯고 울고 하였으나 지금 와 보면 명준이나 천수나 만갑이까지도―다 같다. 기운도 욕심도 감동도 사내란 사내는 다 일반이다. 마치 코가 하나요 팔이 둘인 것 같이 뛰어나지 못한 사내도 나은 사내도 없고 몸을 가지고만 아는 한정에서는 그 누군가 굳이 싫은 것도 무서운 것도 없다. 명준에게 준 몸을 만

---

63) 위의 책, 174면.

갑에게 못 줄 것도 없고 만갑에게 허락한 것을 천수에게 거절할 것이 없다"[64]고 생각하는 것이다. 말하자면 하층민 여성은 사회적으로나 성적으로, 나아가 도덕적 위계질서에서도 최하위에 놓여 있는 형편이다.[65] 현마가『화분』에서 도덕적 신뢰까지 회복한 반면, 옥녀는 그저 쫓겨나는 신세가 되고 말았다는 사실은 사회적 위계질서가 성적 위계질서와 짝을 이루고 있음을 말한다.

　②『화분』이 종국적으로 지향하는 규범과 질서가 현실의 그것과 다르지 않음은 앞에서 논증한 바이다. 그렇다면, 미란과 영훈의 구라파 행, 즉 예술에의 지향은 무엇을 의미하는가를 물어야 할 순서이다. 더욱 정직하게 묻자면, 이런 물음이 가능하다. 예술에의 지향이 이러한 규범과 질서를 벗어나는 것인가.『화분』의 예술지상주의자이자 구라파주의자 영훈의 언설은 이효석 문학의 심미주의와 엑조티시즘을 확증하는 데 더할 나위 없이 좋은 참조가 되어 왔다. 그러나『화분』의 서사와 결부시켜 이 물음에 답하자면, 영훈의 언설만을 따로 떼어놓고 논하는 것은 부적절하다. 오히려 음악가 영훈에 대한 흠모를 포함하여 예술에 대한 지향이 단주와의 성교로 더럽혀진 미란의 처녀성을 갱생시키는 매개가 되고 있다는 데 주의를 돌릴 필요가 있다. 왜냐하면 미란의 예술에 대한 지향은 일종의 승화(昇華, sublimation)로 볼 수 있기 때문이다.

　프로이트에 따르면, 승화란 유아기에 성적(性的) 사상(事象)으로 향하고 있던 리비도(libido)가 7~8세가 되어 성적 잠복기로 들어섬과 동시에 사회화되어 유희 · 운동 · 학습 등 사회생활에 필요한 행동으로 전향되

---

64) 이효석, 「분녀」(『중앙』, 1936.1~2), 『이효석 전집』 1, 368면.
65) 이는 문학사적인 계보를 이루고 있다는 점을 주목할 필요가 있다. 이 글의 3장에서 1920년대 요부형 여성 성격이 하층민 여성에게 할당되었음을 이미 살펴보았다. 5장에서는 1930년대 중 · 후반 김유정 · 김동리 · 이효석 등에 의해 창조된 토속적 인간형이라는 독특한 인물형들의 성격을 규명하면서, 어떻게 다시 하층민 여성이 무규범 하고 무분별한 성적 욕망의 화신 내지 본능적 존재의 표상으로 나타나는가를 다루도록 한다.

는 것을 말한다. 좀 더 넓은 의미에서 승화란, 성욕적인 혹은 사회적으로 저급한 대상을 향해 있던 에너지가 사회적으로 높은 발달단계에 있는 행동으로 전용되는 것을 의미한다. 예술은 특히 승화에 의한 성취 목록 중 상위를 차지한다. 유아기 성욕에 관한 프로이트의 이론에 전적으로 의지하는 것은 무리이지만, 예술이 미란이 다시 여성으로서의 합법적 상태인 처녀성을 회복하는 계기가 된다는 것은 예술이 성적 욕망의 계기를 차단하고 더 높은 자신으로의 발전, 즉 사회화를 위한 유용한 매개가 되고 있다는 것만은 분명하다. 처녀성이 단지 육체의 자연적 상태 자체가 아니라 사회적 규범과 도덕적 가치의 좌표에 위치한다는 것은 이미 살펴본 바이다. 처녀성은 육체 그 자체와 다르게 문명화된 상태인 것이다.

단주와 세란, 단주와 옥녀의 성적 탐닉의 행위는 "원시인의 자웅"의 짓이자 그러하기에 "선악을 가릴 수도 없고 흑백을 고를 수도 없는 불결한 정경"66)이었다. 이들의 성적 탐닉은 사회화될 수 없고, 문명화의 통로가 막힌 야만의 상태인 것이다. 미란이 가야의 정혼자인 갑재가 체육가라는 사실에 "육체의 힘을 재주 삼는다는 것이 인간의 재주로서는 가장 하질인 것이어서 체육 편중의 현대주의라는 것이 원시로 돌아가라는 고함 소리같이 속되게 들리는 것이었다. 육체라는 것은 인간의 원시적 전제인 것이요 체육을 힘쓰지 않는다고 문화를 감당해 나가지 못하리만큼 체력이 퇴화되고 인류가 멸망할 법은 없는 것이다. 육체는 동물의 자랑거리일는지는 몰라도 인간의 자랑거리는 못된다"67)고 하는 것이나 더욱이 육체의 완력으로 공격을 감행하는 갑재와 얻어맞는 영훈을 "야만과 문명의 대립"68)으로 보는 시각은 예술의 위치가 어디에 놓여 있는지를 암시한다. 즉 예술이란 자연／문명 내지 원시／문화의 위

---

66) 『이효석 전집』 8, 267면.
67) 위의 책, 176면.
68) 위의 책, 197면.

계적 대립 속에 구현된 가치이다. 가야의 존재는 여기서 빛을 발한다.

애초에 미란은 영훈을 사모하는 가야가 사시라는 육체적 결함을 갖고 있으며 거기에 비할 때 자신의 미모가 월등하다는 것을 근거로 연적인 가야와의 경쟁에 이긴 듯한 우월감을 느낀다. 그러나 현마에게 강간을 당한 후 영훈의 연구소 방 속에 몸을 숨겨 "수녀가 수도원에서 기도생활 하는 것 같이" 지내는 미란의 참회 과정에 동반한 것은 다름 아니라 가야의 시(詩), 즉 예술이었던 것이다. 가야의 시는 미란에게 있어서 영훈에 대한 가야의 사랑은 물론 가야의 인격 자체를 재평가하게 하게끔 만든다. 이러한 깨달음은 많은 수난을 겪은 후이지만 미란이 현마와의 동경행에서 천재 피아니스트 소녀의 독주회를 보고 난 미란의 감회와 먼 거리에 있는 것은 아니다.

사람의 숲을 뚫고 차는 거만하게 움직이기 시작했다. 수많은 어리석은 나귀들은 한 필의 준마를 보내면서 천치 같은 얼굴들을 지니고 줄레줄레 움직였다. 자기도 필연코 그중의 한 사람일 것이기는 하나 미란은 그 천치 같은 얼굴들에 구역이 나고 염증이 나며 군중의 낯짝 하나하나에다가 침을 뱉고 발로 밟아서 까뭉기고 싶은 충동이 솟았다. 어리석고 둔하고 추접스러운 군중의 꼴이 금시 견딜 수 없이 싫어지고 그 감정은 곧 자기 경멸로도 변하면서 범상한 모습 속에 차게 빛나는 눈망울을 감춘 소녀의 자태가 역시 으뜸가는 것으로 여겨졌다.[69]

「왜 이 고장에는 아름다운 것이 없나요?」
가야의 대꾸였다.
「버려 둔 정원이나 빈민굴 같은 속에 아름다운 것이 있으면 얼마나 있겠습니까? 고려나 신라 때에 얼마나 아름다운 것이 있었던지는 모르나 오늘 어느 구석에 아름다운 것이 있습니까? 흰 옷을 입기 시작한 때부터 빛깔을 잊었고 아악과 함께 음악이 끊어졌고 ― 천여년 동안 흙벽 속에 갇혀 있느라구 아름

---

69) 위의 책, 129면.

다운 것을 생각할 여지가 있었습니까? 제 고장을 나무래기야 야박스러우니까 허세들을 부려보는 것이지요」70)

첫 번째 인용문에서 수많은 어리석은 나귀들 / 한필의 준마는 군중 / 천재를 빗댄 것인데, 여기에서 천재란 천재 소녀 피아니스트에서 일반화된 예술가를 말한다. 이러할 때 예술은 일상다반사의 범속과 비참의 처지를 초월하기 위한 기제인 것이다. 두 번째 인용문에 나오는 영훈의 아름다움에 대한 견해 또한 같은 맥락에서 볼 수 있을 것이다. "버려 둔 정원이나 빈민굴 같은 속"—이는 구라파의 문명과 문화에 비교하여 보았을 때의 조선 현실을 가리킨다. "버려 둔 정원"이나 "빈민굴 같은 속"이나 모두 문화와 문명의 빛이 드리우지 않은, 즉 인간적이지 않은 자연 상태의 무질서와 비참함을 말하는 것은 매일반이다. 그 속에 담긴 경멸의 어조는 첫 번째 인용문에서 "미란은 그 천치 같은 얼굴들에 구역이 나고 염증이 나며 군중의 낯짝 하나하나에다가 침을 뱉고 발로 밟아서 까뭉기고 싶은 충동이 솟았다"라는 언술과 겹쳐 읽는다면, 경멸의 수사 이면의 의도는 '정복'이라고 해도 과언이 아니다. 말하자면, 예술은 권력화된 주체의 개념과 떼어낼 수 없는 지위를 확보한다.

사회성과 주체성은 무질서하고, 불결하고, 부적절한 것을 배제한다.71) 이러할 때, 『화분』의 서사에서 천재＝예술가의 지위에 선다는 것은 무질서와 비참함에서 벗어나는 것이며, 모든 위계질서의 상층의 일원이 된다는 것을 의미한다. 후자는 부연할 필요가 있겠는데, 예술에 대한 지향이 예술만을 절대적 가치로 인정한다거나, 그 때문에 현실 도피의 결과를 낳는다는 것을 뜻하지는 않는다. 왜냐하면, 『화분』에서 예술로의 수렴 과정은 배제해야 할 세계와 그렇지 않은 세계를 분별하고 질서화하는 과정이기 때문이다. 이미 살펴보았듯이, 처녀성을 전제로 한 합법적

---

70) 위의 책, 179면.
71) Francette Pacteau, 이민아 역, 『미인 *The symptom of beauty*』(1994), 까치, 2000, 156면.

결혼만을 허락하며, 사회경제적 지위가 성적 위계질서, 나아가 도덕적 위계질서까지 규정하는 세계가 『화분』이 용인하는 세계이다. 『화분』에서의 예술이란 이러한 세계의 안자락에서 보호되고 장려되는 것이지, 다른 것이 아니다.

지금까지 논의한 바에 따르면, 『화분』의 세계에서 제국주의 쟁탈 전쟁이 격화되고 있던 당대의 정신사를 읽어낼 수 있는 시선을 하나 발견하게 된다. 오리엔탈리즘 또는 식민주의이다. 『화분』의 서사는 자연/문화, 원시인/문명인, 타락/순결의 대립적 위계질서를 빈틈없이 주조하고 있다. 이들 이분법 자체가 서구 문화에 뿌리 깊은 사고방식이며, 서구는 식민지 침략과 경영 과정에서 동양이라는 타자의 발견과 함께 각각의 대립항의 후자의 실체를 확보해 나갔음은 주지의 사실이다. 이러한 문법을 『화분』은 그대로 구현하고 있는 것이다. 더욱이 복잡하고 심각한 것은 『화분』의 서사의 주요한 축을 이루는 성과 계급의 질서는 식민지와 피식민지는 물론 식민지 내부의 여성과 남성, 하층민과 기득권층의 불균등한 권력관계에 대한 무반성적인 반영이라는 것이다.

③ 무엇보다도 『화분』의 서사가 남성과 여성, 그리고 인물 각각의 사회 경제적 위계질서에 따른 성적 위계질서와 지배에 의존하고 있었다는 점은 강조할 필요가 있다. 왜냐하면 성적 지배에 대한 승인은 식민주의에 포섭될 위험에 처해 있기 때문이다. 『화분』에서 제어할 수 없는 성적 욕망이 난무하는 '푸른 집'에서의 탈출은 유럽으로의 탈출의 전단계가 되었다. 조선에 어디 아름다운 것이라고 있느냐는 영훈의 주장은 서구의 오리엔탈리즘의 인식 내용을 그대로 반복한 것이다.

이 절의 서두에서 언급한 『제이의 운명』의 윤필재나 『청춘무성』의 원치원의 발언, 즉 동양을 정신문화의 정수로 바라보는 인식은 '동양'을 서구에 대한 유토피아적 대안으로 제시하는 오리엔탈리즘의 긍정적 스테레오타입을 변주한 것에 불과하다. 이는 도시와 시골의 대비에서 확연해지는데, '타락한' 도시(서구)와 '건강한' 시골(동양)의 대비가 그것이다.

　　이 말이 믿기지 아니하거든 이 경력 많은 회나무더러 물어 보라. 그는 적어도 사오백 년 동안 이 살여울 동네의 역사를 목격한 증인이다. 이 동네에서 일어난 기쁨을 아는 동시에 슬픔도 알았다. 더구나 이 동네 수염 센 어들들이 짚 방석을 깔고 둘러앉아서 동네일을 의논하고 잘못한 이를 심판하고, 훈계하고, 하는 입법, 행정, 사법의 모든 사무가 처리된 것을 이 회나무는 잘 안다. 비록 제일조, 제이조 하는 시끄럽고 알아보기 어려운 성문율이 없다 하더라도 조상적부터 입에서 입으로 전해 오는 거룩한 율법이 있었고, 영혼에 밝히 기록된 양심율이 있었다. 그들은 어느 한 사람의 이익을 위하여 어느 한 사람에게 손해를 지우는 것은 말할 것도 없거니와, 무릇 온 동네의 이익이라든지 명예에 해로운 일을 생각할 줄 몰랐다. 그것은 이 회나무가 가장 잘 안다. 개인과 전체, 나와 우리와의 완전한 조화—이것을 이상으로 삼았다.[72]

　　필재는 시골이 갑자기 그리워졌다. 마치 독기를 갈은 목수가 높은 산을 우러러보듯이, 필재는 시골이 그리워졌다. 시골의 그 순진하고 의지에 굳센 아이들은 꿋꿋한 나무나 우람스런 바위처럼 생각되여서 깎고 다듬는 데 따라 얼마든지 훌륭한 재목이 쏟아질 것 같았다.[73]

『흙』에서 허숭의 고향 살여울의 과거가 하나의 유토피아로 이상화되는 것이라든가, 『제이의 운명』의 윤필재가 시골을 계몽운동의 대상으로 택한 이유는 농촌의 역사적 사회적 제관계를 탈각시킨 이상화 덕분이었다. 서구가 야만적이고 불결한 동양을 위한 문명화의 사명을 자신에게 부여하면서도, 동양의 역사성과 사회성을 몰각시켜 하나의 미적 타자로 간주하였듯이, 농촌계몽운동의 주체들인 허숭과 윤필재에게 농촌이란 자신의 이상을 투영시킬 정적인 대상에 불과했다. 이러한 타락과 순결의 대립이 인물들 사이에서는 성적 욕망의 문제를 중심으로 주조

---

72) 『이광수 전집』 3, 75~76면.
73) 『이태준 문학전집』 13, 298면.

되었다는 것을 상기해야 한다.

이광수의 『사랑』은 석순옥과 그녀의 영적 동경의 대상 안빈을 내세워 육체적 존재를 이기적이고 향락적인 욕망의 담지체로 낙인찍고, 정신적, 도의적, 나아가 종교적 사랑과 존재를 실현하자는 서사를 전개한다. 애초에 『사랑』의 전반부를 차지하고 있는 안빈의 '실험'은 이러한 지향을 뚜렷하게 보여준다. 안빈은 학위취득과 관련된 연구를 위해 '혈액'검사를 한다. 육체를 가진 인간이 사랑이라는 감정을 품게 될 때, 혈액 속에서는 어떤 반응이 일어나는가가 안빈의 연구과제였다. 안빈은 허영과 석순옥의 혈액을 검사한 결과, 애욕의 번민에 빠진 인간 허영의 혈액에는 유황과 암모니아 냄새가 나는 '아모로겐'이, 애욕을 초월한 자비로운 사랑을 지닌 석순옥의 피에서는 향기로운 '아우라몬'이 나온다는 결과를 얻는다. '성인의 피에서나 얻어 보리라고 상상하고 있던' 아우라몬을 석순옥의 피에서 발견한 것이었다. 『사랑』의 서사가 지향하고 있는 극단의 정신주의와 도덕주의의 진위가 어떠하든 이것들이 과학실험이라는 방식을 내세워 증명되고 있다는 것은 예사롭지 않다. 파시즘적 인종주의에서 생물학, 위생학, 우생학 등 자연과학의 발전에서 비롯된 지식들을 통합주의적으로 이용했다는 것과 무관하지 않기 때문이다.74) 『사랑』에서 혈액실험은 인종을 분류하고 서열화하는 것은 아니지만, 허영과 같은 저열한 인간형과 석순옥과 안빈과 같은 숭고한 인간형을 나누고 질서화하는 데 '객관적 실증성'을 보장해 주기 때문이다. 허영으로 대표되는 저열한 피의 운명 또한 병리학에 의해 증명된다. 허영은 육체적 욕망을 난잡한 방식으로 충족시켰던 결과, 심장병과 매독을 앓아 반신불수가 되고 결국에는 유행성 인플루엔사에 감염되어 죽기 때문이다. 이귀득과의 사이에서 난 허영의 아들 허섭 그리고 허영의 어머니마저 죽고, 석순옥과의 사이에 난 허영의 딸 길림만이 살아남아 안

---

74) 김수용·고규진·최문규·조경식, 『유럽의 파시즘』, 서울대 출판부, 2001, 62면 참조.

빈의 '북한 요양원'에 합류하게 된다. 이렇게 피의 순수성을 통해 작중 인물의 운명은 계통화·서열화된다.

이렇게 성적 욕망에 대한 도덕적 자기 규제력에 의한 인물의 계통화·서열화는 종국에는 남성적 질서의 승인을 의미했다. 계몽운동의 공간에서 계몽 주체들의 인격이 어떻게 부여되고 있는가는 이를 극명하게 보여준다. 예컨대, "필재는 관동의숙의 밖앝 주인처럼, 마리아는 관동의숙의 안주인처럼 한 집안을 이룩하듯 그들은 팔을 걷고 덤볐다. 그들을 따르는 것이 그랬고 그들의 덕성에 감화되어감이 또한 그랬다."75) 즉 남성 계몽주체에게 부여된 인격은 가부장이며 여성에게 부여된 것은 어머니이다. 『흙』의 허숭 또한 살여울에서 일어나는 모든 일을 관장하는 아버지로서의 역할을 맡고 있으며, 윤정선은 허숭이 윤정근의 모함에 의해 수감된 이후 아버지를 대신해 고향을 묵묵히 지키는 어머니의 소임을 다한다. 이렇게 남성 계몽 주체들이 구축한 의사(擬似) 공동체는 가부장적 가족의 단위를 확장시킨 것에 불과한데, 이는 성적 지배에 대한 승인의 무의식적 상징화이다. 여기서 이상적인 가족은 늘 이상적인 국가의 최소단위 또는 모델로 기능했다는 점을 환기할 필요가 있겠다.

> 첫째로 우리가 시시각각으로 고마운 절을 드릴 분은 우리의 마음속에 사랑과 옳음의 씨를 주시는 부처님이시고 — 하나님이라든지, 원 이름야 무에라든지말야. 우리 속에 사랑의 씨가 없었더면 우리의 지난 생활이 어떠하였겠나? 둘째로 우리가 시시각각으로 고마운 절을 드릴 분은 우리 조국님이시고 조국님이 아니시면 어떻게 우리가 질서있는 사회에서 살기는 하며 옳은 일을 하겠나? 그런데 우리가 조국님의 은혜를 느끼는 감정이 부족해.
> 세째로는 부모시고, 넷째로는 중생, 즉 남님이셔. 남님이란 말은 퍽 서투은 말이지마는 우리가 남이니 남들이니 하고 가볍게 생각하는 것이 잘못이어든. 우리가 중생의 은혜 속에 살지 않나? 그러니까 남님이라고 불러야 옳을 거야. (…중략…) 나 안빈이가 오늘 할 일은 부처님, 나라, 어버이님, 남님을 그대들

---

75) 위의 책, 393면.

워낙 인격과 명성이 자자했던 『사랑』의 안빈은 자신이 북한산 기슭에 세운 요양원에서 환갑을 맞이해 생일잔치를 벌인다. 자신의 인격과 뜻을 믿고 함께 정결하고 자애로운 어머니처럼 이 사업에 동참했던 모든 여성들―수선·순옥·인원·영옥―과 자신의 자녀들을 불러 모아 놓고 위와 같은 말을 한다. 신격으로까지 떠받들어지는 안빈의 요양원은 마치 신성가족(神聖家族)을 연상시키기조차 한다. 안빈의 설교를 뒤에서부터 읽어보자면 익명의 개인(국민)→가족→국가→신이라는 확장적 논리는 각각의 화살표에 부등호(〈)나 포함기호(⊂)를 삽입해도 무방한 위계질서를 명백히 드러내고 있다.

이 확장적이고 위계질서적 논리의 위험은 1930년대 일본이 군국주의화를 정당화하던 논리와 유사하다는 데 있다. 1930년대 일본의 군국주의화의 자기 정당화 논리는 서구의 자유주의·개인주의에 대한 비판이 결국은 만세일계(萬世一系)의 천황의 존재, 국체명징(國體明徵)으로 귀결되는 논리였다. 이것의 교과서적 정리라 할 수 있는 1937년 일본 문부성이 출판한 『국체의 본의(國體の本義)』에서 서구적 근대라는 것이 기반하고 있는 사상적 흐름을 개인주의·자유주의·합리주의라 규정한 뒤, 그중 특히 '개인주의'를 근대 사유의 핵심으로 보고 있다. 그러나 '개인주의'는 개인이라는 일면만을 추상하여 '개인'이라는 것에 함께 하고 있는 국민성과 역사성을 무시하는 한계를 지닌다고 비판하였다. 따라서 개인을 넘어서는 주체가 존재하지 못하고 개인의 행복증진의 수단으로 자유·평등·독립 등이 주장될 뿐이라고 폄하한다. 그리고 '공산주의' 역시 개인의 단순한 집합으로서의 '계급'을 설정하고 있을 뿐 '경제적 이익'이라는 틀에 매몰되고 있다고 지적한다. 결국 이러한 서구적 근대

---

76) 『이광수 전집』 6, 297~298면.

의 한계를 넘어설 수 있는 것은 오직 '천양무궁(天壤無窮)의 황운(皇運)'
을 펼치는 것뿐임을 역설한다. 즉, 현인신(現人神) 천황의 인정(仁政)을 받
아들이라는 것이다.[77] 『사랑』의 서사는 그 자체로는 극히 비역사적이고
비사회적인 폐쇄적 시·공간 속에서 서사를 전개시키고 있음에도 불구
하고 그 대단원의 장에서 제시된 개인(국민) → 가족 → 국가 → 신이라는
전체화의 논리는 당시 일본의 파시즘의 논리를 상기시킨다. 이것이 "超
異性的 애정, 곧 플라토닉 러브에 사는 구원의 女人像"[78] 석순옥과 그
녀의 영적 동경의 대상 안빈 을 내세워 육체적 존재를 이기적이고 향락
적인 욕망의 담지체로 낙인찍고, 정신적·도의적, 나아가 종교적 사랑
과 존재를 실현하자는 서사전개 속에서 구현된 귀결이었다. 여기서 남
성 중심적 성적 지배의 승인이 결탁할 수 있는 극단의 논리가 파시즘일
수도 있음은 능히 짐작할 수 있을 것이다.[79] 마루아야 마사오는 국체(國
體)로서의 천황을 정점에 둔 가족주의적 경향은 일본 파시즘의 특수성
으로 지적하지만,[80] 더욱 근본적으로 파시즘 이데올로기가 근대의 남성
중심적인 젠더화된 체계와 정치학에 기반하고 있으며 이를 더 극단적
으로 재생산하고 있음을 기억해 둘 필요가 있다. 파시즘은 위기와 타락
에 물든 현실세계의 총체적 파괴와 재생을 주창하면서, 용기와 소명의
식, 강력한 전사 체제로서의 사회에 대한 동경 등의 남성적 인간학과
윤리학, 사회관, 국가관을 형성해왔던 것이다.[81]

---

77) 홍일표, 「일본의 식민지 '동화정책'에 관한 연구」, 서울대 석사논문, 1999, 18~26면
　　요약 참조.

78) 구인환, 『한국 근대소설연구』, 삼영사, 1980, 91면.

79) 파시즘과 젠더에 관련한 논의는 아직 한국에서 본격화되지 않았지만, 전후 민족주
　　의 담론에 내재한 젠더의 정치학에 대해서는 엘레인 김과 최정무가 엮은 *Dangerous
　　Women : Gender and Korean Nationalism*(Routledge : New York and London, 1998)을, 전후 5·
　　16 군부 쿠테타에서 1990년대에 이르는 극우 이데올로기 담론에서는 남성적 인간학에
　　기초하여 민족과 국민이라는 주체를 재창조하는 양상이 뚜렷하게 드러나고 있음을 지
　　적한 권명아의 「수난사 이야기로 다시 만들어진 민족 이야기」(김철·신형기 외저, 『문
　　학 속의 파시즘』, 삼인, 2001)를 참조할 수 있다.

80) 丸山眞男, 앞의 책, 78~79면 참조.

한편, 성적 지배에 대한 승인은 사회 경제적 위계질서를 무반성적으로 반영하거나 은폐시킨다. 지금까지 살펴본 모든 작품들의 구조는 승화의 구조라고 해도 좋을 것이다. 이 구조의 메커니즘은 성적 욕망으로 대변되는 개인적인 욕망을 억압 내지 탈각시켜 더 고결한 이상에 복무하게끔 한다. 고결한 이상은 사회적 제관계 속에서 서로 다른 가치들의 쟁투 과정을 통해서가 아니라 원래 잠재해 있던 것으로 속물들을 물리치고 회개시킴으로써 그것을 더욱 뚜렷하게 부상시키는 방식으로 제시된다. 오해와 음모, 범죄가 난무하는 사건의 전개는 고결한 이상을 가리고 있던 휘장에 불과했음이 드러나게 된다.[82] 즉, 사회경제적 위계질서가 성적 욕망의 문제를 나침반 삼아 도덕적 위계질서로 전환되는 구조를 승화의 구조라 일컬을 수 있는데, 전자의 위계질서는 은폐되기 마련이다. 왜냐하면 선/악으로 추상된 대립관계로 사회적 제관계를 환치하는 것은, 인간의 본질을 그가 맺고 있는 사회 역사적 관계를 통해 파악하지 않고 각 개인에게 선험적으로 주어졌다고 믿는 도덕성으로 파악하는 본질주의의 일환이기 때문이다.

하지만 사회경제적 위계질서는 이로써 은폐될 수는 있어도 결코 초월할 수 있는 것은 아니었다. 『흙』의 허숭이 명성이 자자한 변호사라는

---

81) 권명아, 앞의 책, 247~257면 참조. 이러한 권명아의 논지는 파시즘과 젠더에 관한 서구 이론의 성과에 기반을 두어 개진된 것이다.

82) 이러한 구조적 양식은 멜로드라마에 비견될 수 있다. 피터 브룩스(Peter Brooks)의 *The Melodramatic Imagination : Baljac, Henry James, and the Mode of Excess*(New York : Colombia University Press, 1984)에서 멜로드라마의 수사학은 극단의 수사학, 과장법과 선정성의 수사학을 동반하면서, 신성함이라는 지배적 관념이 부재하는 상황에서 정신적 의미를 극화하려는, 명백히 근대적인 기획으로 볼 필요가 있다고 주장한다. 이에 대한 리타 펠스키의 간결한 정리를 참조하면 좋겠다. "멜로드라마는 세계에 초월이 부재한다는 사실을 받아들이기를 거부하면서 신성한 것을 개인적 차원으로 이동시킨다. 그리고 개별 인물들에게 도덕적 절대성을 표현하는 대리인으로서 아우라적 의미를 부여한다. 멜로드라마의 과장된 감정과 표현과 주정주의를 통해 특수한 것은 보편적인 것으로 변형된다. 그리고 그 형식은 물질세계의 한계를 초월하기 위해 투쟁하는 가운데 끊임없이 형언할 수 없는 의미의 지평을 지향한다." Rita Felski, 김영찬・심진경 역, 『근대성과 페미니즘 *The Gender of Modernity*』(Harvard University Press,1995), 거름, 1998, 197면.

점, 『사랑』의 안빈과 『탁류』의 남승재가 의사라는 점, 심지어 『제이의 운명』에 고학생인 윤필재가 『청춘무성』에 이르러서는 자본가 원치원으로 변신한다는 점은 단순히 넘겨 버릴 사안이 아니다. 이들 모두 조실부모(早失父母)한 고아이다. 그럼에도 불구하고 부단한 노력과 인내로 고학을 함으로써 성공적인 지위를 획득한다. 성공이 경제적이고 세속적인 의미에서 물질적 부의 획득을 의미한다면, 이들은 적어도 의지만 있다면 상당한 재산을 축적할 수 있는 직업상의 조건을 갖추었다. 1920년대 소설에서 경제적 물질적 소외에 대한 열패감이 존재했지만, 그럴수록 물질적 가치를 거부하고 비난함으로써 주체의 우월성을 확인하고자 했다면, 이제 열패감의 근거인 가난의 조건을 능히 극복할 수 있는 위치의 존재로 변모한다. 사회경제적 위계질서의 초월이 불가능한 것임은 이렇게 직업적 변화를 통해 흔적을 남긴 것이다. 또한 이들의 안정된 세속적 기반은 가부장적 권능의 확립을 위해 무엇보다 중요한 것이었다. 물론 최종적으로 그들의 권능을 증명해 주는 것은 금욕주의의 도덕성이지만, 그들에게 부여된 도덕적으로 정화된 문명화의 사명의 전제조건으로 세속적 기반이 은연중에 삽입된 것은 그 도덕성의 접근 가능성이 사회경제적 위계질서에 따라 다르다는 것을 역설적으로 보여준다.

오리엔탈리즘이란 서양이 동양이라는 타자에 부딪히면서, 인식론적으로 충족된 자유를 얻기 위해 그 타자를 자기중심적인 시선으로 바라보는 것을 의미한다. 오리엔탈리즘 담론의 구조는 '서양=물질, 이성, 과학, 문명, 개방, 진보, 발전 / 동양=정신, 감성, 미개, 미신, 폐쇄, 정체, 저발전'의 대립쌍에서 전자가 우월하고 후자가 열등한 지위를 갖는, 그렇기 때문에 전자가 후자를 지배하거나 계몽시키는 정당화되는 구조였다. 또한 제국주의 후발 주자로서 서양에 대한 콤플렉스를 갖고 있던 일본 또한 이러한 오리엔탈리즘에 입각해 조선과 대만 등에 대한 식민지 지배를 정당화했다. 또한 오리엔탈리즘 담론에서 식민 지배자와 식민지민의 관계는 성숙한 어른과 욕망을 절제할 줄 모르는 어린아이, 이성적인 남성과 성적으로 방만한 여성의 관계로 비유되곤 했다. 그런데 앞서 말한 작품들에 내재한 승화의 구조 자체가 저급한 상태에서 고급한 상태로의 발전을 내포하고 있다. 1930년대 많은 장편소설에서 성적 욕망으로 인한 폭력적이고 선정적인 사건 전개를 통해 결국에는 물질적·성적 욕망의 도덕적 승화에 도달한 점에서 오리엔탈리즘의 담론 구조와 닮아 있다. 이태준의 『제이의운명』이나 『청춘무성』 그리고 이광수의 『흙』과 『사랑』 등에서 뚜렷하게 나타난 '타락한 도시'(서양)와 '건강한 시골'(동양)의 대비는 오리엔탈리즘을 전복시킨 것이 아니라, 야만적이고 미개한 동양을 위한 문명화의 사명을 자신에게 부여하면서도 동양의 역사성과 사회성을 탈각시켜 하나의 미적 타자로 간주한 오리엔탈리즘의 또 하나의 버전에 다름 아니라고 판단된다. 일본은 실제로 이를 적극 활용하여 대동아공영권를 주창했다. 대동아공영권의 이상은 정신적 타락 없는 동양의 근대를 세우자는 것이었는데, 이러한 동양주의는 식민지 지식인에게는 심리적 보상물로 작용했고, 나아가 신체제 논리로의 자연스러운 수렴을 위한 사상적 근거가 되었다. 대동아공영권의 일원이 됨으로써 식민지 조선의 주변성과 후진성은 희석됨과 동시에, 그것을 강제했던 일본의 식민지 지배와 수탈을 부차적인 문제로 탈바꿈시키는 기제가 되었던 것이다. 이는 사회적·경제적 소외와 열패감을 도덕성으로 은폐시키는 승화의 구조와 동일한 양상이다. 이미 『화분』의 서사 속에서 확인하였지만, 다음 장에서 룸펜 프롤레타리아적 존재로 전락한 지식인, 그리고 하층 계급 그중에서도 하층 계급의 여성은 성적 욕망에 있어서 도덕적 무규범이 현저하다는 것을 보여주는 문학 세계를 만나게 된다.

제5장
본능의 자연화와 운명의 형식

1. 근대적 자아의 위기와 성적 욕망의 물화

1935년 5월 21일 김남천은 임화·김기진과 협의하여 카프 해산계를 경기도 경찰국에 제출한 후, 모랄론, 고발문학론, 관찰문학론, 발자크 문학이론의 연구 등을 순차대로 제시함으로써 자신의 리얼리즘론을 발전시킨다. 이에 대한 논의가 이 글의 목적은 아니지만, 김남천 자신이 분류한 바 고발문학론의 창작적 실천에 해당하는 작품인 「처(妻)를 때리고」(1937)는 완강했던 근대적 자아의 도덕성이 이제는 자기 자신은 물론 누구에게도 자명하지 않다는 것을 폭로하고 있다. 이 작품에서 아내 최정숙이 자신의 지기인 김준호와 저녁을 먹고 산보를 한 사실을 숨겼다는 것을 빌미 삼아 아내와 다툰 끝에 아내를 때린 차남수는 나름의 사태 분석을 하고 반성을 한다. 그러나 차남수의 자기반성보다는 아내 최정숙의 힐난이 더욱 설득력 있다. 지금까지 살펴보았듯이, 근대적 자아의 우월성을 보증하는 기제는 바로 성적 욕망의 문제를 통해서였다. 그런데 김남천의 「처를 때리고」에서 아내의 부정(不貞)을 심판하고자 했던 차남수가 무능력한 위선자이며 따라서 처를 질책할 만한 도덕적 권위가 부재하다는 사실이 폭로된다. 말하자면, 「처를 때리고」는 성적 욕망의 문제에서 도덕적 판관의 역할을 더 이상 자임할 수 없는 상황을 통해서 근대적 자아의 위기를 드러낸 작품이다. 성적 욕망은 최종적인 도덕성을 보증해 주던 영역이라고 할 때, 여기에서의 위기는 1920년대 동인지문학 이래로 추구되었던 근대적 자아의 총체적인 위기의 징후라고 해석해도 과언이 아니다. 「처를 때리고」의 차남수는 자신의 아내에게서 성적 욕망을 탐하고자 했던 허창훈과 김준호의 행태를 눈감아주는 굴욕을 감수하면서까지 허창훈의 돈과 김준호의 활동력을 빌어 출판사를 설립함으로써 자신의 재기를 도모하고자 하지만, 결국 출판사의 설립이 수포로 돌아가는 것을 목도하고 무기력한 자신을 대면하게 된다.

한편으로 채호석은 「남매」(1937)·「소년행」(1937) 등에서 김남천은 전향과 매춘을 동일시한다고 지적한다.[1] 이 두 작품에는 사회주의를 버린 전향자가 창부인 누이의 육체와 돈을 갉아먹는 퇴폐적·기생적 존재로 그려지기 때문이다.[2] 김남천의 입장에서 사회주의란 당대 식민지 현실의 모순을 타개할 변혁 이데올로기이자 개인의 삶에 총체적인 윤리성을 보장해 주는 것이었다. 이러한 이념의 상실 상태를 김남천은 성적 욕망에 대한 도덕적·이성적 판단의 해체 상황으로 접근했던 것이다.

카프 해소 후의 카프 계열의 작품뿐만 아니라, 삶을 위한 어떤 방향성도 설정할 수 없고 그래서 그 무엇도 할 수 없는 무기력한 근대적 자

---

1) 채호석, 「김남천 문학연구」, 『한국 근대문학과 계몽의 서사』, 소명출판, 1999, 120~
121면 참조
2) 성적 욕망과 퇴폐적 향락을 추구하는 과거 사회주의자의 초상은 이효석의 「受難」
(1935), 최명익의 「心紋」(1939) 등에서도 찾을 수 있다.

아의 초상을 찾기란 그리 어렵지 않다. 이들 근대적 자아의 무기력은 다른 곳에서보다는, 성적 지배가 전도된 남녀관계, 더 이상 쾌락의 흔적 조차 남기지 못하는 소외된 성적 욕망 그리고 최종적으로 윤리의 부재라는 상황을 통해 형상화되었다.

　① "사람이 —秘密이 없다는 것은 財産없는 것처럼 가난하고 허전한 일이다"3)라는 이상의 잠언에 대해 김상환은 다음과 같이 분석한다. "'비밀이 없다'라는 것은 타자로부터 간섭받지 않을 수 있는 내면성이 없다는 것과 같다. 비밀 없음은 개인의 고유한 속성, 소위 개성이 없다는 것을 말한다. 개인성은 타자의 속성으로 환원될 수 없는 개성에 근거하고, 때문에 개성이 없다는 것은 개인으로서 존재할 자격이 없다는 것과 같다. 따라서 비환원적 개성으로서의 '비밀'이 없는 것은 개인이 겪을 수 있는 최악의 상태이다."4) 부연하자면, 순수한 활동성과 구성능력의 소유자로서, 그리고 대상구성을 위한 형식적 규칙의 소유자로서의 근대적 자아는 패배에 직면한 것이다.5) 이를 사랑의 문제와 연관시켜보자면, 사랑은 더 이상 근대적 자아의 개성을 충만케 하는 기제가 될 수 없었다는 사정과 맞닿아 있다. 무엇보다도 성적 욕망은 그것을 관리하는 사회의 지배적 형식에 굴복하는 양상으로 나타났다.
　예컨대, 유항림의 「마권(馬券)」(1937)과 「구구(區區)」(1937)은 이를 대조적인 양상으로 잘 보여준다. 「마권」에서 남녀관계는 성적 욕망을 외면하는 방식으로, 반면에 「구구」에서는 성적 욕망에만 국한시키는 방식으로 드러난다. 「마권」에서 종서와 혜경은 4년 동안 이성으로서 교제를 해온 사이이다. 이느 날 종서의 방에 함께 있던 두 남녀는 성전이 되자 서로

---

3) 이상, 「失花」, 『문장』(1939.3), 『이상 문학전집』 2(김윤식 편), 문학사상사, 1991, 357면.
4) 김상환, 「이상 문학의 존재론적 이해」, 『이상 문학연구 60년』(권영민 편저), 문학사상사, 1998, 142~143면.
5) 위의 책, 143면 참조.

를 애무하고, 이 장면은 옆집 아낙과 친구들에게 들킨다. 그럼에도 두 남녀는 이 사건에서 명백해진 자신들의 성적 욕망을 외면하는 태도를 보인다. "어리석은 무리와 섞이지 않고 똑똑한 인간이 될래면 연애를 부정하지 않으면 않된다는 律法이라고 있었든 듯싶이" 하는 태도를 취한다.

> 종서는 시대의 巨濤와 步調를 같이하는 世界觀과 젊은 열정을 가지고 졸업했건만 세상은 벌서 混迷한 寂寞이 있을 뿐이고 졸업 후로 밀우웠든 포부를 살릴 길 없는 현실에 부닷기고 理論으로서는 克服했다고 믿든 가정과 빵을 위하야 죽은 아버지의 친지를 찾어 이십오 원의 초라한 밥자리에 매달리었다. 그때 혜경은 異性으로서의 여자가 되었다. 산문적이라고 한 것은 혜경에게서 異性을 본 당초부터 종서는 결혼을 생각했고 결혼을 前提로 하지 않는 연애를 인정하지 않는 그로서는 경제적 보장이 없는 가정에 그를 맞어들릴 자신이 없는 이상 적극적으로 사랑할 자격이 없다고 스서로 생각했고 무엇보다 아버지가 조그 남기고 도라가신 가산은 그동안 낀뽀비해서 먹었고 지금은 집한채가 남었을 뿐이나 그도 어머니가 삭바누질로 그의 월급에 보태여야 겨우 생활해나가는 형편인데 만일 결혼한다면 어머니만 삭바누질 하랄 수도 없고 그렇다고 삭바누질이라도 할 각오라고 저편에서 적극적으로 나센다면 몰으지만 그렇지도 않는 이상 될 수 있으면 성을 초월한 그무엇이라 설명해버릴려는 노력을 잊지 않엇기 때문이다.[6]

하지만 종서가 성적 욕망을 부인하고자 했던 이유는 산문적인 현실에 있었다. 이론적으로는 극복했다고 믿었던 가정과 빵의 문제가 종서가 추구했던 이념과 열정이 시대의 벽에 부딪히자 전면화된 상황이었다. 따라서 사랑과 결혼 또한 경제적 곤란의 해결 없이는 가능하지 않다는 것이 종서의 생각이었고, 그러하기에 혜경과의 관계를 "성을 초월한 그무엇"으로 만들어야 했던 것이다. 종서의 이러한 태도에 대해 창

---

6) 유항림, 「마권」, 『단층』 1, 1937.4, 137면.

세는 자기를 속이는 행위로 힐난하며, 만성은 "너는 혜경과의 경우에 理論을 몰랐다면 좀 더 人間味가 있는 인간이 됐을런지도 몰은다. 나는 理論이 싫어졌다"[7]고 비난한다. 종서의 이론은 기실 산문적 삶의 현상 유지에 쩔쩔매면서도 적나라한 삶의 실상과 욕망을 은폐하는 데 소용되는 기만적 포즈였던 것이다. 즉 "내면을 포즈로 위장한 채 이지적 거취를 취함으로써, 근대의 합법적 사랑의 방식인 산문적 로맨스를 포함하는 일상적 현실과 진정성 그 어느 것에도 도달하지 못한다."[8]

> "눈치가 멀건 놈이 우습꽝스러워서 연애를 어떻게 하니. 철없는 애들의 손꼽작난 같은 연극을 말이다. 사랑보다 성욕 때문에 여자가 필요한 게지 연애는 무슨 연앤가. 내 성욕을 만족식여주는 게집이 생긴다면 언제 너를 버릴지 그건 말할 것도 없겠지." (…중략…) "성욕의 쾌락 향락 그 때문에 기생이란 물건이 필요한 것이다. 성욕 외도의 대상으로밖에 나는 너를 더 생각할려고 하지 않는다"[9]

종서와 마찬가지로 사회주의 운동 경력의 소유자인 「구구」의 면우에게 있어서, 사회주의란 시대정신의 몰락은 이념과 실천의 통합 불가능 상태로 내면화된다. 이념은 대상과 자신을 관찰하는 '지식'으로, 실천은 윤리적 계기를 상실한 '행동'으로 전락한다. 이러한 분열의 연장선상에서 녹주와의 관계에서 또한 이성과 감성, 정신과 육체의 통합이 기도될 수 없었던 것이다. 「구구」의 면우는 록주와의 관계를 철저히 성적 욕망의 만족 차원에 국한시킨다. 타락한 동료 근조에게도 기생 명화에 대한 순정이 있음을 목격한 면우는 짐짓 자신의 순정을 자인하게 된다. 하지만 결혼이라는 제도가 자신에게 요구하는 책임문제, 기생이라는 록주의 저열한 신분을 타산하게 된다. 말하자면, 녹주와의 관계를 성적 욕망에

---

7) 위의 책, 97면.
8) 강상희, 『한국 모더니즘 소설론』, 문예출판사, 1999, 86면.
9) 유항림, 「구구」, 『단층』 2호, 1937.10, 79면.

국한시키고자 했던 본질적인 원인은 사회적 가치의 위계질서와 제도의 내면화에 있었던 것이다. 이를 전적으로 받아들이지도 거부하지도 못한다는 점에서, 면우의 태도 또한 종서와 마찬가지로 자기 기만적이고 허위적인 것이었다.

1920년대 소설에서 근대적 자아에게 있어서 사랑이란 자아를 자신의 개성에 귀속시키는 하나의 형식이었다. 자아 중심적 형식이었던 사랑을 통해, 여타의 사회적 제관계는 물론 도덕과 규범으로부터의 이탈 또한 긍정될 수 있었던 것이다. 사랑의 파탄을 맞본 후 기도되었던 도덕적 주체로의 자기 확립 또한 자기 긍정의 일환이었다. 마찬가지 맥락에서, 낭만적 사랑의 좌절을 통해 정신과 육체의 대립을 겪었던 자아가 금욕주의의 내면화에 근거해 승화의 형식을 취했을 때도 사정은 같다. 즉 자아의 우월성은 견지되었던 것이다. 1930년대 중·후반 이상 등 모더니스트들의 작품 세계는 사랑이 더 이상 자아의 개성을 충만케 하는 기제도 아니며, 그렇다고 해서 자아의 도덕적 우월성을 보증하기 위한 시험무대도 아니라는 것을 제시한다. 사랑에 있어서, "비밀이 없다"라는 것은, 신비화와 이상화가 더 이상 불가능하며 오히려 사랑 또한 물상화된 관계의 형식 이상도 이하도 아니라는 것을 의미했다. 즉 삶을 규율하는 근대의 제도와 형식에 압도되어 근대적 자아는 자신의 욕망과 대상에 대해 자기동일성을 확보할 수 없는 상태에 빠진다. 이는 자율성의 상실이자, 현상적으로는 무기력으로 드러난다. 무기력보다는 오히려 비합리적 충동에 몸을 맡기는 것이 더 낫다는 양상이 나타나기도 한다.

최명익의 「무성격자」(1937)와 「심문」(1939)은 퇴폐적 열정에 경이적인 시선을 보이는 인물이 등장한다. 「무성격자」에서는 결핵에 걸린 카페 마담 문주의 죽음을 향한 충동에 주인공 정일은 동경의 시선을 보낸다. 「심문」에서는 과거 유명한 사회주의자였던 현혁의 아편중독자로의 철저한 타락상에 문일은 경이의 시선을 보인다. 이 두 작품에서 '퇴폐적 열정'의 이미지와 분위기를 주조해내는 인물들은 여성들이다.

검은 상복과 베일에 싸인 알리사의 빛나는 눈은 이 세상 사람이라기보다 천
사의 아름다움이라고 하였지만 흐르는 듯한 곡서니 어느 한곳 구김살도 없이
가냘픈 몸에 초록빛 양상을 한 문주의 눈은 달아애 빛나는 독한 버섯같이 요
기로웠다.10)

침실의 여옥이는 전신 불덩어리의 정열과 그러면서도 난숙한 기교를 갖춘
창부였고, 낮에는 교양인인 듯 영롱한 그 눈이 차게 빛나고 현숙한 주부인 양
단정한 압술은 늘 침묵하였다.11)

이렇듯 문주와 여옥은 모두 어느 한 점으로 통일될 수 없는 분열적이
고 불가해한 이미지로 재현된다. 그녀들이 환기하는 섹슈얼한 분위기는
퇴폐적인 분위기를 주조해낸다. 더욱이 문주는 결핵 환자이고, 여옥은
마약 중독자라는 사실이 그 퇴폐성을 강화시킨다. 수잔 손탁이 『은유로
서의 병』에 제시한 견해에 기대어 이상(李箱) 문학과 결핵의 상관성을
밝힌 김윤식에 따르면, 결핵은 소비, 낭비의 조장, 생명력의 소모라는
이미지로써 초기 자본주의의 정신병리학을 대변한다. 결핵은 세기말 낭
만주의 문학에서 정열과다, 관능적인 것, 광기와 정신이상과 관련된 것
으로 표상되었다. 김윤식은 이상의 「봉별기(逢別記)」(1936)의 금홍이의 정
체는 이상이 걸렸던 결핵에서 온 성적 욕망에 있었다고 지적한다.12) 이
와 비슷하게 문주의 결핵 또한 죽음에 이르는 관능의 이미지를 갖고 있
다. 죽음에 대한 충동은 문주로 하여금 정일에 대한 집착을 강화시켰던
것이다. 여옥의 마약 중독 또한 비슷한 성격을 갖고 있다. 마약은 현혁
과 여옥을 더욱 강하게 밀착시켰으며, 그것 또한 죽음에 이르는 길이었
다. 결핵과 마약 중독 모두 위험한 관능의 메타포였다. 말하자면, 여성
들의 섹슈얼리티와 결부되어 죽음에 이르는 관능은 위험하지만 매혹적

---

10) 최명익, 「무성격자」, 『조광』, 1937.9, 50면.
11) 최명익, 「심문」, 『문장』, 1939.6, 77면.
12) 김윤식, 『이상연구』, 문학과사상사, 1987, 109~138면 참조.

인 것으로서, 근대적 자아의 무기력 상태와는 대조적인 것이었고, 따라서 동경의 대상이었다.

그러나 이러한 퇴폐적 열정에 대한 근대적 자아의 동경은 역설적인 것이었다. 즉 근대적 자아의 자기 구원이란 이렇게 자기소모와 자학적인 방식, 그러니까 종국에는 죽음만이 남아 있다. 최명익의 두 작품은 동경의 '시선' 즉, 이미지에의 도취를 보여주었지만 이상(李箱)의 소설들은 이를 보다 직접적인 방식으로 재현하며, 그것은 결국 자율성의 파괴로 귀결된다는 것을 보여준다.

② 이상의 「지주회시」(1936)는 성적 욕망을 관리하는 사회의 지배적 형식의 물신성과 견고성을 철저하게 드러낸 작품이다. 띄어쓰기를 무시한 난해한 서술은 거기서 헤어 나올 수 없음을 절망적으로 확신하는 방식이라고 볼 수 있다. 대략의 줄거리부터 정리해 보자면, 카페 여급인 아내에게 빌붙어 사는 그는 크리스마스에 한때 깨끗한 우정을 나누었던 친구 오군(吳君)을 만나러 나간다. 그는 오의 사무실에서 아내가 여급으로 일하는 R카페의 사장 뚱뚱신사를 만난다. 집을 나갔다가 서너 달 전 다시 나타난 아내가 그를 먹여 살리겠다며 뚱뚱신사에게서 백 원을 빌렸고 그가 도장을 찍었던 것이다. 백 원이면 오백 원을 불려주겠다는 오의 말을 의심치 않고 그 돈을 오에게 맡겼지만, 돈의 행방에 대해서 오는 묵묵부답이었다. 그런데 그날 밤 R카페에서 열린 망년회 행사날 밤 오의 친구인 R카페 전무의 발길질에 그의 아내가 층계에 굴러 떨어진다. "넌 왜 요렇게 빼빼 말랐니"라는 전무의 말에 아내가 "당신은 왜 그렇게 양돼지모양으로 살이 쪘소"라고 대들었기 때문이었다. 다음날 아침 경찰서로 출두한 아내는 전무가 오를 통해 무마비조로 준 20원을 받아 오후에 귀가한다. 공돈이 생겼으니 카페에도 나가지 않고 써버리겠노라고 하면서 아내가 잠이 들자 그는 20원을 몽땅 주머니에 넣고 외출을 한다. 오의 계집인 카페 여급 마유미를 만나러 가려는 것이다. 아

내가 또 전무를 놀려주고 층계에 떨어져 20원이 다시 생기기를 바라면
서 말이다. 크리스마스 아침에서 다음 날 오후까지 시간상의 전개는 이
렇지만, 텍스트 상의 서술을 훨씬 복잡하다. 아내의 가출과 돌아옴이라
는 과거가 이야기되고 있고, 과거 그와 오와의 관계, 변모한 오의 현재,
오와 마유미의 관계 등이 복잡하게 얽혀 있다.

> "이게마유미야이뚱뚱보가ー하릴없이양돼진데좋아좋단말이야ー金알났는게
> 사니이야기알지(알지)화수분이야ー하룻저녁에三원四원ー잡힐문건이없는데돈
> 주는전당국이야.(정말?)아ー나의사랑하는마유미든" (…중략…) 어떻게하는고하
> 니 계집을하나찰짜로골라가지고 쏙, 시계보석을사주었다가도로빼앗다가끄
> 리고 또사주었다가또빼앗다가끄리고ー그러니까사기주기는사주었는데그놈
> 이평생가야제것이아니고내것이거든ー쏙얼마를그린다음에는ー그러니까꼭여급
> 이라야만쓰거든ー하룻저녁에아따얼마를번든지버는대로털거든ー살을저며먹이
> 려드는데하루에야三四원털기쯤ー보석은또여전히사주니까남는것은없어도 여
> 러번사준폭되고 내가거미지ー거민줄알면서도ー아니야, 나는또제요구를안들어
> 주는것은아니니까.13)

> "저이가거짓말쟁인줄제가모르는줄아십니까. (…중략…) 선생님은아시지요
> (알고말고)으쨌든그따위끄나풀이한마리있어야삽니다.(뭐?뭐?) 생각해보세요ー
> 그래하룻밤에三四원씩벌어야뭣에다쓰느냐 말이에요ー화장품을사나요? 옷감
> 을끊나요허긴한두번아니여남은번까지는아주비싼놈으로골라서그것도하지요
> 허지만허지만허구헌날화장품을사나요옷감을끊나요?ー얼마못가서싫증이납니
> 다ー(…중략…) 그래도저런끄나풀한마리가는게화장품이나옷감보다는훨씬났습
> 니다.좀처럼싫증나는법이없으니까요ー즉남자가외도하는ー아니ー좀다릅니다.
> 하여간싸움을해가면서벌어다가그날저녁으로저끄나풀한테빼앗기고나면ー아니
> 송두리째갖다바치고나면속이시원합니다.구수합니다.그러니까저를빨아먹는거
> 미를제손으로기르는세음이지요."14)

---

13) 이상, 「지주회시」(『조광』, 1936.6), 『이상 문학전집』 2, 306면.
14) 위의 책, 307~308면.

이 작품은 기생적 삶의 양태가 거미[蜘蛛]와 돼지[豕]로 양분되고 적빈(赤貧)의 아귀인 거미와 사치·방탕의 짐승적 형상인 돼지가 먹고 먹히는 현실의 악순환을 그리고 있다.[15] 「지주회시」의 현실은 단지 못 가진 자와 가진 자의 대립세계가 아니라 그러한 대립적 위계질서마저 무화되는 세계라는 점에서 더욱 문제적이다. 이는 "아내는꼭거미"―"이방이그냥거민게다"―"내가거미다"―"돈도거미"―"거미는나밖에없다"는 텍스트의 의미를 지배하는 알레고리에 의해 드러난다. 거미의 정체는 오와 마유미의 관계를 통해 좀 더 명백해진다. 첫 번째 인용문은 오가 그에게 귓속말로 마유미와의 관계에 대해 이야기한 것이고, 두 번째 것은 마유미가 그에게 귓속말로 그녀에게 있어서 오의 존재 의의를 말한 것이다. 귓속말을 한다는 것은 양자의 관계에 있어서 서로가 서로를 소외시키고 있음을 의미한다. 정작 상대방에게는 서로가 서로에게 원하는 진짜 의도를 속이고 있다. 그러나 더 일탈적이고 음험한 쪽은 마유미다. 오에게 마유미는 "금알낳는게사니"일 뿐이며 따라서 오는 "三十까지百萬圓꿈"을 그녀를 통해 구가하고자 하는 속물적인 욕망을 드러낼 뿐이다. 하지만 마유미는 하루에 3, 4원씩 벌어 화장품이나 옷감 등 상품의 소비에서 느끼는 쾌락보다는 차라리 좀처럼 싫증나지 않는 *끄*나풀 한 마리를 키우는 게 낫다고 말한다. 자신을 송두리째 빨아먹는 거미를 제 손으로 기르면서 자신을 매일같이 탕진시키는 마조히즘(masochism)적 희열을 느낀다. 그런데 빼앗고 빼앗기는 욕망의 결정체(結晶體)가 '돈'이다. "하여간싸움을해가면서벌어다가그날저녁으로저끄나풀한테빼앗기고나면―아니송두리째갖다바치고나면속이시원합니다.구수합니다.그러니까저를빨아먹는거미를제손으로기르는세음이지요"에서 알 수 있듯이 마유미는 자신이 벌어온 돈을 송두리째 갖다 바치는 행위를 자신을 빨아먹는 거미를 제 손으로 기르는 것에 비유한다. 즉, 돈은 마유미며, 마유미

---

15) 유희석, 「李箱과 식민지근대」, 『창작과비평』 107호, 2000년 봄, 273면.

는 돈이다. 이로써 욕망의 육체성과 인격성은 철저히 탈각된다.

　그와 아내의 경우를 보자. 그해 여름의 끝 무렵, "왕복엽서모양으로아내가초초히돌아왔다.낡은잡지속에섞여서배고파하는그를먹여살리겠다는 것이다. 왕복엽서―없어진半―눈을감고아내의살에서허다한指紋의냄새를맡았다."16) 지문의 냄새란 가출한 아내를 거쳐 간 사내들의 냄새일 것이다. 적어도 그 냄새는 돈 냄새가 아닌 것이다. 그런데 마유미의 귓속말을 듣고 난 후, 밤마다 양말 사이에서 지폐와 은화를 꺼내 놓는 아내를 떠올리는 그의 사유는 "오늘밤에는 아내는또몇개의그런은화를정강이에서뻴아놓으려나그북어와같은종아리에난돈자죽―돈이살을파고들어가서―고놈이아내의정기를속속들이빨아내이나보다.아―거미―잊어버렸던거미―돈도거미"17)라는 결론에 이른다. 돈은 움직이고 이동하는 활물(活物)의 성격, 즉 육체성을 지닌 거미로 표상된다. 하지만 그 거미는 아내의 육체성을 탈각시킨다. 점점 야위어만 가는 아내의 육체는 이를 수시로 증언한다. 육체성이 탈각된 욕망의 정체란 모호하고 무엇이라 규정할 수 없는 것이며 따라서 더욱 고착화된 성격을 지닌다. 왜냐하면 모호하기에 충족의 지점을 알 수 없기 때문이다. "참―아내야―대체내가무엇인줄알고죽지못하게이렇게먹여살리느냐"18)는 아내에 대한 연민의 발로이자 자신의 참담한 삶에 대한 자책이기도 하지만, 형해(形骸)만을 갖추었지 내용을 알 수 없는 아내와 그의 관계에 대한 절망적인 낯설음의 토로이기도 하다. 그러할 때, "그는그의생활의敍술에귀찮은공을쳤다."19) 즉 삶은 서술될 수 없는 것이 되어버린다. 가능한 것이 남아 있다면 사물(돈)의 운동과 관계형식의 미메시스(mimesis)20)이다.

---

16) 『이상 문학전집』 2, 304면.
17) 위의 책, 308면.
18) 위의 책, 308면.
19) 위의 책, 304면.
20) 미메시스는 모방이란 말로 번역될 수 있을 터이지만, 여기에서는 호르크하이머와 아도르노의 『계몽의변증법』에서 제시한 미메시스의 개념적 의미를 따르고자 한다. 두 저

또—과연거미다.(幻鬪)— 그는그의손가락을코밑에가져다가가만히맡아보았다.거미내음새는— 그러나＋원을요모조모로주무르던그새컴한지폐내음새가참그윽할뿐이었다.요 새큼한내음새— 요것때문에세상은가만있지못하고사람을더러잡는다— 더러가뭐냐. 얼마나많이축을내나.가담을수없는어지러운심정이었다. 거미— 그렇지— 거미는나밖에없다. 보아라. 지금이거미의끈쩍근쩍한촉수가어디로몰려가고있나— 쪽소름이끼치고식은땀이내솟기시작이다.21)

아내가 받아온 지폐—거미를 들고 냄새를 맡는 그는 급기야 거미와 육체적 일체화를 느낀다. 좀처럼 방안을 벗어나지 않았던 그는 외출을 한다. 활성을 되찾은 것이다. "노한촉수—마유미—㷱의자신있는계집— 끄나풀—허전한것—수단은없다."22) 물신의 폭력성에 대한 복수는 물신을 모방하는 행위밖에 없다. 그러하기에 그 복수는 동형반복이라는 비극적 순환의 운명에서 벗어날 수 없다. 「지주회시」의 마지막 문장이 "아내야또한번전무귀에다대이고 양돼지 그래라. 걷어차거든두말말고층계에서내리굴러라"23)인 사정은 여기에 있다.

「지주회시」의 그는 성인 남성에게 사회가 요구하는 최소한의 능력과

자들에 따르면, 미메시스란 원시적 주술의 형식으로 알 수 없는 따라서 공포스럽기도 하고 신비하기도 한 자연의 폭력성에 대응하는 한 방식인데, 자연과 사물을 객체화하여 주체에게 정복시키는 '합리화' 즉 계몽의 전략과 달리 자연 또는 사물을 모방하여 동화됨으로써 화해를 구하는 방식이다. M. Horkhimer · Th. W. Adorno, 김유동 · 주경식 · 이상훈 역, 『계몽의 변증법 *Dialectic of Enlighthement*』(New York; The Seabury Press, 1969), 문예출판사, 1995, 25~63면 참조. 한편 아도르노의 미학에서 미메시스는 중요한 개념이다. 아도르노에 따르면, 미메시스적 반응 방식은 주체와 객체가 확고부동하게 대립되기 이전 단계에 나온, 현실에 대한 한 가지 태도이다. 미메스시를 타부시하게 된 이래로 미메시스를 위한 수단으로 된 예술로 인해 그것은 가상적 성격을 지니게 되었으며, 형식의 자율성을 보완하고 나아가 가상을 수행하는 것으로 되었다. 아도르노는 보들레르, 사뮤엘 베켓 등 현대의 예술작품은 죽음의 원칙인 물화에 미메시스적으로 따른다고 말한다. 예술은 자체에 반대되는 것과 동화됨으로써만 그것에 반대할 수 있다는 것이다. Th. W. Adorno, 홍승용 역, 『미학이론 *Asthetische Theorie*』(Suhrkamp, 1970), 문학과지성사, 1984, 164~218면 참조.
21) 『이상 문학전집』 2, 313면.
22) 위의 책, 313면.
23) 위의 책, 314면.

규범을 갖출 수 없을 정도로 심각한 무기력의 상태에 있다. 이러한 무기력 상태를 「날개」(1936)는 퇴행(regression)의 상황으로 제시한다. 범박하게 정의하자면, 퇴행이란 사람이 어떤 장애를 만나 욕구불만에 빠져 현재 도달하고 있는 정신발달의 수준 이전의 미발달단계로 되돌아가 더 원시적이 되어 미숙한 행동을 취하는 일을 말한다. 「날개」의 화자는 아내에게 직업이 있었던가에 새삼스런 질문을 자신에게 던지며 아내의 직업이 무엇인지 알 수 없다고 단정한다. 아내가 준 50전짜리 은화를 "무엇에 써야 옳을지 몰라서" "그저 아무런 의욕도 기원도 없이 그 단추구녕처럼 생긴 틈사구니로 은화를 들여뜨려 둘 뿐이었다."24) 낮에는 조용하고 전등불이 켜지는 밤이면 낮보다 훨씬 화려한 유곽에서 살면서, '나'는 아내의 직업도 모르고 돈의 쓰임새를 모르겠노라고 고백하는 것이다. 해가 영영 들지 않는 자신의 방에서, 해가 드는 아내의 방으로의 방문은 오로지 아내가 외출하고 없는 동안에만 가능한 것인데, 아내의 정체는 아내를 통해서가 아니라 아내의 방과 아내의 화장품과 아내의 치마와 저고리, 아내가 놓고 가는 돈을 통해서 짐작할 수 있을 뿐이다. 이는 아내와 '나'의 관계가 육체성이 탈각된 물화된 관계임을 말해준다.

　　나는 거울을 내던지고 아내의 화장대 앞으로 가까이 가서 나란히 늘어 놓인 고 가지각색의 화장품 병들을 들여다본다. 고것들은 세상의 무엇보다도 매력적이다. 나는 그중의 하나만을 골라서 가만히 마개를 빼고 병 구녕을 내 코에 가져다 대이고 숨 죽이듯이 가벼운 호흡을 하여 본다. 이국적인 쎈슈알한 향기가 폐로 스며들면 나는 저절로 스르르 감기는 내 눈을 느낀다. 확실히 아내의 체臭의 파편이다. 나는 도로 병마개를 막고 생각해 본다. 아내의 어느 부분에서 요 내음새가 났던가를 …… 그러나 그것이 분명치 않다. 왜? 아내의 체취는 요기 늘어섰는 가지각색 향기의 합계일 것이니까.25)

---

24) 위의 책, 327면.
25) 위의 책, 322면.

위의 인용문은 '나'와 아내와의 육체적 관계, 아내에 대한 성적 욕망은 '나'에게 이미 박탈당한 것임을 말해 준다. 욕망의 육체적 대상으로부터의 격리 내지 접근 불가능함은 페티시즘(fetishism)을 낳는다. 즉 성적 욕망의 대상을 인격체가 아닌 사물로 이전시키는 것이다. 아내의 화장품 냄새를 맡으며 아내의 체취를 구성해 내고, "그 여러 조각의 치마에서 늘 아내의 胴體와 그 동체가 될 수 있는 여러 가지 포우즈를 연상하고" 아내의 육체의 자태를 그려본다. 그러면서 "내 마음은 늘 점잖지 못하다"고 고백하지만 아내의 육체와 나의 육체 그리고 성적 욕망과의 관련성을 어렴풋하게나마 짐작한다. 「날개」를 독해하는 데 있어, 아내와의 관계에서 탈각된 육체성을 복원해내려는 것이 '그'의 무의식적 욕망이라는 점은 중요하다. 이러한 욕망의 매개가 바로 '돈'이라는 것이 「날개」의 세계가 역설하는 비극적 패러독스이다.

'나'는 내객이 많은 날 아내가 자신에게 돈을 준다는 사실을 알아채고, 그 돈이 내객에게서 나오는 것임을 추론한다. 나아가 도대체 돈을 놓고 가는 쾌감은 무엇일까 연구를 한다. 이 불가해했던 맥락의 해명은 첫 번째 외출 후에 이루어진다. 어느 날 '나'는 외출을 하고 난 후 돌아와서 내객이 있는 아내의 방을 거쳐 자신의 방에 누워 불안과 후회의 시간을 보낸다. 거리에서 5원을 써보고 싶었으나 "나는 벌써 돈을 쓰는 기능을 완전히 상실한 것 같았다." 그도 그럴 것이, 돈의 쓰임새를 배웠던 최초의 곳은 거리가 아니라 아내와 아내의 내객의 관계를 통해서였다. 그러니까 그의 최초의 외출은 근대적 도시경험으로 해석하는 것보다는, 그의 방과 아내의 방 외부에서 찾아오는 '내객'의 동선을 따르기 위함인 것으로 보는 것이 타당하다. 그가 '내객'이 되기 위해서는, 외부에서 오는 자가 되어야 한다. 외출은 필연적이다.

한 시간 동안을 나는 이렇게 초조하게 굴지 않으면 안되었다. 나는 이불을 홱 젖혀 버리고 일어나서 장지를 열고 아내 방으로 비철비철 달려갔던 것이다. 내게는 거의 의식이라는 것이 없었다. 나는 아내 이불 위에 엎드리면서 바지 포켓 속에서 그 돈 五원을 꺼내 아내 손에 쥐어준 것을 간신히 기억할 뿐이다.

　이튿날 잠이 깨었을 때 나는 내 아내 방 아내 이불 속에 있었다. 이것이 이三十三번지에서 살기 시작한 이래 내가 아내 방에서 잔 맨 처음이었다.26)

　그러나 돈이 없다. 오늘은 외출하여도 나중에 올 무슨 기쁨이 있나. 나는 앞이 그냥 아뜩하였다. (……) 하늘에서 얼마라도 좋으니 왜 지폐가 소낙비처럼 퍼붓지 않나, 그것이 그저 한없이 야속하고 슬펐다. 나는 이렇게밖에 돈을 구하는 아무런 방법도 알지는 못했다. 나는 이불 속에서 좀 울었나보다. 돈이 왜 없냐면서 ……"27)

이렇게 내객의 행위에 대한 미메시스를 통하여 '나'는 욕망과 돈의 교환원리를 배운다. 33번지에서 살기 시작한 이내 아내의 방에서 최초로 잘 수 있었던 이유는 '아내'에게 돈을 주었기 때문이다. '나'는 다음 날 아침에도 아내의 이불 속에서 아내의 도발적인 체취를 맡느라고 낮잠도 제대로 자지 못한다. 즉 그가 배운 것은 돈의 교환기능만이 아니라 성적 욕망이었던 것이다. 이 욕망의 증폭은 외출에 대한 욕망을 야기하고 따라서 돈을 갈구하게 된다. 돈을 갖고 외출했다가 돌아와서 아내에게 주고 아내 방에서 잠을 잔다는 것이 그가 배운 도식이다. 돈이 외출→귀가→아내와의 잠을 가능하게 한 최종의 주권자이기 때문이다.

　그러나 외출과 돈, 아내와의 관계에 대한 욕망의 증폭은 자신의 존재에 대한 수치심을 동시에 증폭시킨다. "가운데 장지로 말미암아 두 칸으로 나뉘어 있었다는 그것이 내 운명의 상징이었던 것을 누가 알랴?"는 탄식의 진실은 그가 자신의 방에서 누에고치와 같은 퇴행의 상태에서 벗어남으로써 드러난다. 아내 방을 거쳐야만 밖으로 나갈 수 있고, 따라서 아내의 내객이 와 있는 동안은 꼼짝없이 자신의 방에서 유폐된

---

26) 『이상 문학전집』 2, 332면.
27) 위의 책, 335~336면.

상태로 드러누워 있어야 했다. 즉 그는 존재하지 않는 부재의 상태로 있어야만 했다. 아내는 그의 외출을 권유한 이유는 그녀의 매춘 행위는 그가 없는 곳에서 더욱 수월하기 때문이다. 그녀에게 있어서, 그의 외출은 좀 더 완벽한 그의 부재상태이다. 그러나 외출을 통해 아내 방의 진실을 알 수 있었다. 외출에서 돌아온 그가 최초의 문을 열고 들어가야 하는 방은 아내의 방이기 때문이다. 그가 외출을 통해 볼 수 있었던 광경은 섹슈얼한 성격의 정도를 더해 간다. 그가 목격한 광경을 첫 번째 외출에서 네 번째 외출까지 차례대로 열거해 보면 다음과 같다. 첫 번째에서는 "미닫이가 열리면서 아내의 얼굴과 그 등뒤의 낯설은 남자의 얼굴이 이 쪽을 내다보는 것이다"28)이며, 두 번째 외출을 한 후에는 "그 일각대문에서 아내와 아내의 남자가 이야기하고 섰는 것을 만났다."29) 세 번째 외출을 통해서는 "나는 보면 아내가 좀 덜 좋아할 것을 그만 보았다."30) 네 번째 외출에서는 "나는 내 눈으로는 절대로 보아서 안될 것을 그만 딱 보아 버리고 만 것이다."31) 이 네 번째 외출은 '나'를 밖에서 갇힌 자가 되게 만든다. '나'는 전처럼 아내의 방을 거쳐 나의 방에 들어갈 수도 없었던 것이다. 절름발이 부부의 숙명을 받아들인다고 해도, "나는 이 발길이 아내에게로 돌아가야 옳은가 이것만은 분간하기가 좀 어려웠다."32) 이는 끝내 절름발이의 숙명을 극복할 수도 없다는 자기 모멸감이자, 그렇다고 아내의 내객과 자신을 완벽하게 동일시할 수도 없다는 자아에게 남아 있는 한줌의 도덕을 의미한다.

③ 「날개」의 서두에 제시된 아포리즘 중 '박제(剝製)가 되어버린 천재(天才)'가 자율성을 박탈당한 근대적 자아를 상징한다는 것은 굳이 설명

---

28) 위의 책, 329면.
29) 위의 책, 334면.
30) 위의 책, 338면.
31) 위의 책, 341면.
32) 위의 책, 343면.

을 하지 않아도 될 것이다. 그런데 "女王蜂과 未亡人—世上의 하고많은 女人이 本質的으로 이미 未亡人 아닌 이가 있으리까? 아니! 女人의 全部가 그 日常에 있어서 개개 「未亡人」이라는 내 論理가 뜻밖에도 女性에 대한 冒瀆이 되오?"[33]라는 아포리즘은 이상 문학이 주조해 내고 있는 여성의 성격과도 관련이 있다는 점에서 주의 깊게 볼 필요가 있다. 우선 「날개」의 텍스트 속에서 이 아포리즘의 의미를 생각해 본다면, 아내의 매춘 행위를 가능케 하는 '나'의 부재 상태와 관련이 있다. 유폐된 방에서 갇혀 있어야 하는 경우나, 외출했을 때, 그리고 아내가 준 약을 먹고 잠에 빠져 있는 상태, 나아가 여기에서 아내가 의도했을지도 모르는 '나'의 죽음—이는 아내 편에서 보면 남편의 완벽한 부재 상태, 즉 미망인의 상태이다. 여왕봉과 미망인으로 규정된 여성은 궁극적으로 남성의 파멸과 부재를 기도하는 부정적 존재이다. 하지만 또 벗어날 수 없는 존재이기도 하다. 즉, 창녀는 행복을 보장하지만 동시에 그녀가 행복하게 만들어준 자의 자율성을 파괴한다. 이것이 바로 그녀의 이중성이다.[34] "박제가 되어 버린 천재", 즉 자율성을 상실한 근대적 자아의 표상은 텍스트 전체 상에서 보자면, 창녀이자 아내인 여성과의 관계를 통해 구축된 메타포이다.

「날개」의 연심(蓮心)뿐만 아니라, 「봉별기(逢別記)」(1936)의 금홍(錦紅), 「종생기(終生記)」(1937)의 정희, 「동해(童骸)」(1937)의 임(姙) 등 이상 소설에서 나오는 여성은 천사이자 악마, 어머니이자 요부라는 여성에 대한 남성 인식의 두 축을 응결시킨 존재라고 할 수도 있다. 이러한 여성 인식과 근대성의 성격을 결부시켜 이재복은 주목할 만한 견해를 제시한다. 이재복은 이상 소설에서의 여성을 주체의 시선에 의해 구성된 '타자화된 창부의 몸'으로 바라본다. 첫째, '독화(毒花)'로서의 창부의 몸은 이중성과 중층성을 내포한다. 즉 요부이자 어머니로 구축되는 여성의

---

33) 위의 책, 319면.
34) M. Horkhimer · Th. W. Adorno, 앞의 책, 110면.

몸의 속성은 차이를 끊임없이 유지하면서도 그 의미를 지연시키는 것으로, 따라서 이에 대해 주체는 양자의 속성에 대한 일방적인 선택을 감행할 수 없게 된다. 이러한 딜레마를 구성하고 있는 독화로서의 창부의 몸은, 순수와 비순수, 이성과 감성, 육체와 정신, 아름다움과 추함 사이에서의 딜레마를 내포하는 근대적 세계의 이중성을 상징하는 메타포이다. 둘째, 이상 소설에서 창부의 몸은 손에 잡힐 듯하지만 잡히지 않는, 언제나 불투명하고 애매모호한 욕망의 대상인데, 이는 주관적 표상과 객관적 실재의 불일치에 대한 경험을 메타포한 것으로 해석한다.[35]

여기에 덧붙여 두고 싶은 것이 있다면, 이상 소설에서 근대적 자아가 타자를 자아화하는 방식, 즉 동일시와 배제 그 어느 것으로도 귀착되지 않는다는 사실이다. 1920년대 소설에서 신여성에 대한 비난은 배제의 원리를 통한 자아의 구축으로 이어졌고, 1930년대 장편소설에서 나타난 처녀성과 모성성에 의한 여성성의 구성은 동일시를 통한 것이었다. 또한 이 양자 모두 반드시 도덕적 주체의 확립으로 이어졌다. 이때의 도덕적 주체의 확립은 자아의 우월성과 자기유지를 위한 기제였다. 하지만 이상의 소설에서는 오히려 이러한 도덕적 주체의 구성은 좌절되고 포기된다.

「동해(童骸)」(1937)는 '나'와 '임(姙)이' 그리고 '윤(尹)'의 관계에 대한 이야기다. 임이와 신방을 차리려는 '나'는 그녀에게 그동안 몇 남자와 관계가 있었나를 추궁한다. 또한 '결혼'을 한 후에는 임이에 대한 배타적 독점권을 윤에게 주장한다. "그러나 尹! 들어보게. 자네가 모조리 핥았다는 姙이의 裸體는 그건 姙이가 沐浴할 때 입는 비누 듀레스나 마찬가질세! 지금 아니! 전무후무하게 姙이의 벌거숭이는 내게 獨占된 걸세, 그리게 자넨 그만큼 해두고 병정구두 겉은 교만을 좀 버리란말일세, 알아듣겠나."[36] 임이에 대한 배타적 독점권에 대한 주장은 가부장적 질서

---

35) 이재복, 「李箱 소설의 몸과 근대성에 관한 연구」, 한양대 박사논문, 2001, 58~71면 참조.

와 사회의 지배적 성 규범을 따르겠다는 의지의 표명이기보다는 임과 자신의 관계에 있어서 어떤 단독성에 대한 의지이다. 윤이 관계한 임이의 육체는 드레스, 즉 허깨비일 뿐이며 임이의 벌거숭이, 그러니까 실체는 유일하게 자신에게 속한다는 의미이기 때문이다. 이를 "19세기식" 정조 관념에 의지해 설명할 수밖에 없었던 것이 '나'의 비극이었다.

왜냐하면, 여자란 정복하고 나면 그만일 뿐이라는 윤의 논리에서는 나의 주장이 수렴될 여지가 없었다. 임이는 "尹헌테 내애준 肉體는 거기 該當한 貞操가 法律처럼 붙어갔던 거구요, 또 지이가 어저께 결혼했다구 여기도 해당한 정조가 따라왔으니까 뽐낼 것두 없능거구 嫉妬헐 것도 없능거구, 그러지 말구 겉은 選手끼리 握手나 허시지요, 네?"[37] 라고 말한다. 이 발언은 남성 중심적 정조 개념을 전복시키는 응수이다. 윤의 논리가 여성의 정조라는 것은 여성의 성적 매력의 가치를 결정하는 남성적 기준일 뿐이라는 것을 극단화한 논리라면, 임이의 논리는 사실상 여성에게만 부가되는 정조 개념을 남성적 포즈로 거부한 것이다. 말하자면 둘의 논리는 가부장적 정조 관념을 양극단까지 밀고가 그 허구성을 폭로하고 전복시킨다. 19세기식 정조 관념에 의지해 임이에 대한 배타적 독점권을 주장하려 했던 '나'의 기도가 포기될 수밖에 없다.

한편, 윤과 임이의 대응논리에 있어 공통된 것이 있다면, 타자와의 관계에 있어 유일무이한 단독성이란 존재하지 않는다는 것이다. 윤의 논리에 따르자면, 임이는 한갓 그가 정복한 무수한 여자 중 한 명일뿐이며 정복한 이상 자신에게 아무런 매력이 없는 범상한 존재이다. 임이의 말을 따르자면, '나'는 임이의 육체에 따라오는 정조를 얻은 많은 남자 중에 하나일 뿐이다. 자율성의 진제조건인 개성(individuality) 즉, 차이는 무시된다. 그럼으로써 무자비한 교환원리에 포섭된다. 나아가 직접적인 욕망으로서의 성욕은 모든 것을 작용 대상으로 만들며 결국 차이 없게

---

36) 이상, 「동해」(『조광』, 1937.2), 『이상 문학전집』 2, 274면.
37) 위의 책, 274~275면.

만든다[38])는 것을 말해 준다.

> 나는 차츰차츰 이 客 다 빠진 텅 빈 空氣 속에 沈沒하는 果實 씨가 내 허리띠에 달린 것 같은 恐怖에 질리면서 정신이 점점 몽롱해 들어가는 벽두에 T군은 은근히 내 손에 한 자루 서슬 퍼런 칼을 쥐여준다.
> (復讐하라는 말이렷다)
> (尹을 찔러야 하나? 내 決定的 敗北가 아닐까? 尹은 찌르기 싫다)
> (姙이를 찔러야 하지? 나는 그 毒花 핀 눈초리를 網膜에 映像한 채 往生하다니)
> 내 心臟이 꽁꽁 얼어들어 온다. 빼드득 빼드득 이가 갈린다.
> (아하 그럼 自殺을 勸하는 모양이로군, 어려운데 어려워, 어려워, 어려워)[39]

이러한 무차별한 맹목성에의 굴종은 자아의 부정이요, 가부장적 성 규범의 고수는 지성의 배반이자 위선의 포즈임이 명백할 때, '나'에게 남은 길은 자신을 적멸의 지경으로 몰고 가는 것밖에 없다. 왜냐하면 자아를 자아이게 만드는 정체성의 안전한 거처는 세상에 존재하지 않기 때문이다. 넉 달 동안 집을 나가 소식 한자 없이 잠잠한 아내에 대한 분노와 자기혐오가 한 축을 차지하고 있는 「공포(恐怖)의 기록(記錄)」(1937)에서 "아무도 오지 말아 안 드릴 터이다. 내 이름을 부르지 말라"[40]는 도저한 자기부정의 전언도 이러한 맥락에서 가능한 것이었다. 여성에 대한 배제와 동일시가 아닌, 오히려 철저한 자기 소외와 자기 부정의 길을 택했던 이상 소설에서 여성은 어떤 의미에서는 결코 자아화할 수 없는 타자였다.

이상 소설의 근대적 자아가 보여준 자기 분열적이고 파괴적인 내면성은 실상 가부장적 제도와 규범 그리고 모든 인간관계마저 물화시키

---

38) Theodor W. Adorno, 최문규 역, 『한줌의 도덕 Minima moralia』(London : New Left Books, 1974), 솔, 1995, 127면.
39) 『이상 문학전집』 2, 282면.
40) 이상, 「공포의 기록」(『매일신보』, 1937.4.25~5.15), 『이상 문학전집』 2, 202면.

는 근대 자본주의 사회와의 부침 속에서 형성된 것이다. 주체의 내면적인 깊이란 자아에 의해 지각된 외부세계가 유연하고 풍성하다는 것 외에 다른 무엇을 의미하는 것이 아니다.[41] 그 와중에 야기되는 모욕감과 자기혐오는 자아의 물화에 대한 필사적인 저항의 흔적이다. 이상의 "絶望과 否定이 絶對에의 探究나 飛躍을 끌어내지는 못했다는 것,"[42] 그것은 이상 문학의 한계가 아니라 최대의 장점이다. 왜냐하면 이미 사회적으로 승인된 견고한 규범과 도덕으로의 손쉬운 승화마저 거부한 채 자기 부정으로 말할 수밖에 없는 새로운 윤리, 즉 불가능한 유토피아를 갈망하는 윤리의 흔적이기 때문이다.

이러한 근대적 자아와 비교할 때, 이상 소설의 여성들은 언제나 천연덕스러웠다. 내면성이 없는 존재이다. 내면성을 앞서 말한 바와 같이 이해하자면, 내면성이 없는 여성이란 역사성과 사회성의 층위가 배제된 존재이자 이미지였다. 최명익의 소설에서도 드러났듯이, 여성은 죽음에 이르는 관능의 이미지로 재현되었다. 여성의 관능적 성격은 남성 지식인의 무기력과는 대조되었다. 이러한 의미에서 여성성의 이러한 재현은 이성과 합리성으로 성격화된 남성성의 위기를 집약해 준다. 관능적인 여성 이미지에 대한 남성들의 매혹은 남성의 여성화를 말하는 것이기 때문이다. 따라서 이러한 여성의 이미지는 이성의 자율성과 합리성이 붕괴된 근대적 삶의 퇴폐성을 상징한다. "박제가 되어버린 천재", 즉 자율성을 상실한 근대적 자아의 상태가 여성과의 관계에서 도출된 것임을 고려한다면, 여성은 매혹의 대상이지만 결국은 자율성을 박탈당하게 하는 존재였던 것이다. 이러한 여성의 성격이 관능적 성격을 요체로 주조되었다는 점에서 여성을 생물학적 존재로 국한시키고자 했던 종래의 인식론과 맞닿아 있다. 여성은 과도한 성적 욕망을 애초에 타고났으며

---

41) M. Horkhimer · Th. W. Adorno, 앞의 책, 256면.

42) 조건상, 「1930년대 소설에 나타난 사회인식의 양상」, 『대동문화연구』 20집, 성균관대 대동문화연구원, 1986, 136면.

그것을 절제할 만큼의 이성을 갖고 있지 못하다는 인식을 여기에서도 확인하게 된다. 도덕으로의 승화는 거부되었지만 여성에 대한 인식론적인 전제가 철회되지 않았던 것이다. 이러한 간극에 있었기 때문에 이상은 19세기식 '정조' 관념을 거부하고 싶었음에도 불구하고 철저히 거부하지 못했던 것이다.

2. 토속적 인간형의 탄생과 본능의 자연화

앞에서 살펴본 모더니즘 소설은 근대사회가 성적 욕망을 관리하는 형식에 압도당한 근대적 자아를 통해서 근대적 삶의 산문성과 퇴폐성을 형상화하였다. 그러나 생명력과 활기에 대한 강력한 메타포 또한 성적 욕망의 차원에서 전개되었다. 김남천의 「이리」(1939)라는 작품의 서두는 다음과 같이 시작된다.

> 악(惡)이든 선(善)이든 간에, 세상을 송두리채 삼켜 버릴 듯한 그러한 성격을 가진 사람을 대하고 싶다. 반드시 피로한 신경이 파격적인 자극이거나, 충격적이거나, 그러한 색다른 맛을 구하여 보고 싶다는, 엽기적(獵奇的)인 호기심에서 나오는 것만은 아닐 거라고 생각하면서 나는 오랫동안 그러한 성격을 탐구하기에 내심으론 적지 않은 노력을 거듭하여 보았다. 악의 아름다움, 혹은 선의 아름다움―그것보다도 악이라든가 선이라든가, 그러한 모랄이 개입될 여지가 없도록 우선 강렬한 걷잡을 수 없는 성격의 매력―그렇게 나는 막연히 생각해 보는 것이다. 그리고는 잠시 동안이나마 이러한 매력에 휩쓸려서 나 자신을 송두리째 그 곳에 파묻고 의탁해 보고 싶은 그러한 욕구―43)

---

43) 김남천, 「이리」(『조광』, 1939.6), 『맥』(을유문화사, 1947), 『북으로 간 작가선집』 1, 을유문화사, 1988, 137면.

선과 악이라는 모럴이 개입될 수 없을 정도로의 강력한 성격에 대한 갈망은 역으로 지식인인 화자의 무기력을 반증한다. 어느 날 화자인 '나'에게 "강렬한 걷잡을 수 없는 성격의 매력"의 한 가지 전형을 얻을 기회가 다가오는데, 다름 아니라 신문기자 박군이 취재한 치정사건을 통해서였다. 마흔 일곱 살의 권명보는 시골 계집들을 유인해서 유곽에 알선해 주는 서주호에게 넘기는 일을 하는 작자인데, 유독 언년이란 열 일곱 살 난 계집에게서 강렬한 성적 매력을 느낀다. 언년이를 자신의 것으로 만들고자 서주호와 담판을 내려다가 결국에는 칼부림을 벌이는 사태에까지 이른다는 것이 그 치정사건의 개요이다. 비정하기조차 한 욕망의 사투를 벌이는 이들의 성격에 박군과 화자 모두가 어떤 경외조차 갖게 된다. 그러한 갈망의 원인에 대해서 박군은 "그 강렬한 성격에 대한 갈망이란 게, 더두 말고, 바로 현대인의 피곤한 심경이란 게요"[44] 라며 나름대로 분석을 내린다. 현대인이란 도시 인텔리겐차를 암시한다고 할 때, 「이리」의 권명보라는 사나이는 무질서한 자연의 그것을 상기시킬 정도의 야수적 육체성을 지니고 있는 것으로 그려진다. 그가 도덕적 지적인 면에서는 도시 인텔리겐차를 뛰어넘을 수 없지만, 오히려 반지성(反知性)의 상태가 그를 생명력 있는 존재로 만들고 있다. 이 지점에서 도시와 시골, 문명과 자연, 정신과 육체의 위계 질서적 가치 체계가 전복되는 세계가 개입된다.

이상은 결코 자연을 피안의 알레고리로 내비치는 작품을 쓴 적은 없지만, 한 에세이에서 이런 구절을 남겼다. "나는 왜 저 崔 서방의 조카처럼 아주 영영 放心狀態가 되어 버릴 수가 없나? 이 窒息할 것 같은 倦怠 속에서도 些細한 勝負에 拘束을 받나? 아주 비보기 되는 수는 없나? 내게 남아 있는 이 치사스러운 人間 利慾이 다시없이 밉다. 나는 이 마지막 것을 免해야 한다. 倦怠를 認識하는 神經마저 버리고 完全

히 虛脫해 버려야 한다."45) 여기서 최서방의 조카란 촌사람이다. 이상은 「권태(倦怠)」(1937)라는 이 글에서 촌사람의 순진무구함에 대해 열등감이 느껴질 정도의 부러움을 토로하고 있다. 실제로 1930년대 중·후반 이효석·김유정·김동리·정비석 등은 시골을 무대로 순진무구한 하층민의 세계를 뚜렷한 문학적 윤곽으로 제시하였다. 이효석의 「모밀꽃 필 무렵」(1936)의 허생원, 김유정의 작품에 나오는 숱한 만무방들, 김동리의 「황토기(黃土記)」(1939)의 억쇠와 득보 등의 인물은 대개가 하층민이지만 계급의식이나 당대 모순의 담지자로 환원되지 않는다. 또한 서구 개인주의에 기초한 자기 결정력을 지닌 근대적 개인이라고도 할 수 없다. 요컨대 이광수의 『무정』(1918) 이래로 추구되어오던 한국 근현대소설의 근대적 자아와는 어떤 거리를 두고 있는 것이다. 이러한 의미에서 이들 하층민을 토속적 인간형이라고 명명하겠다. 한편 토속적 인간형이 등장하는 작품의 특징 중 하나는 근대적 자아를 표상했던 지식인이 등장하지 않으며, 농촌이라고 할 수도 없는 자연을 배경으로 한다는 점이다. 이러한 점을 염두에 두고, 이들 작품을 살펴보면서 성적 욕망은 일탈적이고 규범이 파괴되었다는 차원에서는 앞서 살펴본 모더니즘 소설과는 공통된 특성을 보인다. 하지만 그 의미망은 달라진다. 근대적 자아의 무기력한 양상과 달리 원시적인 생명력과 본능의 세계가 어떻게 하층민에게 투영되었는지 논의하겠다.

　　① 토속적 인간형의 시조를 찾아 올라가 보자면, 1920년대 김동인의 「감자」, 나도향의 「뽕」과 「물레방아」 등에 나타난 하층민들을 들 수 있을 것이다. 그러나 1920년대 그것과도 다른 점이 있다면, 1930년대 토속적 인간형은 자연의 성격과 함께 부조되었다는 것이다. 1920년대 이들 작품들에서 시골은 자연적 속성보다는 농촌의 계급 질서와 거기서 야

---

45) 이상, 「倦怠」(『조선일보』, 1937.5.4~5.11), 『이상 문학전집』 3, 142면.

기되는 갈등을 서사의 결절로 삼기 위해 배경으로 채택되었다. 그런데 1930년대 이들 토속적 인간형의 세계에서 시골은 문명 또는 문명화된 공간으로서의 도시와 대비되는 '자연'의 속성을 고스란히 드러내는 배경으로 제시된다.

물론 1920년대 문학에서도 이러한 자연에 대한 주목이 없었던 바는 아니다. 예컨대, 동인지문학에서 또 하나의 주류를 이루는 것은 기행문이나 자연에 대한 비유를 통해 예술이나 근대적 자아의 의미를 밝힌 글들이다. 동인지문학에서 자연은 이상적 자아의 나르시시즘이나 절대화된 자아의 현실초월에 정당성을 부여하는 편의적 도구로 기여하곤 했다.[46] 가령, 남궁벽은 「자연(自然)－오산편신(五山片信)」에서 자연의 아름다움과 영원성을 찬양하는데, 그 찬양의 근거는 바로 문명과 자연, 도회와 시골의 대립 속에서 가능한 것이었다. "가락지꽃에 입맞춘 내 입술은, 그러한 일을 하지 않은 사람들의 입술과 다를지도 모른다 (…중략…) 달라야 한다."[47] 남궁벽의 이 글은 전원생활을 하는 자신의 삶에 대한 개인적인 애착을 넘어서서 거기에 우월적인 가치부여를 하는 논리를 잘 보여준다. 그러나 순전히 자신의 삶의 이상적인 준거로 활용되는 자연이란 문명화된 사회와 도시와의 대비 속에서 교환법칙의 메카니즘에 포괄된 그것이다. 이러한 교환법칙의 메카니즘을 은폐하고 자연이 하나의 직접성의 표상으로 드러날 때, 자연체험이란 기실 도덕적으로 나르시시즘적인 만족에 불과하다. 즉 그처럼 자연의 은혜를 알고 기뻐할 수 있다니 얼마나 선량한가 하는 것이다.[48] 즉 근대적 자아의 도덕적 나르시시

---

46) 황호덕, 「1920년대 동인지문학의 성격과 미적 주체 담론」, 성균관대 석사논문, 146~176면 참조.
47) 남궁벽, 「자연－오산단편」, 『폐허』 창간호, 1920.7, 72면.
48) Th. W. Adorno, 홍승용 역, 『미학이론 *Asthetische Theorie*』(Suhrkamp, 1970), 문학과지성사, 1984, 116면 참조. 아도르노가 덧붙이기를, "자연미는 비록 사회적 내재성에 의해 매개되기는 하였어도 그러한 (시민사회의 노동과 상품의) 피안에 대한 알레고리임에는 변함이 없다. 그러나 화해 상태가 이미 이루어진 것으로 위장될 경우 그러한 알레고리는 화해되지 않은 상태를 은폐하고 그런 상태 속에서도 미가 가능하다고 정당화하는 데

즘을 부각시키는 데 자연이 차용되었다. 이러한 경향은 이광수의 『흙』
이나 이태준의 『제이의 청춘』과 같은 작품에서도 읽어낼 수 있다.

1930년대 토속적 인간형의 세계에서 자연은 도덕적으로 윤색된 유토
피아와는 사뭇 다른 것이었으며 오히려 도덕적 가치판단을 무력화시키
는 원시성과 본능의 세계로 제시된다. 이러한 자연은 특정한 공동체를
만들어내는 사회경제적 토대와 풍부한 삶의 양식으로서의 문화라는 역
사적 지평을 넘어선 곳에 존재한다. 당대 리얼리즘 소설 최고봉인 이기
영의 『고향』(1934)의 원터 마을이 부재지주─마름─소작농이라는 계급적
구조와 우편 제도와 철도, 대규모 공장 등 근대적 문물과 제도의 부침
속에서 존재하는 공간49)이었다. 또한 이광수의 『무정』(1918)의 대미를
장식하는 삼랑진 수해 장면은 수난의 민족을 상징하며, 염상섭의 『만세
전』(1921)에서 이인화의 경멸적 시선의 종착지인 고향은 반봉건적 질곡
이라는 무덤이었다. 『무정』과 『만세전』에서 당대의 식민지 조선을 결여
태로 인식하는 구도는 문명 대 야만, 진화 대 퇴보라는 사회 진화론에
의해 작동되는 것이며, 따라서 시골(조선)은 과거와 반(半)봉건을 상징한
다. 이는 서구적 근대 추구에서 오는 자학적인 것이기도 하지만, 이들
작품에서 시골이란 공간은 전체 사회의 역사적 변화와 교통해야만 하
는 장소로서 당대적 의미망을 벗어나지 않는다.

흔히 김유정의 작품들은 일제강점기의 농촌의 궁핍상을 핍진하게 형
상화했다는 평가를 받지만, 표면적인 소재나 주제상의 이해 차원을 넘
어서야 하는 특징이 있다. 정상적인 농민 생활이란 땅에 대한 애착, 씨
뿌리고 열심히 농사짓기, 소작쟁의가 있다면 싸우는 것일 텐데, 김유정
의 소설은 이러한 정상적인 농민 생활이 끝난 곳에서 시작되는 소설이
라는 서준섭의 지적50)은 김유정 소설의 공간적 배경인 농촌의 성격을

에 도움을 주는 수단으로 격하되고 만다." 117면.

49) 이에 대해서는 김윤식, 「이기영론」, 『한국 현대 현실주의 소설 연구』, 문학과지성사,
1990, 18~29면 참조.

시사한다. 즉 김유정 작품에서 자연은 더 이상 인간의 노동의 대상이
아니다. 노동은 자연을 인간의 합목적적인 계획에 따라 인간 의식의 외
재화된 대상으로 만드는 과정을 의미한다. 그런데 김유정 소설에 등장
하는 허다한 만무방들은 노동하지 않는다. 그들이 규범과 이성에 의해
규제되지 않은 자신의 욕망을 맹목적으로 추구한다. 이러한 인물 성격
은 김유정이 설정한 농촌의 성격을 간접적으로 보여준다. 즉 김유정이
작품 속에서 형상화한 시골은 이성을 모르는, 그러하기에 완강한 본능
이 펼쳐지는 무대였던 것이다.

　토속적 인간형의 세계에서 자연은 인간 문명의 인위적 구조와 대조
를 이루어 유기적으로 성장해 온 것, 인간에 의해 창조되지 않은 것이
라는 의미를 획득하게 된다. 동시에 그것은 자연적인 상태로 남아 있는,
최소한 다시 한 번 자연적인 상태로 돌아가려는 경향을 보이거나, 혹은
열망하는 인간의 내면성의 그러한 측면으로 이해될 수 있는 것이다.[51]
이러한 자연의 성격은 여러 작품에서 등장인물의 삶을 자연에 상응하
는 것으로 제시하는 방식을 통해 형상화된다.

　액자 소설인 「무녀도」(1936)에서 액자 안의 이야기는 "경주읍에서 성
밖으로 십여 리 나가서 조그만 마을이 있었다. 여민촌 혹은 잡성촌이라
불리는 마을이었다"는 서술로 시작된다. 그러고 나서 모화가 사는 폐가
(廢家)가 묘사된다.

　　이 마을 한구석에 모화라는 무당이 살고 있었다. 그것은 한 마리 찌그러져
　가는 묵은 기와집으로 지붕 위에는 기와버섯이 퍼렇게 뻗어 올라 역한 흙냄

---

　50) 이는 한림대학교 아시아문화연구소 제9회 학술연구발표회 「김유정 문학의 재조명」
　　　(1994.3.25) 종합토론에서의 발언이다. 전신재 편, 『김유정문학의 전통성과 근대성』, 한
　　　림대 아시아문화연구소, 1997, 339면 참조.
　51) Georg Lukács, 박정호·조만영 역, 『역사와 계급의식 *Geschichte und Klassenbewußtsein,
　　　Studien über marxistische Dialektic*』(Sonderausgabe der Sammlung Luchterhand, Darmstadt und
　　　Neuwied 1970), 거름, 1986, 220~221면 참조.

새를 풍기고, 집 주위에는 앙상한 돌담이 군데군데 헐린 채 옛성처럼 꼬불꼬
불 에워싸고 있었다. 이 돌담이 에워싼 안의 공지같이 넓은 마당에는, 수채가
막힌 채 빗물이 고이는 대로 일년 내 시퍼런 물이끼가 뒤덮여, 늘쟁이, 명아
주, 강아지풀 그리고 이름도 모를 여러 가지 잡풀들이 사람의 키도 묻힐 만큼
거멓게 엉키어 있었다. 그 아래로 뱀같이 길게 늘어진 지렁이와 두꺼비같이
늙은 개구리들이 구물거리고 움칠거리며 항시 밤이 들기만 기다릴 뿐으로, 이
미 수십 년 혹은 수백 년 전에 벌써 사람의 자취와는 인연이 끊어진 도깨비굴
같기만 했다.52)

모화가 사는 폐가는 작품의 전설적 분위기가 집약된 상징물이라고
볼 수 있겠지만53) 좀 더 적확하게는 자연적이고 원시적인 공간이다. 사
람이 손길과 발길이 닿은 흔적조차 없는 을씨년스러운 집과 마당의 외
관 묘사는 "이미 수십 년 혹은 수백 년 전에 벌써 사람의 자취와는 인
연이 끊어진 도깨비굴 같기만 했다"는 진술로 모아지듯이, 인간의 개입
을 불허하는 달리 말하자면, 미분화 상태의 원시성을 드러낸다. 모화 또
한 인간과 자연물을 구분하지 않는다.

모화는 사람을 볼 때마다 늘 수줍은 듯 어깨를 비틀며 절을 했다. 어린애를
보고도 부들부들 떨며 두려워했다. 때로는 개나 돼지에게도 아양을 부렸다.
그녀의 눈에는 때때로 모든 것이 귀신으로만 비친다는 것이었다. 그것은 사
람뿐 아니라, 돼지, 고양이, 개구리, 지렁이, 고기, 나비, 감나무, 살구나무, 부
지깽이, 항아리, 섬돌, 대추나무 가시, 제비, 구름, 바람, 불, 밥, 연, 바가지, 다
래끼, 숟가락, 호롱불…… 이러한 모든 것이 그녀와 서로 보고, 부르고, 말하
고, 미워하고, 시기하고, 성내고 살 수 있는 사람같이 생각되곤 했다. 그리하여
그 모든 것을 〈님〉이라 불렀다.54)

---

52) 김동리, 「무녀도」(『중앙』, 1936.5), 『김동리 전집』 1, 민음사, 1995, 79면.
53) 진정석, 「김동리 문학 연구」, 서울대 석사논문, 1992, 30면.
54) 김동리, 앞의 책, 82면.

여기서 인간이 자연으로부터 분리되지 않았던 인류의 초기단계에 '마나'로 경배되는 종교적 원리에 대한 호르크하이머와 아도르노의 언급을 참조해 보는 것도 좋겠다. 그들에 따르면, "알려지지 않은 것, 낯선 것은 모두 원초적이고 분화되지 않은 것이다. 그것은 또한 경험계를 초월하는 것이고, 사물의 이미 알려진 속성 외에 사물 속에 있는 「그 이상의 무엇」이다. 이 경우 원시인이 초자연적인 무엇으로서 경험하는 것은 물질적인 것과 대립되는 어떤 정신적인 실체가 아니라, 개개의 사물과 구별되는 「뒤엉킨 자연 전체」이다."55) 모화에게 있어서도, 인간뿐만 아니라 자연과 사물은 위계질서에 의해 분류되거나 분화되지 않는다. 또한 모든 것에 정령(귀신)이 깃들어 있다.56) 모화의 삶은 '뒤엉킨 자연 전체' 속에 융화되어 있다. 「황토기」(1939)에서 제시된 상룡설·쌍룡설·지맥설 등의 설화는 무엇보다도 억쇠와 득보의 삶과 자연과의 상관성을 보여주는 중요한 장치이다. 안냇벌에서 벌이는 억쇠와 득보의 '거룩한 향연'은 일종의 제식이라고 할 수 있는데, 그들의 삶을 관장하는 자연의 원리에 대한 순응을 상징한다.

요컨대 억쇠, 득보의 삶은 제시된 공간과 친연성을 보인다. 이렇게 제시된 자연은 다른 삶의 가능성 자체를 무화시키고 있다는 점에서 폐쇄적이며 정물적이다. 이는 이효석의 「모밀꽃 필 무렵」(1936)에도 적용된다. 봉평에서 대화까지의 칠십 리 밤길은 허생원에 있어서 가장 찬란했던 삶의 사연을 의탁하는 무대로 기능한다.

"달밤이었으니 어떻게 해서 그렇게 됐는지 지금 생각해도 도무지 모르겠어."

---

55) M. Horkhimer·Th. W. Adorno, 김유동·주경식·이상훈 역, 『계몽의 변증법 *Dialectic of Enlightenment*』(New York; The Seabury Press, 1969), 문예출판사, 1995, 39~40면.

56) 벨은 원시적 세계관의 세 가지 주요한 특징을 정령론(animism), 자연에 대한 외경심, 그것들이 표현되는 제식(ritual)을 든다. Michael Bell, 김성곤 역, 『원시주의』, 서울대 출판부, 1985, 73면.

허생원은 오늘밤도 또 그 이야기를 끄집어내려는 것이다. 조선달은 친구가
된 이래 귀에 못이 박히도록 들어왔다. 그렇다고 싫증을 낼 수도 없었으니 허
생원은 시침을 떼고 되풀이 할 대로는 되풀이하고 말았다.[57]

봉평에 다니던 젊은 시절, 성서방네 처녀와의 사연이 있었던 밤도 달
밤이었던 것이다. 박헌호가 지적했듯이, 성서방네 처녀와의 하룻밤 인
연을 맺은 사연은 '달밤이었으나'라는 한마디의 말로 그 성격이 집약된
다. 즉 허생원 자신이 어떻게 해서 그렇게 되었는지 모르는 그 사연은
달밤의 신비한 매력에 저도 모르게 이끌린 것으로밖에 해명할 도리가
없는 것이다.[58] 허생원이 봉평장을 빼논 적이 드물었던 이유도 바로 성
서방네 처녀와의 사연 때문이며, 매번 봉평에 들르면서 처녀의 부재를
확인하면서도 다른 삶의 방도를 찾지 않는다. "옛 처녀나 만나면 같이
나 살까……난 거꾸러질 때까지 이 길 걷고 저 달 볼테야." 즉, 달밤은
허생원의 운명을 결정했으며, 봉평과 대화까지의 길과 달 자체가 허생
원의 삶의 상관물이었던 것이다.

인간의 삶 전체뿐만 아니라 인간의 욕망을 동물이나 식물의 그것으
로 대리 표상하는 경우도 같은 맥락에서 이해할 수 있을 것이다. 가령
이효석의 「모밀꽃 필 무렵」에서 허생원의 늙은 나귀가 발정난 사건은
허생원의 성적 욕망과 현재적 상태를 상징한다. 인간의 성적 욕망을 동
물의 그것과 동일시하는 인식은 규범과 도덕을 벗어난 본능으로서 인
간의 성적 욕망을 긍정하기에 이른다. 그래서 다른 작품 「들」(1936)에서
처럼, "개울녘 풀밭에서 한 자웅의 개가 장난치고 있는 것이다. 하늘을
겁내지 않고 들을 부끄러워하지 않고 사람의 눈을 꺼리는 법 없이 자웅
은 터놓고 마음의 자유를 표현할 뿐이다[59]"라는 진술이 가능했던 것이

---

57) 이효석, 「모밀꽃 필 무렵」(『조광』, 1936.10), 『이효석 전집』 2, 창미사, 1983, 92면.
58) 박헌호, 『한국인의 애독작품―향토적 서정소설의 미학』, 책세상, 2001, 26~32면 참조.
59) 이효석, 「들」(『신동아』, 1936.3), 『이효석 전집』 2, 창미사, 1983, 12면.

다. 곧이어 옥분과의 들판에서의 통정은 "벌판서 장난치던 한 자웅의 짐승과 일반"으로 긍정되기에 이른다.

> 양딸기 맛이 아니요, 확실히 들딸기 맛이었다. 멍석 딸기 나무딸기의 신선한 감각에 마음은 흐뭇이 찼다.
> 아무리 야취의 습관에 젖었기로 철망 너머 딸기를 딸 때와 일반으로 아무 가책도 반성도 없었던가. 벌판서 장난치던 한 자웅의 짐승과 일반이 아닌가. 그것이 바른가, 그래서 옳을까하는 한줄기의 곧은 생각이 한결같이 뻗쳐오름을 억제할 수는 없었다. 결국 마지막 판단은 누가 옳게 내릴 수 있을까.[60]

이러한 자연관에 따르면 야생동물의 삶은 하나의 이상, 즉 억압된 욕망을 둘러싸고 있는 반감으로써 내면화되어 있는 하나의 이상인 것이다. 야생동물의 모습은 백일몽을 꾸는 사람이 자신의 등을 돌려 떠나버리는 지점, 즉 백일몽의 출발점이 되는 것이다.[61]

② 토속적 인간형의 세계에서 자연의 성격과 마찬가지로 인간 또한 문명화되지 않은 상태로 제시된다. 문명화되지 않은 상태의 인간이란 이성 이전의 인간, 즉 이성의 간지를 모르는 인간이다. 노르베르트 엘리아스가 말한 '문명화 과정'의 개념을 참조하자면, 문명화 과정이란 육체와 육체의 부산물에 관한 혐오의 문턱을 낮추는 과정, 즉 육체의 부분과 기능을 감추는 과정으로 파악하였다. 엘리아스의 가설에 따르면 인간이 사회화됨에 따라 육체는 점차적으로 스스로를 제어할 수 있게 되어가고 따라서 점점 독립적이고 사적인 개체가 되어갔다. 엘리아스의 가설은 또한 점점 너 정신적으로 변해 가는 인류에 대한 가설이다.[62] 역으로 이

---

60) 위의 책, 19면.

61) John Berger, 박범수 역, 『본다는 것의 의미 *About Looking*』(1980), 동문선, 2000, 28면.

62) Norbert Elias, 박미애 역, 『문명화 과정 *Über den Prozeß der Zivilisation*』 I, II, 한길사, 1996(vol.I) · 1999(vol.II) 참조.

러한 문명화 과정 이전의 상태로 재현된 토속적 인간형의 세계에서 욕
망은 그것을 규제할 만한 규범이 존재하지 않는 상태로 제시되기에, 욕
망은 무절제하고 과도하며 맹목적인 성격을 띤다. 배고픔을 채우고도
넘칠 정도로 떡을 먹어 탈진상태에 빠지는 계집 아이 이야기를 그린 김
유정의 「떡」(1936)이나, 물오리를 잡아서 채 익기도 전에, 벌건 피를 입에
묻혀가며 먹는 소년들을 그린 김동리의 「소년」(1941)은 욕망의 이러한 성
격을 잘 보여준다. 이들 작품에서 어린 아이의 등장은 괜한 것이 아니다.
어린 아이란 바로 사회화와 문명화를 거치지 않은 상태의 인간의 원형
이라고 여겨지는 존재이기 때문이다. 토속적 인간형에게서도 발견할 수
있는 천진성과 순진성과 같은 어린 아이 같은 특성은 달리 말하자면 그
들 욕망의 원시적·본능적 성격에서 비롯된 것이다.

　식욕보다도 토속적 인간형의 세계에서 성적 욕망이 특별한 위치를
차지하게 된다. 「돈」, 「수탉」, 「모밀꽃 필 무렵」, 「들」 등 이효석의 여러
작품에서 인간의 성욕을 동물의 그것에 대응시킨다. 동물적인 것으로
표현된 성욕은 무엇보다 인간적인 규범과 수치심의 부재 상태의 그것
이다. 이렇게 사회적으로 부과된 제한과 내면화된 규율의 경계를 넘어
선 욕망이 다다르는 곳은 바로 금기의 위반이란 것을 고려하자면, 이
양상을 두드러지게 보여주는 영역이 바로 성적 욕망이기 때문이다. 김
동리의 「무녀도」와 「황토기」는 가장 극단적인 위반 양상이랄 수 있는,
근친상간의 금기를 깨뜨리는 것을 보여주고 있다.

　　모화는 혼자서 손을 비비고, 절을 하고 일어나 춤을 추고 갖은 교태를 다
　부리며 완연히 미친 것같이 날뛰었다. 낭이는 방에다 부엌으로 난 보창 구멍
　에 눈을 대고, 숨소리를 죽여 오랫동안 어미의 날뛰는 양을 지켜보고 있다가
　별안간 몸에 한기가 들며 아래턱이 달달달 떨리기 시작하였다. 그녀는 미친
　것처럼 뛰어 일어나며 저고리를 벗었다. 치마를 벗었다. 그리하여 어미는 부
　엌에서, 딸은 방안에서 한 장단, 한 가락에 놀듯 어우러져 춤을 추곤 했다. 그
　러한 어느 새벽, 낭이는(정신을 차리고 보니) 벌거벗은 알몸뚱이로 쓰러져 있

는 그녀 자신을 발견한 일도 있었다.63)

아들 욱이에게 붙은 예수귀신을 쫓아내기 위해 치성을 드리는 모화의 접신 광경이다. 그런데 무녀인 모화의 접신 과정이 신 들린 것으로 일말의 이해를 얻을 수 있다면, 이 광경을 훔쳐본 후 낭이의 행위는 광적인 상태에 가까우며, 자신의 행위와 상태를 알고 있지 못할 정도로 무의식적이다. "낭이의 태도가 미묘해진 뒤부터 욱이의 얼굴빛은 날로 창백해 갔다"는 진술에서 암시되어 있듯이, 욱이에 대한 낭이의 성적인 것이랄 수 있는 집착적인 본능은 욱이를 병들게 했듯이, 낭이 자신 또한 통어하지 못한다. 그 표현이 접신 과정의 모화를 모방하는 것으로 드러난다는 점에서, 불가해한 신비의 영역으로 넘어간다. 말하자면, 이 복오라비에 대한 낭이의 근친상간적인 욕망은 모화의 주술적 세계 속에 수렴되고 용해된다. 이러한 신비화 또한 이성의 간지로는 납득할 수 없는 욕망의 비합리성과 불합리성을 말해 주는 것이다.

「황토기」는 쌍룡설 등의 설화를 구현하고 있지만, 또 다른 한 축의 서사는 분이와 설희가 억쇠와 득보의 관계에서 야기하는 갈등이다. 애초에 낯선 사내인 득보가 황토골에 들게 된 것도 그 마을 술집 작부로 있는 분이 때문이었다. 황토골로 오기 전 득보의 이력이란 것도 특이한데, 존속살해·간통 등 사회적 금기를 깨뜨리는 것이었다. 여기에 덧붙여 분이와 득보의 관계라는 것도 묘연했다. "득보가 분이를 두고 딸이니 조카니 하는 것처럼, 득보에 대한 분이의 태도도 또한 야릇한 것이 있어, 어떤 때는 아저씨랬다 어떤 때는 그이랬다, 심하면 아주 득보라고도 불렀다."64) 득보와 분이의 관계가 근친상간의 혐의가 있는 것은 물론이고, 득보가 선심 쓰듯 분이를 억쇠의 처로 들여앉혀 준 후에도 분이는 다리 하나를 가운데 두고 있는 득보의 집을 드나든다. 이런 분이

---

63) 김동리, 「무녀도」, 『김동리 전집』 1, 91~92면.
64) 김동리, 「황토기」(『문장』, 1939.5), 『김동리 전집』 1, 230면.

를 단념하고 억쇠가 설희를 처로 맞아들이자 득보는 설희를 호시탐탐 노린다. 「황토기」에서 득보-분이-억쇠의 관계나 억쇠-설희-득보의 관계에 대해, 원시공동체 사회에서처럼 성을 공유하고 있다거나 근대적 규율의 산물인 성통제 장치를 위반하고 있기 때문에 전근대성을 의미화하고 있다[65]는 평가도 가능하다. 이는 자본주의적 교환원리와 근대적 성 통제장치에 대한 비판을 「황토기」가 담고 있다는 뜻으로 구체화할 수 있다.

그러나 이러한 평가를 내리면서 간과한 것이 있다면, 「황토기」가 구현하고 있는 남성적 질서의 폭력성이다. 물론 「황토기」의 폭력성이 주조되는 핵심적 기제가 분이의 득보에 대한 제어할 수 없는 성적 욕망에 있다는 것도 무시할 수는 없다. 분이는 득보가 들이는 여자들을 해꼬지해서 내쫓는가 하면 급기야 설희를 칼로 찔러 죽이고, 득보에게도 치명적인 상처를 남긴다. 하지만 분이의 집착적인 성적 욕망이 낳은 폭력성은 「황토기」의 세계를 지배하고 있는 남성적 질서에 의해 야기되었으며 격화된 것이다. 술을 마시며 피투성이가 되도록 싸우다, 춤을 덩실 추다 다시 싸우는 식으로 억쇠와 득보가 황토골 안냇벌에서 펼치는 "거룩한 향연", "이에 견준다면 분이나 설희의 자색도 한갓 이 놀이를 돋구고 마련키 위한 덤에 지나지 않을 듯했다."[66] 즉, 여성들과의 관계는 억쇠와 득보, 두 남성의 영웅 신화에 포섭된 것이자, 두 남성의 영웅성을 드러내는 매개에 불과하다. 득보가 물건을 건네듯 분이를 억쇠의 처로 들여앉힌 것이라든가, 설희가 억쇠의 처가 된 사연이 "그동안 이미 오래 전부터 마음을 두고 몇 차례 집적거려보기까지 하여오던 억쇠가 드디어 그녀를 손에 넣고 말았던 것이다"[67]는 진술로 표명되듯이, 두 여

---

65) 김양선, 「1930년대 후반 소설의 미적 근대성 연구」, 서강대 박사논문, 1997, 145면 참조.

66) 『김동리 전집』 1, 219면.

67) 『김동리 전집』 1, 234면.

성은 남성적 질서에 폭력적으로 종속된 존재이다. 따라서 「황토기」에 나타난 폭력적이고 야수적인 남성적 질서에서 파시즘과의 연결고리를 찾아낸 김철의 견해는 주목을 요한다. 김철은 「황토기」에서 전면화된 남성주의는 억쇠와 득보의 엄청난 힘과 생명력에 대한 무한한 찬양과 야수성에의 경도로 나타난다고 주장한다. 거친 것에 대한 예찬 또는 길들여지지 않은 야성적 본능에 대한 승인 등의 자연주의적 경향이 현대 문화에 대한 치유책으로 제시되는 것이야말로 파시즘 문화의 한 주요한 원인이라는 것, 삶의 모든 조건 속에서 본능을 강조하는 경향이나, 인간의 욕망, 정열, 정신적 활동을 바꿀 수 있는 즉각적인 행동에의 소망이야말로 파시즘 이데올로기의 한 원천이라는 소렐의 견해를 근거로, 「황토기」의 세계 또한 파시즘과 깊게 연루되어 있음을 지적한다.[68] 인간의 정신과 사유에 대한 불신과 무매개적인 직접적 삶에 대한 지향이 비합리주의에 얼마나 더 가까운가에 대해서는 후에 다시 언급하겠다.

한편으로 이효석 문학에서 그려진 성의 성격에 대해 가장 포괄적이고 긍정적인 평가를 내린 정한모는 다음과 같이 말한다. "어디까지나 純粹性의 한계를 에덴(Eden)的인 性本能의 세계에 두고 현대의 기계화한 모럴의 틀 속에서 왜곡된 인간의 성을 動植物性의 청순으로 演繹하면서 에덴(Eden)적인 순수한 세계에까지 소급하는 性의 純粹化를 위한 지향이 곧 孝石文學에서 가장 커다란 주류를 이루고 있다."[69] 이러한

---

68) 김철, 「김동리와 파시즘」, 『국문학을 넘어서』, 국학자료원, 1999, 52~55면 참조 이와 함께 「황토기」뿐만 아니라, 김동리의 「무녀도」·「바위」·「산화」·「등신불」 등 과거—현재—미래의 계기성이 무너진 시간적 배경의 추상화로 제시된 설화적 시공간은 사건의 우연성이나 돌발성에 대한 의문을 봉쇄시킴으로써, '역사'는 부정되고 현재만이 절대적으로 고착되는데, 이를 퇴행적 복고주의나 탈근대성을 선취한 것으로 바라보는 양극단의 평가는 모두 소재주의에 긴박된 평가라고 비판한다. 김철에 따르면, 오히려 김동리의 소설들은 파시즘의 정치와 모더니즘의 문화가 공유하고 있는 지반에서 탄생된 것인데, 모더니티의 부정적 속성을 비합리적인 힘과 종교적 신비주의에 대한 믿음 또는 야성적 본능에 기댐으로써 치유하고자 하는 파시즘적 사고에 깊이 연관되어 있다. 56~59면 참조

69) 정한모, 『현대작가연구』, 범조사, 1959, 67면.

평가는 이효석의 작품에서 성에 대한 타부와 규범이 파괴되고 있기 때문이다.

시골의 여성들이 성 관계에 이르는 과정과 절차는 한결 수월하며 속된 말로는 헤픈 것으로 형상화된다. 「들」에서 옥분과 쉽사리 통정을 했던 '나'는 "그것이 그렇게 수월할 리 있을까" 하는 의문을 품고 "들 복판에서는 수월한 법인가"라는 결론에 이른다. 즉 자연 속에서는 인간의 성도 허물과 가식을 벗어낸다는 것이다. '나'는 책임문제는 생기지 않을까 하는 자책감과 수치심을 가졌지만, 문수 또한 옥분과 통정을 했다는 사실을 알게 된 후 거기에서 벗어난다. 일부일처의 성 규범에서 벗어난 것은 오히려 옥분이기 때문이고 따라서 책임의 문제는 전적으로 옥분에게 있으며, 이러한 "옥분의 허랑한 태도"는 "들의 성격과 마술과도 같은 자연의 매력"이기 때문에 '나'가 자책감과 수치심을 느낄 근거는 없다는 것이다. 이렇듯 자연의 매력이란 수치심을 모르는 본능인 것이다.

이와 비슷한 여성의 형상은 「분녀」(1936)에서는 더욱 극단화된다. 분녀는 애초에 명준에게 겁탈을 당하면서 성적 쾌락에 눈을 뜨게 되면서 여러 사내들과 성관계를 맺는다. 성 관계를 맺는 남자의 수가 늘어날수록 분녀의 성적 욕망은 더욱 격렬해진다. 명준과 천수 그리고 만갑 그리고 왕가에 이르기까지 분녀는 겁탈을 당하다시피 한 것이지만, 이러한 남성의 폭력성은 분녀가 회를 거듭할수록 거기에서 맛본 성적 쾌락의 강도가 높아져갔다는 사실에 의해 은폐되는 양상을 보인다.

> 생각하기도 부끄러운 일이나 사실 왕가는 특별한 인간이었다. 사내 이상의 것이라고 할까. 그로 말미암아 분녀는 완전이 눈을 뜨게 된 것이다.
>
> 왕가를 보는 눈이 전과는 갑자기 달라져서 은근히 그가 그리운 날이 있었다. 피가 수물거려 몸이 덥고 골이 띵할 때조차 있다. 그런 때에는 뜰앞을 저적거리거나 성 밖에 나가 바람을 쏘일 수밖에는 없었다. 그러나 그것만으로는 도무지 몸이 식지 않는 때가 있다.
>
> 하룻밤은 성 밖까지 나갔다. 돌아오는 길에 거리를 거쳤다. 눈치를 보아 왕

가와 만날 수가 있지나 않을까 하는 속심도 없는 바는 아니었다.[70]

　분녀의 이러한 성적 일탈이 결국에는 어떻게 귀결되는가를 살펴보자면, 이효석이 구축한 성의 세계가 모든 규범과 윤리에서 자유로운 에덴적 성의 세계가 아니라는 게 분명해진다. 분녀의 성적 일탈에 대해 천수와 상구는 지탄을 하고, 어머니의 귀에까지 들어가게 된다. 다소 의외인 것은 분녀 자신의 결론적인 생각이었다. 처음 몸을 허락했던 명준이 고향에 돌아오자 "허락만 한다면 그와나 마음잡고 평생을 같이 하여 볼까 하고 분녀는 생각해 보았다."[71] 이는 분녀의 소망이 실현될 것인가의 문제와는 무관한데, 분녀가 명준에게서 버림받는다 해도 여성에게 부과되는 정조의 규범 때문이요, 명준과 명일을 기약한다 해도 그것은 기존 질서와 규범에의 복종이기 때문이다. 기실 이효석의 에덴적 성 본능의 세계가 가장 유려한 문체로 형상화된 작품이랄 수 있는 「모밀꽃 필 무렵」은 작품 초반부터 허생원의 동이에 대한 시선을 부성애적인 것으로 주조했으며,[72] 부계적 혈연의 인연과 운명을 확인하는 데에서 끝난다. 즉, 의식의 거세를 통해 확립된 본능의 세계에도 남성적 질서는 철회되지 않는다.

　③ 토속적 인간형의 세계에서는 성적 일탈과 위반이 현저하다. 일탈과 위반이 한편에 있어서는 제도와 규범에 구애받지 않는 인간의 근원적 본능에 대한 긍정이라는 의미를 지닐 수도 있다. 그러나 본능에 강제되었던 제도와 규범이 탈각됨으로써 동시에 야기될 수 있는 부정적 위험 또한 상기해야 한다. 이러한 본능의 자연화가 근친상간을 포함하여 본능의 모든 발현 양상을 무차별하게 수용하는 것과 마찬가지로 기

---

70) 이효석, 「분녀」(『중앙』, 1936.1~2), 『이효석 전집』 1, 374면.

71) 위의 책, 80면.

72) 윤병로, 『한국 근·현대 작가·작품론』, 성균관대 출판부, 1993, 289~290면 참조.

존 질서 자체도 무반성적으로 용인할 수 있다는 것이다. 따라서 위에서 제시한 텍스트들을 에로티시즘의 맥락에서 읽을 수 없는 이유는 자명하다. 바따이유에 따르면, 에로티시즘의 본질은 성적 쾌락과 금기의 풀 수 없는 엉킴에서 얻어진다.[73] 이는 금기의 위반과 쾌락이라는 현상적 차원을 만족시키는 데 머무는 것이 아니라, 금기의 위반에 대한 의식이 끊임없이 개입되면서도 쾌락을 위해 금기의 위반을 감행하는 쟁투의 현장에서 에로티시즘은 탄생한다는 것을 의미한다. 즉 위반에 대한 의식 자체가 존재하지 않는 자연화된 본능만으로는 에로티시즘은 성립되지 않는다. 나아가 금기의 거처인 사회로부터 격리되고 그것에 대한 의식이 탈각된 순전한 본능만의 세계는 역설적이게도 본능과 쾌락에 가장 적대적인 사회 질서를 자연적인 것으로 고착시키게 된다. 앞서 살펴본 김동리와 이효석의 작품에서 성적 일탈과 금기에 대한 위반이 남성적 질서 내로 수용되는 양상도 같은 맥락에서 해석할 수 있다. 김유정의 작품도 여기서 예외는 아니다.

들병이라는 독특한 매춘의 형태가 나오는 김유정의 작품은 「산ㅅ골나그내」(1933), 「솟」(1935), 「안해」(1935) 등이 있지만, 매춘 모티프는 그밖에도 「소낙비」(1935), 「가을」(1936) 등에서도 제시된다. 김유정 문학의 출발점에 놓인 것을 들병이 사상으로 규정한 김윤식은 들병이 사상을 "자기 아내를 매음시켜 그것으로 생계를 삼을 뿐만 아니라 즐기기조차 하는 사상이나 철학"[74]이라고 했듯이, 김유정 작품에서 들병이의 세계는 들병이로 나선 여자 쪽이든, 그녀의 남편이든 먹고살기 위해 윤리적 규범을 포기한 것은 물론이고, 자신을 향한 의식으로서의 수치심의 흔적 또한 존재하지 않는다.

「솟」에서 들병이 계숙을 따라 편히 살고 싶은 욕심에 집안에서 솟까지 들어다 들병이에게 갖다 바친 근식은 계숙과 함께 밤을 보낸다. 떠나

---

73) Georges Bataille, 조한경 역, 『에로티즘 *L'erotisme*』, 민음사, 1989, 117면.
74) 김윤식, 「들병이 사상과 알몸의 시학」, 『김유정문학의 전통성과 근대성』, 283면.

기 전날 밤이다. 그런데 게숙의 남편이랄 수밖에 없는 한 사내가 그 방에 나타난다. 이를테면 간통의 현장이 적발된 것인데, 놀란 것은 근식일 뿐, 사내는 태연스럽게 "어서 편히들 주무시게유"할 뿐이었다. 또한 다음날 아침에 들병이의 남편은 길을 떠나면서 "왜 섯수, 어서 가치 갑시다유—"라며 근식에게 동행할 것을 간절히 권하기조차 한다. 「소낙비」 (1936)의 춘호 또한 아내가 돈을 구할 수 있는 길이란 매춘밖에 없다는 사실을 알면서도 노름비 2원을 위해 아내를 그 길로 내몰며 매춘 사실을 묵인한다. 「가을」(1936)에서는, "일금오십원야라 / 우금은 내 안해의 대금으로써 정히 영수합니다. / 갑술년 시월 이십 / 조 복 만 / 황거풍 전"75) 이라는 기상천외한 매매계약서가 등장한다. 특히 김유정의 작품에서는 이러한 질서에의 전복을 상쇄시키는 심리적 지반들이 존재하는데, 그것은 다름 아니라 아내의 매춘에 의해 유지되는 부부의 관계가 상당히 애틋한 것으로 그려진다는 점에 있다. 가령, 「소낙비」에서 아내가 돈 2원을 위해 리주사에게 몸을 내준 날 춘호는 아내와 서울에 가서 살 공상을 정답게 늘어놓으면서 다음과 같은 감정에 빠진다.

남편은 혼자 중얼거리며 바른팔을 들어 이마우로 흐트러진 안해의 머리칼을 뒤로 씨담어넘긴다. 세상에 귀한 것은 자기의안해! 이안해가 만약 업섯단들 자기는 홀로 어떠케 살수 잇섯스려는가! 명색이 남편이며 이날까지 옷한벌 변변히 못해입히고 고생만 짓시킨 그죄가 너머나 큰 듯 가슴이 뻐근하였다. 그는 왁살스러운 팔로다 안해의 허리를 꼭 껴안어 가기의압으로 바특이 끌어 댕겻다.76)

뿐만 아니라, 춘호는 다음 날 이내를 리주사에게 보내면시 미리까지 손수 곱게 빗어준다. 「가을」에서는 아내를 소장수에게 팔아먹은 복만이

---

75) 김유정, 「가을」(『사해공론』, 1936.1), 『원본 김유정 전집』(전신재 편), 한림대 출판부, 1987, 34면.
76) 김유정, 「소낙비」(『조선일보』, 1935.1.29~2.4), 『원본 김유정 전집』, 34면.

기실 다시 아내를 몰래 빼내어 도망갔다는 사실을 암시적으로 내비치고 있다. 비록 아내를 매춘의 길에 내몰아도 부부간의 정은 천진하게조차 그려지는 것이 특징이다. 이를 김유정 특유의 휴머니즘으로 해석할 여지가 없지 않지만, 이러한 천진성과 순박성을 긍정하는 순간, 김유정 소설에 내재한 극도의 물화 상태와 가부장적 질서를 간과할 위험이 있다.

도착적이고 전도된 관계에서도 반드시 권력의 위계질서는 각인되기 마련이다. 김유정 소설에서는 매춘에 나서는 아내는 남편의 소유물이자, 여성의 육체는 도구화된다. 김유정 작품에서 들병이들은 제 몸을 팔아서까지 남편을 봉양하고 있는 것이다. 아내의 정조를 배타적으로 소유한다는 결혼 제도의 물질적 기반은 붕괴되었지만, 이 붕괴 속에서도 일부종사라는 가부장적 질서는 오로지 자신의 남편을 먹여 살린다는 방식으로 유지된다. 뿐만 아니라, 김유정의 들병이들은 「감자」의 복녀 그리고 나도향의 「뽕」의 안협집 등과는 대조적으로 매춘 행위에서 그녀들이 쾌락을 얻은 징후조차 없다. 일말의 쾌락의 계기조차 주어질 수 없을 정도로 그들의 육체가 물화되었음을 말한다. 절대적인 궁핍과 노동 자체로부터의 소외가 이러한 현상을 낳게 된 근본 원인으로 지적될 수 있다. 이 때문에, 인간다운 삶은커녕 생존 그 자체가 문제인 상황에서 '윤리의 부재'나 '도덕성 이전'이라는 관찰은 윤리적 절대주의의 소산이 아니겠느냐[77]는 문제의식도 일정 공감을 얻게 된다. 극도의 가난이라는 상황이 이러한 양상을 이해하는 전제가 된다는 것을 부인할 수는 없다. 김유정의 매춘 모티프의 소설들에서 작중 인물들이 갖고 있는 결여된 욕망의 상태가 배고픔이라고 한다면, 이를 극명하게 보여주는 「떡」을 참조해도 논의에서 벗어나지는 않을 것이다.

왜 배가 이모양이냐 무르니 대답은 없고 옥이는 가만히 방바닥에가 눕드란다. 그배를 근드리지 않도록 반듯이 눕는데 아구 배야 소리를 복고개가 터지

---

77) 한용환, 「김유정론의 반성」, 『김유정 문학의 전통성과 근대성』, 204~205면 참조

라고 내지르며 냉골에서 이리 때굴 저리때굴 구르며 혼자 법석이다. 그러나
빰우로 먹은 것을 꼬약고약 도르고는 필경 까무러첫스리라 얼굴이 햇슥해지
며 사지가 축느러져버린다.78)

「떡」은 "원래는 사람이 떡을 먹는다. 이것은 떡이 사람을 먹은 이야
기다. 다시 말하면 사람이 즉 떡에게 먹힌 이야기렷다"라는 화자의 전
언으로 시작된다. 간신히 죽이나마 먹고사는 덕히네 집 일곱 살 난 옥
이는 어른보다 더 먹을 만큼 식탐이 많다. 그런 옥이가 중문안 나릿댁
잔칫집에 가서 고기국밥을 한 그릇을 먹고는, 그 집 작은아씨가 떡을
내어주는 대로 먹다가 말 그대로 배가 터져서 죽을 뻔한 이야기가 「떡」
이다. 이러한 맹목적 본능이 가난에 의한 것이라는 것이 이 작품을 읽
어내는 일반적인 독해 방식이지만, 경이로운 이야기를 전하듯 하는 화
자의 톤에서 느껴지듯이, 정작 강조하고 싶은 것은 본능의 맹목성이자
원시성 그 자체이다. 「떡」의 화자가 "만약 이 떡의 순서가 주왁이 먼저
나오고 백설기 팟떡 이렇게 나왓다면 옥이는 주왁만으로 만족햇을지
모른다", 즉 맛있는 떡부터 주었더라면 사정이 달라졌으리라는 가정을
하지만, 배고픔을 채우고도 자신의 육체를 파괴하는 지경에까지 이르는
본능은 이미 굶주림이라는 결핍의 조건을 넘어선 것이다. 이러한 양상
에 대해 적나라한 가난 속에서였다는 식으로 인간적인 연민을 개입시
킨다 해도, 이러한 감성의 구조는 있는 그대로의 현상태를 너무나 인간
적으로 해석한 나머지 인간존재를 비인간성과 결합시키는 조잡한 물질
적 현실이 약간의 한탄 속에서 너그럽게 용인79)하게 만든다.
　다시 한 번 강조해 둘 것은, 토속적 인간형의 세계에서 여성들이 누
구보다 가부장적 질서에 속박되어 있는 인물들이라는 사실이다. 김유정

---

78) 김유정, 「떡」(『중앙』, 1936.5), 『원본 김유정 전집』, 75면.
79) Theodor W. Adorno, 최문규 역, 『한줌의 도덕 Minima moralia』(London : New Left Books,
　　1974), 솔, 1995, 210면.

의 소설에서처럼 하는 수 없는 매춘이건 이효석의 소설처럼 본능에 의한 성적 방종이건 사회적 규범과 제도로부터의 일탈은 그것이 지닐 수 있는 최소한의 해방적인 의미를 생산해내지 못할 뿐만 아니라, 있는 그대로의 질서의 지속, 더욱이 악무한의 상태에서의 지속으로 귀결되고 있는 것이다. 김동리의 작품에서 이러한 상황은 거의 본능적이라 할 수밖에 없는 모성의 형태로 제시된다. 계몽주의 소설에서, 민족과 사회의 일원이 되기 위해 여성이 갖추어야 할 하나의 덕성으로 강제되던 모성은 김동리 소설에서는 여성에게 고유한 자질로 자연화 된다. 「무녀도」는 말할 것도 없고, 「산화」(1936)에서 소처럼 일만하고 아이를 사산하면서 죽어 가는 한쇠 어머니, 「바위」(1936)에서 자신이 문둥병에 걸려 남편과 아들 모두 자신을 떠나버렸음에도 아들을 만나기 위해 바위에 치성을 드리다 끔찍하게 죽어간 술이 어머니가 그 예이다. 이러한 일체의 것이 수렴되는 유일한 기제가 있다면, 그것은 운명이다.

3. 운명의 형식과 식민주의의 구조적 내면화

정비석의 「성황당」(1937)은 본능적이고 원시적인 인간의 삶을 성황님의 은총이라는 전체 속에 용해시키면서 자연에게 부과된 운명의 힘에 조응하는 유토피아를 제시했다. 운명이라는 말은 인간 개개의 삶이란 결국에는 불가항력적인 질서에 용해될 수밖에 없다는 의미를 함의한다. 이렇게 초역사적이고 초인간적인 개념의 역사성을 살펴보기 위해서는 다른 텍스트를 참조해 보는 것도 좋겠다. 정비석은 「삼대」(1940)라는 작품에서 "철학은 과거의 불행, 미래의 불행에서는 용이히 이긴다. 하나, 현재의 불행은 항상 철학에 이긴다"는 라로슈푸코의 「잠언록」의 한 구절을 모두로 삼는다. 이렇듯, 사상과 이성에 족쇄를 채우고 거기에 종언을 고하는 경향은 1930년대 중·후반 문학의 정신사적 배경을 이루기도 한다.80) 「삼대」(1940)에서 형세는 사회주의 운동가였으나 지금은 무기력하게 창백해진 형 경세와 당대에 농후하던 사상의 폐색 현상과 2차 세계대전이 발발한 구주정세를 두고 다음과 같은 말을 주고받는다.

"저로서는 이 사실을 긍정하고 싶음니다. 아니 긍정하지 않을 수 없다고 생각합니다. 왜냐면 우리가 이 사실을 긍정하고 안 하고와는 아무런 관계 없이 사실은 사실대로 전개될 것이니까……"
"그러나 이 사실 속에서 질서를 추려내는 것이 성인의 임무가 아닐가?"
"그렇겠죠. 하지만 지성이라는 것이 시대적인 운명 앞에서는 아무런 힘도 용납되지 못했든 것을 우리는 얼마든지 역사에서 찾아볼 수 있지 않아요?"
"운명?"
하고 경세는 운명이란 말에 의심을 가져 본다.
"그렇지요, 운명이지요. 오늘의 사실도 틀림없는 운명적인 것이라고 보는 것이 타당하겠지요. 운명이란 말은 필연이라는 말과 상통된다고 전 생각해요. 盛者必滅의 불교적 관념으로보나, 極盛則哀한다는 유교적 관념으로 보나, 혹은 형님이 늘 말씀하시던 변증법적 론리로 보더라도 질서의 뒤에는 반드시 — 필연적으로 무질서의 세계가 올 것이 아닐까요."81)

---

80) 이에 대해서는 한형구의 「日帝末期 世代의 美意識에 관한 研究」(서울대 박사논문, 1992)를 참조. 이 논문은 해방 이후 남한문학사에 적극적인 역할을 행사한 일제 말기 신세대의 형성과 문학 이념을 규명한다. '세대−순수 논쟁'을 발단으로 자기 가시화를 시작한 일제 말기 세대는 '모더니즘' 세대의 미적 자율성이라는 의식의 계보('표현' 중시의 미적 실천의 태도)에 연장선상에 서지만 어떤 근대적 보편 이념과도 거리를 둔 순수문획과 그에 걸맞은 자의식을 드러냈다는 짐에서 다르다고 설명한다. 이들 일세 말 신세대의 탈근대 의식은 '근대에 대한 회의', '고향·전통으로의 회귀', "'생명' 혹은 '인생'의 관점 형성', '자연에로의 귀의'로 드러나지만, 신세대는 근본적으로 인본주의적 사고틀을 벗어나지 못했으며, 전적으로 근대 분업 틀에 들어맞는 미학의 전문화를 노렸다는 점에서 본질적으로 근대의 지평을 벗어난 것이 아니라는 입장을 천명한다.
81) 정비석, 「삼대」(『인문평론』, 1940.2), 156~157면.

당대의 세계대전을 무질서의 세계이지만 이는 필연적이며 따라서 시대의 운명이다, 따라서 인간의 의지와 지성과 무관하게 사실은 사실대로 전개되기에 그것을 긍정할 수밖에 없다는 논리이다. 사실수리론이 수락되는 지점이다. 그런데 이는 단지 당대의 정세인식을 문학 텍스트 내로 건조하게 옮겨 놓은 것만은 아니다. 인간 이성과 문명의 비합리성과 야만성을 인식하게 된 계기인 세계대전은 인간 이성의 종언에 더할 나위 없는 증빙이 되겠지만, 이 작품에는 전쟁이라는 현상 자체에 대한 직관적이고 감각적인 찬탄이 함께 개입되고 있다. 형세는 극장에서 전황 뉴스 스크린을 본다.

> 맨 처음엔 만리장성인가 싶은 철벽 같은 그야말로 란공불락의 성벽이 나타나고 그 다음으로 차츰 고색이 창연한 고루 거각이 나타나고, 시가지가 나타나고, 성벽을 의지삼아 진을 친 적의 군사들이 나타나고—가장 평화스럽게 보이는 도시의 창공에는 돌연 으르렁거리는 폭음과 함께 행열도 정연한 열두 대의 荒鷲 폭격기가 제비처럼 나타나더니 갑자기 폭 아래로 꺼져 내려오면서 폭탄들을 던진다. 열 두 대의 비행기에서 빗발같이 떨어지는 폭탄은 쏜살같은 속력으로 커다란 삘딩에 붓줍기와 함께 쾅! 소리를 내며 지붕이 와슬렁와슬렁 허물어지고 연기가 삽시에 시가에 가득차지고 그리자 한편에서는 화염이 맹렬한 기세로 하늘을 찌를 듯이 타오른다. 평화롭던 도시, 문화를 자랑하던 도시를 참으로 놀랄 만한 속도로 파멸의 세례를 받는다. 그것은 인간의 힘이 아니라 거대한 운명의 힘만 같았다.82)

전황 뉴스의 스크린을 본 형세의 감상은 사유의 책무로부터 벗어난 감각적 직접성에 대한 경외감이다. 전쟁에 경탄할 수 있는 것은 그것에 의해 야기되는 살육과 파괴를 인간의 고통과 인간성의 파멸로 인식하는 것이 아니라, 그것을 감각적 대상으로 간주하기 때문이다. 벤야민은 일찍이 파시즘을 '정치의 예술화'로 정의하면서 그것의 가장 극명한 예

---

82) 위의 책, 159~160면.

를 ‘전쟁’으로 지목한 바 있다. 벤야민은 에디오피아 전쟁을 두고 한 마리네티의 선언문을 분석하면서, 파시즘의 예술은 (카메라를 통한) 기술에 의해 변화된 지각의 예술적 만족을 전쟁에서 발견하고 있다고 지적한다. 전쟁을 하나의 거대한 장관으로 바라보는 심미화를 일컬어, 벤야민은 “인류의 자기소외는 인류 스스로의 파괴를 최고의 미적 쾌락으로 체험하도록 하는 단계에 이르렀다. 이것이 파시즘이 행하는 정치의 예술화 상황이다”[83]라고 말한다.

전황 스크린에서 느낀 감동은 그 자체로 끝나는 것이 아니었다. 형세와 연인 미례는 저녁식사를 하면서 “그래, 보는 사람이 그만치 감동될 젠 실상의 병사들은 얼마나 상쾌한 것일까”, “그보다두 전 피정복자의 입장에서 생각해 봤어요. 정복이 그만치나 철저한 것이라면 정복되는 편으로도 오히려 상쾌할 것 같았어요! 찬란이라는 문구의 참된 뜻을 오늘에야 알아보았어요!”라는 대화를 나눈다. “형세는 유난스럽게 빛나는 미례의 눈에서 또 한번 정복의 쾌감을 맛보며 말 다리같이 굼틀거려지는 자기의 사족을 느끼었다.” 즉 그날 밤, 미례의 아파트에서의 미례와의 섹스는 “전혀 ‘전시‘의 덕분이기도 하였던 것이다.” 이렇듯 두 남녀의 섹스는 형세 편에서의 정복의 가학과 미례 편에서의 피정복의 피학, 즉 전쟁을 모방하고 즐기는 향연이었던 것이다. 여기서 특기할 만한 것은 형세(정복)—미례(피정복)이라는 남성적 질서이다. 이 남성적 질서는 섹스 속에서 향유할 만한 쾌락으로 심미화된다. 형세의 형 경세가 아내와 자식으로부터도 경원시 되는 무기력한 남성의 전형으로 형상화되고 있는 것과 겹쳐 읽어본다면, 성적 지배 질서에 의해 모방된 전쟁이란 형세에게 있어서는 강한 남성성의 극단적인 재현이었던 것이다.

이효석과 함께 정비석이 「졸곡제」(1936)·「성황당」·「제신제」(1940) 등을 통해 성적 인간에 주목한 작가라는 사실을 염두에 둘 필요가 있다.

---

83) Walter Benjamin, 반성완 역, 「기술복제시대의 예술작품」, 『발터 벤야민의 문예이론』, 민음사, 1988, 231면.

이 계열의 작품들은 인간의 성적 욕망을 자연적이고 본능적인, 거부할 수 없는 것으로 그리고 있는 토속적 인간형의 세계에 속한다. 토속적 인간형의 세계에 나오는 감각적이고 직접적인 삶에 대한 동경, 그것이 자칫하면 전쟁과 같은 비인간적인 인간 소외의 극단을 심미화하는 지경까지 나아갈 수 있다는 것을 정비석의 「삼대」라는 작품은 잘 보여준다. 마루야마 마사오는 근대사회의 조직적 분화로 인해 생긴 병리현상을 이른바 문화 이전의 직접적 자연성으로의 복귀를 통해 극복하려는 시도는 파시즘의 주요한 경향이라고 지적한다.[84] 앞에서 다룬 작품들을 모두 파시즘적인 것으로 환원시킬 수는 없지만, 토속적 인간형의 세계가 육체적이고 자연적인 것에 대한 동경, 즉 반지성주의의 배경 하에 탄생된 것임은 분명하다. 이에 이 절에서는 토속적 인간형을 탄생시킨 작가들의 심리적 기반을 살펴보고자 한다.

　1 근대문학이 본격적으로 개화한 1920년대 이래 한국문학에서 하층민이 문학적 형상화의 대상이었던 적이 없었던 것은 아니다. 그것을 대표하는 것이 바로 카프의 문학이다. 프롤레타리아 문학에서 하층민은 단지 그들의 현재적인 사회경제적 토대에 의해 성격이 규정되는 존재가 아니라, 마르크스주의라는 변혁 이념의 담지자로서, 미래적 전망을 담지하고 있는 가능성의 존재이다. 이광수가 대표하는 계몽주의 문학에서 하층민의 형상은 다소 익명화되어 있지만, 그들도 '있는 그대로'의 상태를 지양해야 한다는 민족주의의 비전 속에서 역할을 부여받고 있다. 그들이 민중이나 민족으로 불려 질 수 있는 이유는 여기에 있다. 그러나 토속적 인간형이 처한 장소가 역사성과 사회성이 탈각된 자연이었듯이, 그 인물형 또한 당대의 역사적 사회적 지평과는 무관한 것이었다.

　토속적 인간형의 세계는 프로이트적인 의미에서, 인간 안의 자연이랄

---

84) 丸山眞男, 김성근 역, 「육체문학에서 육체정치까지」(1949), 『현대정치의 사상과 행동 現代政治の思想と行動』(未來社, 1964), 한길사, 1997, 443면.

수 있는 무의식과 본능이 전면화된 세계이다. 역으로 자아와 이성의 영역이 무의식의 영역으로 후퇴하거나 은폐되었다는 가정을 해 볼 수도 있다. 그렇다면 이들 토속적 인간형을 창출한 심리적이고도 미적인 근거를 추론하기 위해, 감추어진 자아와 이성의 구조를 밝힘으로써 무의식과 본능이라는 표상의 정체를 밝히는 방식을 택하는 것도 가능하겠다.

김동리의 이 시기 작품이 「무녀도」, 「황토기」, 「산화」(1936), 「바위」(1936) 등 하층민을 다룬 것과 「술」(1936), 「솔거」(1937), 「잉여설」(1938), 「완미설」(1939), 「혼구」(1940) 등 지식인과 예술가의 자의식을 드러낸 작품 계열로 나눠볼 수 있다. 이효석의 작품세계 또한 「돈」(1933), 「들」, 「모밀꽃 필 무렵」, 「분녀」(1936) 등 자연과 향토를 무대로 한 작품과 「장미 병들다」, 「수난」 등 도시를 무대로 지식인의 일상적 에피소드를 다룬 작품들로 계열화된다. 김유정도 이와 다르지 않게, 「봄·봄」(1935), 「동백꽃」(1936) 등 농촌소설과 「두꺼비」(1936), 「생의 반려」(1936) 등 도시소설로 분류 가능하다.

이러한 계열화 양상과 평가를 가능하게 했던 메커니즘이란 무엇인지 그 단서를 찾기란 그리 어렵지 않다. 무기력한 지식인과 이들 소설의 하층민들을 비교할 때 단연 두드러지는 것은 거침없는 활동성이라는 사실은 김동리의 「혼구」에 나오는 정교사와 송또상을 비교해 보아도 알 수 있다. 정교사는 둘째 딸 학숙을 기생집에 팔려는 송또상의 술책과 논리를 당해내기에 자신의 윤리와 이상이라는 것이 너무 관념적이고 무기력하다는 사실에 괴로워한다. 또 김유정의 「따라지」(1937)에 나오는 누이에 얹혀사는 실업 상태의 문학청년과 카페 여급들, 부족증을 앓고 있는 노랑똥이 영감과 그 영감을 먹여 살리고 있는 딸인 버스 걸 등 그밖에 셋방살이 군상들을 비교해 보자. 이 작품에서 주인마누라가 술책을 써서 문학청년에게 월세를 독촉하자 셋방살이 따라지들은 그것이 부당하다는 듯, 욕설과 폭력으로 물리치지만 정작 당사자인 문학청년만이 어찌할 바를 모르고 무기력하다. 여기에 비해 하층민은 활동성과 생명력 있는 존재로 그려진다. 이러한 성격 창조는 하층민에게는 지식인이 갖고 있는 윤리적 규범이나 이성적 회의와 같은 자의식을 삭제했기 때문에 가능했던 것이다. 말하자면 토속적 인간형은 지식인으로 표상된 근대적 자아의 무기력을 심리적 미적으로 보상해 주는 투사물에 지나지 않았던 것이다.

문학에서의 정치주의가 궤멸을 겪었던 1930년대 중·후반 예술가적 자의식을 앞세웠던 일군의 작가들이 하층민의 세계를 그렸다는 것은 아이러니일지도 모른다. 그러나 룸펜 프롤레타리아트의 지위로 전락해 가는 지식인의 조건이나 파시즘의 대두와 같은 객관적인 정세가 규정하는 현실에서 누구든 자유로울 수 없었다. 문학에 있어서 이러한 정황을 두고 "말하려는 것과 그리려는 것의 분열"이라는 임화의 진단은 주체의 문제를 향하고 있다. 그 궁극의 지점에 이상이 놓여 있다는 것은 시사적이다. 이상은 자기소외와 자기부정을 극단화함으로써 부정적인 현실에 대해 항변한다. 토속적 인간형을 주조해낸 작가들에게 있어 하층민이란 카프와 계몽주의 문학에서 사회적 전망에 의해 선택된 것이 아니라는 것은 두말할 나위도 없겠지만, 이렇게 이상의 문학과 견주어 본다면 그 성격은 분명하다. 즉, 주체의 분열이라는 현실로부터의 이탈이 토속적 인간형을 만들어낸 메커니즘의 심층을 형성하는 것이다. 토속적 인간형은 하층민임에 분명하지만, 그들을 둘러싼 세계는 공동체적인 세계도 아니요, 또 가난과 질병은 벗어나야 할 비인간적인 사회적 조건이 아니라 피할 수 없는 자연재해에 가깝다. 이들 인간형이 사회와의 고투 속에서 형성되는 근대적 개성과 자아와는 거리가 먼 존재들이기도 하지만, 그런 만큼이나 이들을 탄생시킨 작가들의 자의식이 낳은 미적 구성물이라는 점에서는 근대적이다. 이는 토속적 인간형에겐 육체와 육체에서 비롯된 본능이 운명이라는 사실에 의해서 분명해진다.

2 에리히 아우얼바하가 공쿠르 형제 에드몽과 줄르의 소설 『제르미

니 라세르뜨』(1862)를 평가하면서 공쿠르 형제를 제4계급에게 연결시켜 준 것은 감각의 인상 특히 기이함이나 신기함이라는 미적 경험의 발견을 위해서였다고 지적한다.[85] 그는 이러한 점을 잘 표현하고 있는 에드몽 드 공쿠르의 일기를 제시하는데, 이는 토속적 인간형의 세계에서 보여준 작가들의 하층민의 이해 방식과도 상통하는 점이 있다. 에드몽 드 공쿠르는 이렇게 적고 있다. "하지만 왜 …… 이러한 환경을 선택하는 것인가? 왜냐하면 문명이 사라진 터전에서 사물, 인물, 언어, 기타 모든 것의 특징이 보존되어 있는 것은 맨밑바닥에서이기 때문이다. …… 다시 왜? 아마도 내가 명문 태생의 문인이기 때문일 것이다. 그리하여 민중 또는 달리 부르고 싶다면 하층민들이 내게 발견되지 않은 미지의 사람들의 매력, 旅行者들이 찾아 나서는 異國情緒 l'exotique 비슷한 것을 가지고 있기 때문일 것이다."[86] 하층민에 대한 관심에는 실상 세련된 문명인으로서 엘리트의 자의식이 개입되고 있다. 이러한 자의식에 의해 하층민은 반문명적인 것들의 보고로 '발견'된 것이며, 그러한 한에서 하층민은 문학적 표현의 주제로 선택된 것이다.

토속적 인간형의 세계를 통해서 제시하고자 했던 자연화된 본능이 한편으로도 지식인이 지니지 못한 생명력과 활동성의 표상이면서도, 교양과 문명의 시각에서 보자면 기이하고 비정상적인 것이었다. 이들 작품에서 하층민의 육체를 기이하고 과장된 것으로 묘사하는 방식은 이를 잘 드러낸다.

> 이마가 훌쩍 까지고 양미간이 벌면 소견이 탁 티었다지 않냐. 그럼 좋기는 하다마는 아기자기한 맛이 없고 이조로 둥글넓적이 나려온 하관에 멋없이 쑥 내민 것이 입이다. 두툼은 하나 건순입술, 말좀 하랴면 그리 정하지 못한 운이가 분질없이 뻔질 드러난다. 설혹 그렇다 치고 한복판에 달린 코나 좀 똑똑이

---

85) Erich Auerbach, 김우창·유종호, 『미메시스―서구문학에 나타난 현실묘사 Mimesis』(1946), 민음사, 1979, 208~209면 참조.
86) Erich Auerbach의 위의 책에서 재인용. 208~209면.

제5장 본능의 자연화와 운명의 형식　243

생겼다면 얼마 나겠다. 첫대 눈에 띠는 것이 그 코인데, 이렇게 말하면 년의
숭을 보는 것 같지만, 썩 잘보자 해도 먼 산 바라보는 도야지의 코가 자꾸만
생각이 난다.87)

　김유정의 「안해」에서 못생긴 주제에 들병이가 되려 하는 ‘안해’는 이
렇게 형상화되어 있다. 김유정이 비속어 토속어 등을 사용해 문체를 열
등화시킨 것은 작품 속 주인공의 희화화를 위한 것이었고,88) 대체로 인
물의 육체의 생김새와 행위 등을 감각적으로 표현하기 위한 것이었다.
희화화되었다는 점을 감안하다 하더라도, 이들의 작품에서 하층민이 뚜
렷한 결함이나 남다른 육체의 표징을 갖고 있다는 사실은 여러 곳에서
드러난다. 「모밀꽃 필 무렵」의 허생원이 얼금뱅이라는 것, 「무녀도」의
낭이는 벙어리이고, 「황토기」의 억쇠 또한 “그의 팔다리나 허리가 보통
사람보다 훨씬 크고 길 뿐 아니라, 어깨나 몸집이 다 그렇게 두드러지
게 장대하게 생겼고, 또한 머리털이 이미 희끗희끗 세어 있음을 알리
라”89)는 식으로 그려진다.

　이러한 표현은 이들 작품이 유독 순우리말과 토속어를 사용하고 있
다는 사실과도 관련이 된다.90) 김문집은 김유정의 문학을 가리켜 “일반

---

87) 김유정, 「안해」(『사해공론』, 1935.12), 『원본 김유정 전집』, 152면.
88) 조건상, 『한국현대골계소설연구』, 문학예술사, 1985, 65~66면 참조.
89) 김동리, 「황토기」, 『김동리 전집』 1, 216면.
90) 1930년대 문학에서 두드러진 특징 중에 하나는 바로 한자어나 외래어가 아닌 순우
　리말과 방언의 사용이다. 시에서는 김영랑·정지용·백석 등이 그러했으며, 소설에서
　는 이 글에서 지금 다루고 있는 김동리, 김유정, 이효석 등이 주목된다. 이러한 양상은
　근대계몽기에 시작된 국어국문운동의 지속적인 전개 속에서 문장어가 공식화 규범화
　되었다는 사정과 아울러 생각해 볼 필요가 있다. 1930년대 조선어학회는 1930년대 ‘한
　글맞춤법 제정’(1933), ‘조선어표준말모음 제정’(1936)을 한다. 이는 민족어의 정화·통
　일을 위한 기획이라고 할 수 있다. 문화적 민족주의의 성격이 강한 언론·출판 운동과
　그 영역의 확대 과정이 한글운동의 실제적·실천적 장의 기능을 했다는 것을 감안한
　다면, 그 과정에서 공식적이고 규범적인 문장어가 자리 잡아가고 있었으리라는 짐작
　또한 무리가 아니다. 이태준이 『문장강화』(1941)에서 당시 문장 실험을 했던 정지용,
　이상, 이효석, 김기림 등을 거론하며 “언문일치의 권태”를 느낀 자로 명명했던 것은,
　바로 공식화 규범화된 문장어에 대한 저항을 의미한다. 토속어의 사용 또한 같은 맥락

조선문학에 있어서 가장 내가 부족을 느끼는 모찌미(지미 持味 체취 또는 개체향 個體香)를 고맙게도 이 작가는 넘칠 만큼 가지고 있다. 그의 전통적 조선어휘의 풍부와 언어구사의 개인적 묘미와는 소위 조선의 중견, 대가들이라고 따를 수 없는 성질의 그것"91)이라고 상찬한 바 있다. 요약하자면 김유정 문학이 조선문학의 특수성 혹은 개성을 보기 드물게 드러냈으며, 이는 그가 능란하게 조선어휘를 구사했기 때문이라는 것이다. 이때 조선어휘란 순우리말, 특히 방언을 의미함도 물론이다. 여기에서 김유정의 문체를 상론하는 것은 무리이다. 이미 순우리말과 방언의 사용이 '생동감' 과 '현장성'을 높여 준다는 사실은 이미 여러 논자들이 지적했듯이, 감각적 직접성을 추구하고 있음은 이 글의 앞 절들에서 인용문의 예들만 보아도 비단 김유정 작품에만 국한된 이야기는 아님은 알 수 있다. 우선 이들이 그리고 있는 하층민들이 육체와 거기에서 비롯된 본능의 존재라는 점에서 표현에 있어서 감각적 직접성의 지향은 불가피한 것이었다.

　이러한 육체의 생김새는 그들의 운명에 대한 알레고리나 마찬가지였다. 육체를 가진 모든 유기체의 유한성을 증명해 주는 것이 생로병사라는 자연의 질서이듯이, 이와 함께 인간 안의 자연인 본능의 기로가 토속적 인간형의 삶의 형식이 된다. 앞에서 살펴보았듯이, 그들의 본능은 문명화의 과정을 통과하지 않은 상태로 제시되었다. 이는 역으로, 민중의 노동, 근대사회 속에서의 민중의 위치, 근대사회 안에서 일고 있으며 미래를 가르치는 정치·사회·도덕적인 변동을 자동적으로 배제하고 있다92)는 것을 의미한다. 달리 말하자면, "자연으로의 귀환"은 추방의 형식이다.93) 하층민은 당내의 중심적인 사회·징치·도덕의 경향과는

에서 볼 수 있다. 이러한 문학사의 계기는 개별 작가들의 미적 자의식에 의해 민족어가 확장되는 국면이라고 해도 좋을 것이며, 이들의 묘사적이고 수려한 문장은 해방 후 국어교육의 제도화 과정에서 "문학어"의 전범으로 승인된다.

　91) 김문집, 『비평문학』, 청색지사, 1938, 403~404면.
　92) Erich Auerbach, 앞의 책, 209면.

거리가 먼 존재들로 재발견되었으며, 따라서 무엇과도 교통할 수 없는 장소로 추방된 존재로 그려졌던 것이다. 이러한 추방은 토속적 인간형이 자기 자신의 욕망을 관리하고 규율할 만한 자율적 이성과 규범을 지니지 못한 인간이라는 데서도 드러난다. 본능의 자연화가 물화의 형태와 유사할 수밖에 없는 이유도 여기에 있다. 토속적 인간형의 본능은 그 자체로는 내재적인 것이지만, 이성과 규범을 통한 매개를 상실했기에 본능은 도리어 인간을 지배하는 외재적이고 독립적인 힘으로 기능하기 때문이다. 이들 작품에서 본능은 인간의 힘으로는 거부하지 못할 힘으로 제시된다는 의미에서, 운명이다.

이러한 세계가 궁극적으로 일상적인 삶을 향한 것이 아님은 분명하다. 인간의 의식과 분리된 본능은 인간을 삶이 아니라 죽음 쪽으로 인도하기 때문이다. 프로이트의 정신분석학이 무의식의 발견을 핵심으로 하고 있더라도, 사실상 무의식에 대한 프로이트의 관심은 의식을 위한 것이었다. 즉, 일상적 삶의 유지를 위해서는 단지 물질적 조건과 욕망의 충족뿐만 아니라, 이들을 관리하고 통제할 줄 아는 의식이 필요하다. 이때, 의식이란 이성이라 하든, 자아라 하든 간에 사회화의 과정 속에서 생성된 것이다. 그러하기에, 이러한 사회화의 과정이 면제된 본능적이고 원시적인 인간 형상은 더욱 처참할 수밖에 없다. 이미 그 폭력성과 극단성은 살펴보았듯이, 김동리의 「황토기」와 「무녀도」가 죽음의 세계와 가까우며, 김유정의 작품들이 비관주의적인 색채를 띠고 있는 것도 이 때문이다. 여기에서 선험적으로 주어져 역사적으로 변화 불가능한 본질에서 출발하는 모든 비변증법적 인간개념에는 비합리주의적·보수주의적 경향이 들어 있기 마련이다. 인간의 발전가능성을 믿지 않는 사람이란 인간이 변하는 것 및 인간의 변화와 더불어 사회가 변하는 것도 원치 않기가 십상인 것이다. 비관주의와 보수주의는 여기서 상호보완적

---

93) Rey Chow, *Primitive Passions*, Columbia University Press, 1995, p.43 참조.

관계를 이루는 것이다.[94]

물론 1930년대 중·후반 이후의 조선 현실이 비관주의에 침잠할 수밖에 없는 상황이었다는 사실에 눈감을 수는 없다. 하지만, 문명에 의해 더럽혀지지 않은 원시적 인간에 대한 공감이 내포하고 있는 위험은, 본능과 자연 그 자체에 대한 우월적 가치 부여 자체에 있다기보다는 그만큼이나 정신에 대한 경직된 이해와 규정을 수반한다는 데에 있다. 정신과 지성에 대한 불신은 현재 상태의 불합리한 질서를 무의식적으로 용인하게 되며, 더욱더 폭력적이고 야만적인 질서를 삶의 형식으로 승인하게 된다. 이것이 당대에는 무엇을 의미했는지는 식민주의와 파시즘 논리가, 지배와 피지배, 정복과 피정복의 최종적인 정당화를 인간을 생물학적 차원에서 접근한 우생학과 인종학 등에 의지해서 기도했다는 사실을 상기해도 충분할 것이다. 민족과 인종간의 위계질서는 가시적인 문명의 발달수준에 의해서도 규정되었다. 하지만 문명화와 근대화를 통해서 피지배 민족과 인종도 높은 문명수준에 이를 수 있다는 가상은 사실 약자의 상상 속에서만 가능했던 것이다. 왜냐하면 결코 식민모국과 동질화될 수 없다는 논리 자체가 식민 지배를 영속화시키는 근거를 이루고 있었는데, 바로 인종과 민족의 우열을 가늠하는 우생학이 그 역할을 했기 때문이다.[95] 우생학은 식민지인의 불평등을 필연적이고 운명적인 것으로 강제한다. 피지배와 불평등의 기원으로 지목된 것 자체가 육체에 각인된 것이며 그러하기에 지워질 수 없는 것이기 때문이다.

---

94) Arnold Hauser, 백낙청·염무웅 역, 『문학과 예술의 사회사—현대편 *Sozialgeschichte der Kunst und Literatur*』(Verlagsbuchhandlung, 1953), 창작과비평사, 1974, 221~223면 참조.

95) 실제로 1930년대 중반부터 우생학적 담론이 폭발적으로 생산된다. 일제는 한국인의 신체를 다른 나라에 비해 '열악한' 것으로 간주하였다. 더욱이 우생학은 단지 대외적인 비교 속에서 열등함을 강조하는 데 그치지 않고, 내부에 존재하는 열등한 자를 색출하고 배제하는 방향으로 작동하였다. 악질소질 보유자들의 번식을 막기 위한 '단종수술'이 실시되었음은 물론, 빈민, 실업자, 불량아들조차 우생학적 관점에 의해 악질 소질의 보유자로 낙인찍히게 되었다. 조형근, 「식민지체제와 의료적 규율화」, 『근대주체와 식민지 규율권력』(김진균·정근식 편저), 문화과학사, 1997, 213~215면 요약 참조.

이러한 1930년대 중후반 '토속적 인간형'을 그린 식민지 조선의 문학에 내재화된 계층적, 성적 지배질서는 식민주의와 파시즘의 논리와 구조적 상동성을 띠고 있음을 부인할 수 없는 것이다. 본능이 지배하는 세계, 따라서 이성의 간지가 통용되지 않는 원시적인 삶의 표상은 대부분의 경우 하층민에게만 해당했던 것이다. 토속적 인간형의 세계를 그린 작가들의 다른 작품들을 보면 이는 명백해진다. 김동리의 「두꺼비」(1939)에서 무기력한 상황에 빠져 있는 지식인 종우의 자기 구원의 노력은 창녀 정희를 구원하는 것으로 제시되며, 『화분』에서 이미 보았듯이 이효석은 처녀성의 복원과 성적 욕망의 승화로써 예술의 세계를 설파한다. 또 한편, 김유정의 「생(生)의 반려(伴侶)」(1936)에서 돌아가신 어머니에 대한 애정결핍을 기생 나명주에게 투사한 문학청년 명렬은 창녀인 그녀의 비천함을 동시에 비난하는 양가감정을 드러낸다. 즉 지식인 자아가 등장하는 이상, 매춘과 원시적 성 본능 등은 용납되지 않았으며 더욱이 지신인 자아를 통해서는 재현되지 않았다. 이 사정은 식민주의와 마찬가지로 문명화의 서열에 의해 성적 욕망의 성격을 계층적으로 부여했다는 것을 보여준다. 이것이 부당하고 폭력적인 투사임은 두 말할 나위가 없다.

③ 토속적 인간형은 농촌의 역사성과 사회성을 거세한 자연화된 공간의 제시와 동시에 하층민을 윤리적 규범과 이성적 회의를 탈각시켜 육체와 본능의 존재에 근접시키면서 탄생했다. 그리고 표현에 있어서 감각적 직접성을 추구 속에서 순우리말과 공식적이고 규범화된 문장어에 의해 배제된 순우리말과 방언을 복원시켜 확장된 민족어의 영역을 보여주었다. 한편으로 토속적 인간형은 당시 전시 파시즘 체제의 대두와 문학의 상황 속에서 두고 볼 때, 지식인 주체의 무기력과 분열을 보상하는 미적 구성물로서 주조되었던 것이다.

이 지점에서 유비가 가능한 또 하나의 문학사적 국면이 존재한다. 바로 「약한 자의 슬픔」, 「마음이 옅은 자여」에서 「배따라기」의 세계로 전환한 김동인의 경우이다. 주체의 인식 메카니즘 속에서 부정성 자체로 전화해버린 현실에 대한 환멸감과, 부정성의 현실을 대신할 사회적 실체란 존재하지 않는 속에서의 추상이 결합된 근대적 자아의 공허함은 결국 시작도 끝도 없는 자기증식의 파노라마를 반복한다는 것을 알아차린 김동인이 나아간 곳이 바로 운명이 지배하는 「배따라기」의 세계였다. 말하자면 운명은 형식의 계기로 발견되었다. 이 운명이 투사된 존재가 하층민이라는 것, 그리고 심리가 자의식을 대신했다는 사실도 함께 밝혀 둔다면, 「배따라기」와 「감자」 그리고 덧붙여 나도향의 「뽕」과 「물레방아」의 세계가 1930년대 중·후반 토속적 인간형의 세계와 그리 큰 거리가 있지 않음을 알 수 있다. 지식인에서 하층민으로의 이동은 늘 분열과 번민의 회로 속에 빠질 수밖에 없는 자의식이라면 갖추기 어려운 형식의 창조와 같은 수고로운 짐에서 벗어나도 좋은 조건을 만들어 주기에 충분했다. 운명의 힘으로 동원된 본능과 가난, 병 등 환경과 유전이란 그 자체로 인과의 질서를 갖추었다는 점에서 세련된 형식의 요구에 부응했기 때문이다.

1930년대 중·후반 토속적 인간형을 그린 작품들에 대해, 천이두는 "한국 단편소설의 예술성 및 독자성은 이 한적·인정적 문학에 이르러 한 정점에 도달했다"[96]고 평가한다. 또한 이 계열의 작품들을 잃어버린, 빼앗긴 한국의 모든 것에 대한 애착, 그러니까 소극적이나마 민족주의·애국주의의 한 표현으로 바라본다.[97] 일제 말기 순수문학을 표방한 이들의 문학세계가 해방 후 교과서에 대거 실림으로써 한국문학사의 성통적인 지위를 부여받았음은 여러 논사들이 지적한 바이다. 김동리와 서정주 등의 미의식 또한 일제 하 전통부흥운동, 고적보존운동 등으로 현상했던 문화적 민족주의의 자장 안에서 생겨났다. 이러한 태생의 기

---

96) 천이두, 『한국현대소설론』, 형성출판사, 1969, 123면.
97) 위의 책, 131~132면 참조.

반 때문에 순수문학은 해방 후 제도적 정통성을 부여받을 수 있었다. 어떠한 형태의 저항적 담론 자체를 억압했던 군사 독재권력의 이해관계와 맞아 떨어졌을 뿐만 아니라, 독재 정권 자신이 주도했던 민족주의와도 맥락이 상통했기 때문이다. 1960~70년대 근대화가 주창되면서 외면적으로는 근대를 지향한 듯 보였지만, 1960년대 후반 불거져 나온 한글 전용 문제나 이순신 장군에 대한 숭배화 또는 10월 유신과 한국적 민족주의의 시기에 보여준 전통으로의 회귀는 이미 1960년대 초반에 나타났던 현상이었다.98) 말하자면, 독재 권력 자체가 전통과 혈통, 언어 등을 강조하는 민족주의 의식의 주도적 생산자로 대두했다. 여하튼, 이러한 역사적 상황과 제도화를 통해 이들의 작품세계는 한국인의 미적 감수성으로 일반화되었으며, 민족적 정서를 대변하게 되었다.99)

박헌호는 1930년대 중·후반 토속적 인간형의 세계를 그린 작품들을 '향토적 서정소설'이라는 범주에서 분석하면서, 이러한 문학사적 맥락을 한국 근대 단편양식의 특수성의 문제로 바라본다. 타율적 근대화라는 사회 역사적 조건 속에서 근대문학에서 근대적 개인은 반봉건이라는 대타항으로 제기되었으나, 화합될 수 없는 사회와의 간극에 의한 개인의 고립성은 오히려 개성에의 침잠을 적극 주장하는 예술의 절대화로 자기 정당성을 삼게 되는 메커니즘을 낳게 된다. 여기서 형식의 세련화에 대한 요구는 필연적이며, 이로써 단편은 장편보다 예술성을 갖춘 양식으로 인식되고, 부각되기에 이른다는 것이다. 향토적 서정소설의 특성으로 말미암아 근대소설은 지식인과 민중 간의 미적 거리를 좁힐 수 있었으며, 향토성과 전통적인 정서는 일반 대중에게 심미적 편안함을 제공했으며, 운명의 형이상학과 직관의 미학은 지식인의 고급스런 취향에 부합했다고 평가한다.100)

---

98) 김경일, 「한국 근현대사에서 근대성의 경험과 근대주의」, 『현대사상』 2호, 1997년 여름, 177면 참조
99) 이와 관련해서는 박헌호, 앞의 책, 10~16면 참조

그러나 과연 향토성과 전통적 정서는 어떻게 생성되었던가를 다시 물어야 한다. '토속적 인간형'의 운명이 자아내는 정서가 한국적 정한이라면, '토속적 인간형'의 탄생 그 메커니즘의 기원을 망각한 데에서 '한국적 정한'이란 명명이 가능했다고 볼 수 있다. 토속적 인간형의 무대가 된 곳은 역사성과 사회성을 탈각시켜 탄생한 자연이었으며, '토속적 인간형'의 특성들은 묘하게도 일제가 주조해냈던 식민지 조선인의 초상과 닮아 있다는 것을 확인하는 편이 더 긴요하다. 일제의 '황민화'정책은 일본 민족과 일본 문화는 우수한데 반해 조선인과 조선 문화는 열등하다는 차별 논리를 조장하면서, 식민지인의 열등감과 거기에 기초한 복종의 내면화를 획책하는 데 있었다. 더욱이 「황토기」를 포함해 토속적 인간형과 관련하여 파시즘의 민중 정치학을 상기해 볼 필요가 있다. 파시즘의 민중 정치학에서 구현하는 순박한 대중의 의미는 부르주아 개인주의에서 유래하는 자기 결정권을 가진 존재로서의 개인이나 유물론적 인간관의 소산인 계급적 규정에 의해 계급의식을 갖는 존재로서의 사회적 개인이라는 관념에 대한 안티테제로 구성된다.101) 토속적 인간형은 이인화와 같은 근대적 자아도 아니며 계급의식을 담지한 계급적 주체도 아니었다. 파시즘적 민중정치학에서 구현하고자 하는 인간형과 토속적 인간형은 근거리에 놓여 있다는 것을 확인해 두고 싶다.

조선과 조선인을 열등한 존재로 내면화하는 과정은 단지 전시 파시즘 시기에서 시작된 것은 아니었다. 일찍이 『만세전』의 이인화는 이렇게 토로하였다.

　　생각하면, 조선 사람이란 무엇에 써먹을 인종인지도 모를 것 같다. 아침에도 한잔, 낮에고 한잔, 저녁에도 한잔, 있는 놈은 있어서 한잔 없는 놈은 없어

---

100) 위의 책 참조
101) 권명아, 「수난사 이야기로 다시 만들어진 민족 이야기」, 『문학 속의 파시즘』(김철 · 신형기 외저), 삼인, 2001, 270면.

한잔이다. 그들이 찰나적(刹那的) 현실에서 벗어나는 것은 그들에게 무엇보다
도 가치있는 노력이요, 그리하자면 술잔 이외에는 다른 방도와 수단이 없다.
그들은 사는 것은 아니라 산다는 사실에 끌리는 것이다.102)

　　우승열패의 논리 즉, 사회진화론의 논리는 이광수와 같은 근대주의
자에게도 내면화되어 있었을 뿐만 아니라, ‘개성’을 지상선으로 여기던
염상섭에게도 내면화된 논리였다. 이인화라는 ‘개성’의 입장에서 보았
을 때, 조선은 ‘공동묘지’이며 조선인은 ‘구더기’로 발견된다.103) 이것과
비교하자면, 토속적 인간형의 세계는 이인화와 같은 개성이 사라져 경
멸감과 혐오감 또한 흔적을 감추지만, 하층민은 운명에 붙박인 존재로
박제되어 더욱 씁쓸한 물화를 겪게 되었던 것이다. 서구의 제국들이 그
러했던 것처럼 정신과 육체, 문화와 자연, 문명인과 미개인의 위계적 질
서 속에서, 동양의 서구였던 일제는 일본과 식민지를 후자에 복속시키
는 논리를 강요해 왔다. “박제가 되어버린 천재”의 운명을 모면하기 위
해, 육체와 자연으로 향하던 발걸음이 다름 아닌 오리엔탈리즘의 수렁
에 빠져든 지점에서 토속적 인간형의 세계는 창출되었다.

---

102) 염상섭, 『만세전』, 『염상섭 전집』 1, 민음사, 1987, 94면.
103) 박현수, 「1920년대 초기소설의 근대성 연구」, 성균관대 박사논문, 1999, 85~92면 참조

제6장

한국 근대소설의 섹슈얼리티와 타자의 표상 체계

1. 성적 위계질서와 타자의 식민화

「마음이 여튼 자여」에서 성적 욕망에 탐닉했던 K를 반성하게끔 한 김동인에게 「감자」와 같은 작품이 존재하고, 「타락자」에서 물신화된 성을 비판했던 현진건에게 「정조와 약가」와 같은 작품이 존재한다. 「분녀」와 「들」에서 동물적 본성의 성을 그렸던 이효석은 『화분』을 통해서는 처녀성과 예술을 같은 열반에 두었으며, 「솔거」 3부작에서 금욕적 세계로서의 예술의 절대 경지를 그렸던 김동리는 「황토기」의 작가이기도 하다. 이 대칭적 세계가 1920~30년대에 걸쳐 공존했을 뿐만 아니라, 많은 작가들의 문학세계에 공존하고 있다는 것을 해명해야 할 필요가 있다. 물론 한 작가의 문학세계에 어떤 연속성의 발전양상으로 체계화할 수 있는 길도 있을 수 있다. 그러나 이 대칭을 가능하게 한 좀 더 근원적인 인식론이 무엇이었는지를 밝혀내야 할 필요가 있다.

근대적 자아로 표상된 남성 지식인에게 있어서 성적 욕망의 문제는 언제나 자율적 이성과 도덕률이 개입된 문제였다. 한국 근대문학사에서 예외적인 존재로 평가받는 이상의 문학세계에서도 성 역할의 전도라는 상황과 성적 욕망에 대한 도덕적 호소도 불가능한 상황은 근대적 자아의 위기를 상징하였다. 그러나 여성과 하층민의 성은 그렇게 재현되지 않았다. 물질적 욕망과 성적 욕망 때문에 비난의 대상이 되었던 신여성의 경우도 그녀들은 지식인이라기보다는, 오히려 성적 욕망이 본능적으로 큰 자연적 존재로서의 여성이라는 차원에서 조명되었으며, 하층민의 경우는 아예 도덕이나 규범 등 제도적 차원을 벗어난 상태로 재현되었다. 이러한 대칭적 인식의 근저에는 문명/야만으로 자아와 타자를 서열화하는 식민주의가 도사리고 있다는 것을 부인할 수 없다.

인식론적으로 식민주의란 문명화의 사명을 앞세운 식민 지배자가 일방적으로 식민지민을 자신보다 열등한 존재로 규정하는 것을 의미한다. 애초에 문명이란 개념에 자아와 타자의 차이를 서열화하는 경향이 내포해 있었다. 엘리아스는 문명이란 개념은 근대 서구의 자아의식을 표현하고 있다고 지적하면서, 프랑스에서의 문명 개념과 독일에서의 문화 개념은 시민계급의 운명과 역사를 같이하고 있음을 논증한다. 궁정사회에 보다 쉽게 진출하고 적응할 수 있었던 프랑스의 시민계급은 궁정 상류 지배계층의 사회적 예의범절을 자신의 것으로 내화하면서 문명을 여타의 하층계급과 구별된 자신의 우월성을 입증하고 자신의 지배를 정당화하는 개념으로 사용했다. 반면에 상대적으로 상류 지배계층으로의 진입이 어려웠던 독일 시민계급의 대변자인 중산층 지식인은 궁정사회의 기만적이고 외면적인 '공손함'에 자신들의 진정한 '미덕'을 대립시키면서 '문화'라는 개념을 발전시킨다. 이러한 문명과 문화의 대립적 성격에도 불구하고, 둘 다 계급적 위계질서가 내포해 있음을 알 수 있다. 한편 각 나라의 혁명 — 즉 내부의 계급투쟁이 온건해지면서 18세기

말 문명이란 개념은 민족적 확장기도와 식민지정책을 정당화하는 의미를 획득하게 된다. 엘리아스는 이러한 귀결을 다음과 같이 요약한다. "문명 개념의 정신인 '정중함'이나 '예절'이 궁정귀족 상류층의 지배를 정당화했듯이, 자신의 우월성에 대한 의식, 이 '문명'의식은 그때부터 식민지의 정복자로서 비유럽국가들에게 일종의 상류층이 된 여러 유럽 국가들의 지배를 정당화해주는 구실을 한다."[1] 즉 식민주의란 문명화의 개념을 매개로 하며, 지정학적이고 인종적인 차이와 경계를 서열화하는 것을 의미한다. 한편, "식민 조건은 식민 지배자와 식민지인을 불가피한 상호 의존 관계로 엮으며, 각각의 성격을 주형하고 그들의 행동을 지정한다."[2] 즉 식민주의는 식민 지배자의 인식론을 내면화한 식민지민의 정신에서도 작동한다. 1920~30년대 근대소설에 나타난 섹슈얼리티의 문제만큼 이를 잘 보여주는 것은 없다. 문학 텍스트에서 근대적 자아는 단지 자신과 타자(여성과 하층민)와의 차이를 단지 인식하는 것이 아니라 그것을 서열화함으로써 탄생하였던 것이다. 식민 지배자의 경우 지정학적 인종적 경계가 차이의 서열화를 구축하는 기준이었다면, 식민지민인 남성 지식인에게 그 경계는 젠더와 계급이 그 기능을 하였다.

스피박에 따르면, "가부장제와 제국주의 사이, 주체—구성과 객체—형성 사이에서 여성의 형상은 사라진다. 자연 그대로의 무(無)로 사라지는 것이 아니라, 전통과 근대화 사이에 사로잡힌 '제3세계 여성'에 대한 탈공간적인 형상화인 폭력적인 왕복 운동으로 사라진다."[3] 이는 우리에게도 충분히 설득력 있는 이야기이다. 1920~30년대 한국 근대소설에서,

---

1) Norbert Elias, 박미애 역, 『문명화 과정 *Über den Prozeß der Zivilisation*』 I(Haus zum Falken, 1939), 한길사, 1996, 168면, 이상의 요약정리는 105~168면 참조.

2) A. Memmi, *Dommiated Man : Notes Toward a Portait*, Orion Press, 1968, p.45. Leela Gandhi, 이영욱 역, 『포스트식민주의란 무엇인가 *Postcolonial Theory : a critical introduction*』(Colombia Univ Press, 1998), 현실문화연구, 2000, 25면에서 재인용.

3) Gayatri Chakravorty Spivak. "Can the subaltern speak?"(1988), *Postcolonialism : Critical conception* IV, edited by Diana Drydon, Routledge, 2000, p.1468.

서구 지향적이고 개인주의적인 신여성은 서구적 근대화의 부정성을 드러내는 화신으로 재현되었고, 하층계급의 여성들은 그녀가 매춘을 하든 말든 그녀의 욕망이 어떤 것이든 간에 전통적인 가부장적 질서에 속박된 존재였다. 가장 이상화된 여성상이란 가부장적 질서와 남성의 도덕적 우월성을 보증하는 한에서의 정체성, 즉 처녀성과 모성성에 결박된 도구적 존재였다. 이러한 사정이 가부장제와 그것을 강화·왜곡시켰던 제국주의 지배 사이에서 생성된 것임을 앞에서 살펴보았다. 여성은 남성 우월적인 시선에 의해서만 재현되었고, 오로지 자신의 성적 욕망에 대해 어떻게 처신하느냐에 따라 가정과 사회, 나아가 민족의 유용한 일원이 되느냐 마느냐가 결정되었다.

『흙』이나 『상록수』 같은 계몽주의 작품의 서사가 가장 극명하게 보여주듯이, 개인적인 성적 욕망에 대한 철저한 금욕과 계몽운동을 동시선상에 둘 수 있었던 것, 달리 말해 억압적인 성의 이상화된 표상이 곧바로 계몽운동이 될 수 있었던 이유는, 무엇보다 여성의 성적 욕망이 자연적이고 원시적인 것으로 인식되었기 때문이다. 식민지 종주국과의 관계에 있어서는 주변인일 뿐인 식민지 지식인 남성의 근대적 자아로서의 자기 확립은 이렇듯 자연적 존재인 여성에 대한 '문명화의 사명'을 통해 가능했다. 식민주의적 제국주의(자아)가 식민지(타자)를 구성한 방식과 식민지 지식인 남성(자아)이 여성(타자)을 구성한 방식은 그 메커니즘과 내용의 면에서 유사하다. 이러할 때, 1920~30년대 한국 근대소설에서의 여성은 제국주의의 피식민 억압에 의해, 그리고 식민지 남성에 의해서 이중으로 주변화된 타자였다. 즉 식민지 내부의 식민지였던 것이다.

여기에 민족주의가 강력한 이데올로기적 기능을 담당했다는 것을 간과할 수 없다. "국가가 없다는 것이 집단적 삶의 정상적 조건이었던 식민지의 비정상적 역사 상황 속에서 민족은 사실상 국가의 공백을 채워주는 실체이자 신화였다. 그 이데올로기인 민족주의는 역사가 한국인들에게 부과한 도덕적 정언 명령이자 사회적 규범이었다."4) 그런데 조지 모스가 포괄적으로 보여주었듯이, 민족주의는 남녀의 성 역할과 정상적인 성과 비정상적인 성의 경계를 강화시키는 어느 정도는 남성적 담론이다.5) 신여성에 대한 문학적 관심과 재현의 심층구조는 남성성의 약화와 정체성의 혼란에 대한 방어였다. 민족주의는 의도적인 것은 아니었다 하더라도 이를 은폐하고 정당화하기 위한 이데올로기적 기제 기능을 했다.

이러한 민족주의의 도덕적 규범적 성격은 3 · 1운동의 실패 이후 정치적 독립보다는 문명개화 및 민족감정을 응집시키는 데 주력하면서 강화되어 갔던 것으로 보인다. 말하자면 문화적 민족주의의 성격이 노골화되는 과정과 맞물려 있다. 문화적 민족주의는 사회적 후진성의 반영에 다름 아니다. 독일과 동유럽의 경우, 농업 혁명의 부재와 봉건 유제의 완강한 존속, 자본주의 발전의 지체와 그로 인한 부르주아의 비혁명적 타협성 때문에, 민족적 자각은 독립된 개체의 자유와 인민 주권의 쟁취가 아닌 문화적 · 언어적 동질성의 토대 위에서 민족적 정체성을 확인하려는 열망으로 채워진다. 이는 식민지 혹은 반식민지 상태에 있던 주변부 민족주의에도 그대로 재현된다. 즉 근대의 추구는 불가피한 것이기도 하면서 제국주의가 강요한 사상과 체계라는 점에서 거부해야 한다는 딜레마는 '우리'와 '타자'를 구분하고, 민족적 정체성을 지키는 보루로서 전통이 등장하는 조건이 되었던 것이다.6) 예컨대, 이광수의 「민족개조론」(1922)에서 조선 민족이 회복해야 할 민족성으로 관대, 박애, 예의 금욕적, 자존, 무용쾌활을 들고 있다.7) 집단적 정체성은 이처럼 전통의

---

4) 임지현, 『민족주의는 반역이다』, 소나무, 1999, 350면.

5) George L. Mosse, *Nationalism and Sexuality : Middle-Class Morality and Sexual Norms in Modern Europe*, The University of Wisconsin Press, 1985 참조.

6) 임지현, 「한반도 민족주의와 권력 담론 : 비교사적 문제제기」, 『당대비평』 10호, 삼인, 2000년 봄, 186~189면 참조.

7) 이광수는 『산해기』 · 『삼국지』 · 『후한서』 등을 통해 강력하고 뛰어났던 자질의 민족

재발견을 통해서 이루어졌는데, 그 전통이란 자연상태의 객관적 실재로 존재하는 것이 아니라 선택적인 해석 작업의 결과였다.8) 민족주의자들이 내세운 민족정체성이 전통의 해석에 의한 도덕적 정신적 자질에 기초하고 있었다는 점은 지식계층의 자기정의와도 관련된다.

3·1운동 이후 문화적 민족주의 이데올로그 역할을 했던 근대 엘리트들은 민족 주체성과 관련하여 한국 근대 시민의 전범으로 자신들의 역할을 강조했다.9) 문화적 민족주의의 이데올로그 역할을 수행했던 근대적 지식인의 임무는 계급·성·신분·지역 등의 차이를 극복한 민족 구성원 전체의 단일한 정체성의 창출에 있었겠지만, 민족 정체성이란 실상은 중간 계층인 근대적 지식인 자신의 정체성에 기반하고 있었다. 제3장에서 논의했듯이, 지식계층의 자기 정의는, 유산 계급과 하층민의 존재 방식과 인생의 목표를 물질적 육체적 욕망의 만족에서 찾는 반면, 자신의 그것은 정신적 도덕적인 영역에서 구함으로써 이루어졌다. 이러한 자기 정의가 민족의 정체성 또한 도덕적 정신적인 것에 두었던 사정과 맞물린다. 추구해야 할 민족 정체성은 민족주의 이데올로그인 지식계층의 자기 정의와 대립하지 않을뿐더러 거기에 기초하고 있었다. 이러한 경향은 점차 농후해진 것으로 보인다. 신여성과는 대조적인 이상

성을 구성해 내고, 이러한 민족성의 쇠퇴원인을 '이조 오백년'으로 지적한다. 즉 단절의 과거와 회복의 과거를 정리함으로써, 민족 국가의 자기주체성을 확립하고 이런 견고한 민족 동질성과 연속성을 바탕으로 타자와 대면할 준비를 마친다. 그러나 당시의 타자란 일본이라기보다는 인종적 타자였다는 사실, 더 나아가 식민지화가 되기 이전에도 동과 서, 황인종과 백인종의 적자생존이라는 오리엔탈리즘과 옥시덴탈리즘이 지식층에게 내면화되었다는 사실이 민족 개조 주장이 황인종 대동단결의 대동아공영권 논리로 이어지게 된 인식론적 배경을 이룬다. 장석만, 「한국 근대성 이해를 위한 몇 가지 검토」, 『현대사상』 2, 1997년 여름, 131~134면 참조. 비슷한 맥락에서 일제하 한국 민족주의의 종족주의적 성격에 관해서는, 윤해동, 「한국 민족주의의 근대성 비판」, 『역사문제연구』 4(역사문제연구소 편), 역사비평사, 50~53면.
8) 임지현, 「'전지구적 근대성'과 민족주의」, 『역사문제연구』 4(역사문제연구소 편), 역사비평사, 2000, 24~25면.
9) Michael Robinson, 김민환 역, 『일제하 문화적 민족주의 *Cultural Nationalism in Colonial Korea*, 1920~1925』(University of Washington Press, 1988), 나남출판, 1988, 123면.

적인 여성상의 구체적인 형상화는 1930년대에 이르러 본격화되었다는
사정은 이를 잘 말해 준다.

물론, 이를 가장 뚜렷하게 보여준 것은 '우파' 부르주아 민족주의 운
동10)의 이데올로그였던 이광수의 작품에서이지만, 성 역할과 성적 규범
의 문제에 있어서만큼은 민족주의 좌파냐 우파냐, 사회주의냐에 있어서
뚜렷한 차이가 존재하지 않았던 것 같다. 점진적 개량적 민족주의 운동
에 비판적 입장을 견지했던 채만식도『탁류』에서 부권의 확립을 은연
중에 주장하고 있으며, 사회주의 리얼리즘의 최고봉으로 평가받는『고
향』에서도 고육지책이라는 단서를 달긴 했어도 지주계급에 대한 농민
들의 요구를 얻어내기 위한 최후의 수단은 바로 지주 안승학의 딸 갑숙
이 성적 규범을 어겼다는 것을 빌미 삼는 데 있었다. 더욱이 그것이 갑
숙과 희준의 연애감정을 더 큰 목표를 위해 억압하고 승화시키는 과정
의 연장선상에 있으며, 특히 갑숙에게 있어서는 자신의 성적 문제를 대
의명분을 위해 공론화시키는 희생을 의미했다.11) 이는 섹슈얼리티의 문
제에 있어서 남성 중심적인 성 규범과 성 역할에 대해서는 지식계층의

---

10) 조선인 자본가들 사이에는 다양한 스팩트럼이 존재했다. 민족주의 운동에서는 경제
   운동을 외피로 하여 민족운동을 전개하고자 하는 세력과 민족운동을 외피로 자본의 성
   장을 도모하는 세력이 존재했다. '우파' 부르주아민족주의는 후자에 기초하고 있다고
   볼 수 있다. '우파'건 '좌파' 건 모두 공통적으로 필요했던 것은 민족주의였는데, 전자
   는 계급적 이익을 위해, 후자는 민족운동을 위해서 민족주의가 필요했다. 이승렬,「일
   제하 조선인 자본가의 '근대성'」,『한국의 '근대'와 '근대성' 비판』(역사문제연구소 편),
   역사비평사 참조
11) 여기서 강경애가 사회주의 여성운동의 한계를 잘 보여준다는 것은 주목할 만하다.
   사회주의적 인식론하에서의 여성 문제는 여성성과 계급성, 식민성의 문제를 내포하고
   있음에도 불구하고, 사회주의 여성운동이 여성해방의 문제를 계급해방을 통한 민속해
   방 과제에 있어 부차적인 것으로 간주했다. 마찬가지로 여성 노동자의 탄생과 의식화
   과정을 그린『인간문제』(1934)에서 선비의 죽음이 상징적으로 보여주듯이, 여성성은
   첫째라는 남성 노동자의 계급적 각성과 변혁의지를 불러일으키는 수단에 머무르게 된
   다. 또한 남성성=적극성, 여성성=수동성이라는 규범을 따르고 있다. 이태숙,「여성성
   의 근대적 경험 양상―1920~30년대 문학을 중심으로」, 고려대 박사논문, 2000, 97~99
   면 참조

사상적 차이와 관계없이 일치했다는 것을 보여준다.

문명화의 사명이 사회적·도덕적 위계질서의 전제 속에서 가동된다는 사실은 보다 복잡한 국면을 만들어냈다. 왜냐하면 하층민 특히 하층민 중의 여성들은 아예 이 문명화의 단계를 거치지 않은 예외적인 존재였기 때문이다. 1920년대 김동인·나도향·현진건 등이 그린 하층계급의 요부형 여성은 성적 욕망이 더욱 직접적인 것으로 그려졌으며, 그렇지 않다고 하더라도 도덕적 판단력이 현저히 떨어진 존재로 제시되었다. 1930년대 중·후반 토속적 인간형의 세계에서 또한 이와 비슷한 양상이 나타났다. 또한 하층민 남성 또한 폭력적이거나 비굴한 존재로 재현되었다.

물론 김동인·나도향·현진건·김유정 등의 작품 속 배경이 된 가난은 무시할 수 없다. 1920~30년대 본격화된 근대화는 곧 경제적 수탈과 가난을 의미했기 때문이다. 여타의 소설 곳곳에서도 확인되듯이, 농촌경제의 피폐화와 해체 등이 가족해체와 여성의 윤락업으로의 진출을 부추겼으리라는 것은 분명하다. 박종성이 지적했듯이, 식민지 특유의 염세주의 분위기와 타락한 일본적 생활양식의 확산이 혼재하면서 사창이 만연이었으며 제1차 세계대전 후의 만성적 불경기 등이 겹쳐 생활고가 극에 달하면서, 매춘은 절대 용서할 수 없다는 가치관이 희석되어가고 유랑·걸식·아사보다는 매춘을 택하는 여성층이 많이 나타났다. 1920년대 전반기를 거치면서 이 땅 안에도 점차 매춘업이 일반적인 현상으로 되어간 것이다.12) 이러한 상황을 감안할 때, 식민지 현실의 폐부에 관한 고발이라는 차원에서 해당 작품들을 읽을 수도 있을 것이고 또 그러한 독법이 어느 정도는 설득력 있다.

하지만 가난이라는 물리적 현실과 거기에서 파생된 인과관계만으로 해당 작품의 서사는 해명되지 않는다. 가난은 오히려 욕망의 원칙을 적

---

12) 박종성, 『한국의 매춘—매춘의 정치사회학』, 인간사랑, 1994, 71~78면 참조.

나라하게 펼쳐 보일 수 있는 조건에 불과하다. 서사가 궁극적으로 드러내고자 했던 것은 성적 욕망의 극한이며, 도덕률이 적용되지 않는 천진난만한 인간 본능의 세계였다. 이들 작품들에서는 해당 작가의 다른 작품에서는 주도적 인물로 등장했던 지식인 남성이 등장하지 않으며, 화자가 한결같이 초연한 3자적 시선을 견지하고 있다는 사실에 견주어본다면, 이 의도는 명백해진다. 즉 근대적 자아의 표상이었던 지식인 남성의 자의식이 철회된 곳에서만 성적 욕망은 적나라한 자기 법칙을 드러냈다. 어떻게 보자면, 이는 근대적 자아에게 내재한 성적 욕망의 억압을 보상하기 위한 투사였는지도 모른다. 지식인 남성을 상정한다면 그의 의식이 알고 있는 사회적 규범과 그 규범을 내면화한 자의식이 성적 욕망의 자유로운 실현과 전개를 가로막았기 때문이다. 그렇다면 왜 그 투사의 대상이 하층민 또는 하층민 여성이어야 했던가는 자명하다. 그들에게는 애초에 욕망을 규제하고 관리할 만한 도덕과 이성이 빈약하다는 인식이 전제되었다고 할 수밖에 없다. 도덕과 이성의 거세 정도에 비례하여 성적 욕망은 과도한 것으로 그려졌다.

이러한 맹목적인 욕망의 투사 대상은 하층민 중에서도 공장 노동자나 도시 빈민이 아니라 주로 농촌이나 산골과 같은 자연과 가까운 공간에 살고 있는 사람들이라는 사실과 관련시켜 보자면, 또다시 오리엔탈리즘 담론과 만나게 된다. 서양 / 동양 또는 식민지 종주국 / 식민지가 문명 / 야만이라는 대립쌍에 대응했듯이, 식민지 내부의 도시 / 시골, 도시 인텔리 / 하층민 또한 이 대립쌍에 대응했던 것이다. 이러한 대립쌍에 문화적·도덕적 위계질서가 전제되었다는 것은 새삼 다시 설명할 필요는 없다. 다만 대립쌍이 식민지 내부에서 작동되고 있다는 것에 주의해야 한다. 여성이 이중의 주변화와 타자화를 겪은 것과 마찬가지로, 하층민 또한 이중의 주변화와 타자화를 겪었던 것이다.

이미 문명 대 야만, 사회진화론에 의한 조선 민중에 대한 인식은 이광수의 『무정』이나 염상섭의 『만세전』에 개재되어 있었다. 단지 조선

전체가 문화적 문명적으로 낙후할 뿐만 아니라, 조선인은 비굴하고 게으르다는 인격적 표지까지 얻어 부정과 극복의 대상으로 설정되었던 것이다. 여기에 비할 때, 특히 1930년대 토속적 인간형을 그린 작품들에서는 이와 같은 비판적 시선은 철회되지 않았느냐는 제기될 수 있다. 하지만 서양의 동양에 대한 시선이 이중적인 것이었음을 상기해야 한다. 본론에서 토속적 인간형의 세계를 탄생시킨 작가들이 표현의 면에서는 감각적 직접성을, 심층의 내용에서는 직접적 삶을 지향하고 있다고 밝힌 바 있다. 즉 본능의 원시성과 성격의 천진난만함, 이는 한편으로는 제도와 규범 등 문명에 의해 잃어버렸다고 상상되는 인간의 본성이었다. 이러한 문명 이전의 죄의식 없는 동물성에 가까운 인간본성이란 개념 자체는 유럽의 식민지 경영과 동시에 생겨난 민속학과 인류학에 의해 '구성'된 것이다. 그 과정은 동시에 아프리카나 아시아 등 비서구와 그곳의 원주민들이 유구한 역사 동안 쌓아온 나름의 문화와 역사에 대한 삭제의 과정이었다. 그럼으로써 원주민은 강한 성적 본능과 건강한 생명력의 화신이 된다. 1930년대 중·후반 토속적 인간형의 세계를 주조하고 있는 배경이 농촌이라기보다는 자연에 가까운 것도 같은 맥락에서 이해해야 한다. 다만 서양/동양이라는 지정학적이고 인종적 경계가 식민지 내부에서 작동될 때는 계층 내지 계급의 경계로 전이되었을 뿐이다. 김유정의 작품을 돌이켜보자면, 게으름과 비굴함, 부도덕함과 천진난만함, 생명력 등이 착종되어 있는 인물 성격은 이러한 양가적 시선의 교차에 의해 탄생한 것이다. 더욱 중요한 국면은, 이렇게 탄생한 세계에서 하층민 여성은 가부장적 질서에 더욱 속박된 존재로 그려졌다는 점이다. 이들 작품에서 가부장적 질서는 도덕과 규범이 제거된 상태인 만큼 더욱 야만적이고 폭력적이었다.

2. 섹슈얼리티의 서사학

소설은 사생활 혹은 사적 경험을 주제로 한다. 섹슈얼리티를 소설의 주요한 분석 방법으로 삼을 수 있었던 데에는 섹슈얼리티의 문제가 근 대소설의 주요한 모티프일 뿐만 아니라, 섹슈얼리티가 개인의 삶을 서사화 하는 데 적절한 성격을 갖고 있기 때문이기도 하다. 성장과 연애, 결혼, 가족의 형성 등이 섹슈얼리티와 밀접하게 관련되어 있다는 것만 상기해도 충분할 터이지만, 앞에서 살펴보았듯이 섹슈얼리티는 사회의 도덕적 규범은 물론, 젠더·계급 등 사회적인 영역과 긴밀한 관계에 놓여 있다는 사실도 중요하다. 여기서는 지금까지 다뤄온 작품들을 섹슈얼리티와 서사구조의 관계의 차원에서 개괄하고자 한다.

1920년대 동인지문학이 완성도에서 현격한 미숙함을 보이는 것은 애초에 폐쇄적이고 자족적인 실체로서 근대적 자아를 상정했기 때문이다. 낭만적 사랑의 서사가 대개가 관념적이고 추상적인 수사의 차원에서 머무르다가 소설의 대단원은 결국에는 연인의 배신 등 자아와는 관계가 없었던 외부적 사건이나 자아가 외면했던 현실적 제관계의 급작스러운 개입에 의해 종결되었다. 동시에 자아의 우월적 지위를 고수하기 위한 도덕적 주체의 확립이 이루어졌다. 이는 근대적 자아의 관념성과 추상성을 말해 주기도 하지만, 형식의 계기는 무매개적이고 관조적인 자아의식에 의해서는 주어질 수 없다는 사실을 말해 주기도 한다. 문학 또한 다른 예술과 마찬가지로 완결적 형식의 요구와 충동을 갖고 있다. 동인지문학의 많은 글들이 죽음을 말하고 있는 이유는 형식의 요구와 무관치 않았다. 즉 죽음이라는 물질적 현상에 각인된 형식의 계기에 주목했던 것이다.

물질적 현상 자체에 내재한 인과관계를 소설의 서사구조 내로 인입시키는 것, 이는 김동인이 「배따라기」와 「감자」의 세계로 전환하면서

얻은 것은 형식의 완결성이다. 나도향의 「뽕」과 「물레방아」나 현진건의
「정조와 약가」 등 매춘 모티프의 도입 또한 같은 맥락에서 이해할 수
있다. 박현수는 나도향의 낭만주의적인 전기문학에서 사실주의적인 후
기문학의 변화가 마르크스주의에 기대고 있다고 지적한다. 1923~1924
년 동인지문학의 주도적 작가들의 변화가 식민지 현실인식의 심화라는
맥락에서 읽히고 있는 것도 경향문학의 발흥과 함께 보조를 같이한 마
르크스주의의 영향과도 무관치는 않을 것이다. 박현수는 애정문제를 중
심으로 인간의 계급모순의 문제를 그렸다는 나도향 후기 작품에 대한
평가에 동의하면서도, 당대의 마르크시즘의 수용이 근본적인 변혁에 대
한 열망이라기보다 참담한 현실에 대한 반발, 소외된 자신의 존재 조건
에 대한 탈출구로서의 의미를 갖고 있었을 가능성이 크며 근대의 또 다
른 양상과 같이 수용되었을 것이라고 지적한다. 수용 동기나 내용에 있
어 제한적 의의를 부여한다.13) 여기서 조금 달리 생각해 보자면, 계급관
계의 모순이라든가 빈부 격차의 문제, 즉 당대의 마르크스주의가 제기
했던 문제들에서 이들 작가들이 얻은 것이 있다면, 그 치열성의 수준이
어떻든 간에 현실인식의 '내용'이라기보다 '형식' 내지 '구조'인 것으로
보인다. 사회경제적 조건과 인간의 행위의 관계에 내재해 있는 인과원
리가 작품의 윤리적 의도를 형성시킨다기보다는 서사의 중요한 결절들
을 이루고 있기 때문이다. 한편, 염상섭의 1920년대 장편소설에서는 사
회의 지배적인 성의 물신화 현상과 거기에 대한 근대적 자아의 저항,
이 두 축이 서사구조의 중심이었다. 나는 이것을 스캔들 양식의 차용으
로 보았는데, 부연하자면 스캔들이란 특정 개인들의 사적인 욕망의 영
역과 각 개인이 놓인 사회경제적 지위와 역할이 요구하는 규범과 사회
전체의 구성원에게 부과되는 도덕률, 이데올로기, 법질서 등이 접합되
는 지점에서 발생하는 사건의 형식이다. 마찬가지로, 스캔들 형식의 차

---

13) 박현수, 「1920년대 초기소설의 근대성 연구」, 성균관대 박사논문, 1999, 120~130면
   참조

용을 통해서 개인의 사적인 욕망의 주관적 토로와 정당화에서 빚어질 수 있는 관념성과 감상성을 극복하고 개인의 욕망이 한 사회 속에서 어떻게 실현되고 혹은 좌절되는가, 즉 총체적인 서사의 구성 원리를 얻을 수 있었다. 또한 동인지문학에서 선언적 형태로만 제시되었던 도덕적 주체가 염상섭의 장편소설에서는 구체적인 형상성을 얻었다.

섹슈얼리티를 중심에 두고 보았을 때, 1920년대 소설의 서사구조의 제양상은 1930년대에 전면화된다고 할 수 있다. 이 글에서 살펴본, 1930년대 장편소설들은 선정성과 폭력성이 강화된 스캔들을 차용했다. 이는 한 여성 또는 남성을 가운데 놓고, 정신과 육체에 대응하는 연적들을 양쪽에 두는 애정의 삼각관계를 축으로, 정신과 육체의 대립과 간극의 심화현상을 보여준다. 이는 물질적 재화의 분배가 불균등한 현상, 따라서 사적 욕망의 실현 여부가 물질적 재화의 소유 정도와 비례하는 사회의 지배적 현상에서 발생한 것이라고 볼 수 있다. 여기에서 한결같이 정신적 사랑의 지향을 보여주면서 근대적 자아의 도덕적 우월성은 여전히 천명되었다. 또한 정신적 사랑의 구체적 현실태가 계몽운동, 사회운동이라는 점에서 사적 욕망의 부정과 억압을 통한 승화라고 할 수 있다. 본론에서 이러한 서사구조를 통칭 승화의 구조라고 명명했는데, 사회경제적 위계질서가 성적 욕망의 문제를 나침반 삼아 도덕적 위계질서로 전환되는 구조이다.

하지만 사회경제적 위계질서는 은폐될 뿐 초월할 수 있는 것은 아니라는 것을 함께 지적했다. 사회경제적 위계질서 그리고 남성 우월적인 성적 위계질서가 도덕적 위계질서에 상응한다는 암암리에 전제된 인식론의 구조가 오히려 한국 근대소설의 무의식석·심층석 서사구조라고 해도 과언이 아니다. 이는 1930년대 중·후반 룸펜 프롤레타리아의 처지로 전락한 지식인의 처지가 곧 성적 욕망에 있어서 도덕적 위기로 드러난다거나, 도덕적 규범이 해체된 성의 양태가 하층민을 통해 형상화된 것에서 명백해진다.

　한편, 근대적 자아의 도덕적 위기나 도덕적 규범의 해체는 근대소설에 내재해 있는 근대적 시간 구성, 즉 과거·현재·미래라는 연속적 발전적 시간의 구성을 해체시키게 된다. 앞서 언급했던 1930년대 장편소설들에 나타난 승화의 구조는 소설의 윤리적 의도 차원에서는 보다 나은 미래에 대한 지향을, 인물의 차원에서는 성숙을 의미했다. 이상 소설에서 인물들의 퇴행상태라든가, 토속적 인간형의 세계에서 자연상태로의 접근 등은 모두 연속적 발전적 시간성의 해체를 보여주는 예들이다. 이러한 현상에 비례하여 물화된 세계의 질서가 소설에서 우위를 점하게 된다. 그도 그럴 것이, 인물의 의식과 행위가 대상 세계에 대해 영향력을 발휘할 수 없는 상황에서 인물을 압도하게 되는 것은 대상 세계이기 때문이다. 가령, 이상의 작품에서 인물의 행위는 오히려 활성을 얻은 돈의 움직임과 교환원리를 미메시스 하는 것으로 나타났다. 또한 토속적 인간형의 세계에서 대상 세계의 압도적 우위성은 운명이라는 형식을 창출하였다. 이는 모두 성적 욕망의 물화와 관련되어 있는데, 근대적 지식인에게 성적 욕망은 더 이상 자기 동일적이고 이상적인 자아를 구성하는 기제가 될 수 없었다는 것을 의미하여, 하층민에게 있어서는 성적 욕망은 제어가 불가능한 자연화된 본능의 성격으로 나타난다. 양자 모두에 있어서 성적 욕망은 물화된 만큼이나 고착적인 것이었다. 특히 후자의 경우, 세계의 질서를 반성적으로 인식할 만한 성찰성을 인물에게 부여하지 않음으로써 그 양상은 더욱 폭력적이었다. 본능의 자연화는 기존 질서를 있는 그대로의 것으로 받아들이게 만드는 토양이 되었는데, 이들 작품에서 가부장적 질서가 더욱 완강하게 서사의 심층적인 구조로써 기능을 하고 있다는 것이 그 예라고 하겠다.

제7장

마지막 말의 유예

이 글은 한국 근대소설에 나타난 섹슈얼리티의 제 양상을 살펴보는 데 일차적인 목적을 두었다. 1920년대 동인지문학에 나타난 낭만적 사랑의 추구는 여성을 신비화·이상화하는 메커니즘을 통해 예술적 지향과 등가를 이루었다. 예술의 절대화가 사회적·역사적 결박을 무시한 근대적 자아의 절대화를 통해 가능했듯이, 성적 욕망 역시 근대적 자아의 폐쇄적인 자장 속에서만 긍정성을 얻을 수 있었다. 이 자장을 벗어나는 경우, 즉 여성이 다른 남자와 관계될 경우, 근대적 자아는 신비화·이상화되었던 여성을 곧바로 성적 욕망과 물질적 욕망의 화신으로 낙인찍고 배제하게 된다. 이를 통해서 근대적 사아는 도딕직 주제로서의 자기 확립을 시도한다. 한편 동인지문학의 해체 이후 하층민 요부형 여성을 주요인물로 삼은 작품들이 대거 등장한다. 하층민이라는 사회경제적 지위는 성의 권력구조를 작품의 서사 구조로 차용하는 데 좋은 조건이 되었다. 이들 작품이 동인지문학을 주도했던 작가들의 변모라고 할 수 있는, 특히 감상성과 관념성을 벗어버리고 형식적 완성도를 보여주는 것으로 평가되는 것도 이러한 맥락에서이다. 그렇다고 해서 여성에 대한 인식이 변화했다고 할 수는 없는데, 하층민 여성의 성적 욕망은 신여성의 그것보다 더욱 본능적이고 자연적인 것으로 그려졌기 때문이다.

1920년대 동인지문학 시대에 선언적 형태로 제시되었던 도덕적 주체로서의 근대적 자아의 상은 1930년대 장편소설에 와서는 구체적인 형상성을 얻는다. 계몽운동과 사회운동의 영역에서 활동하는 지식인 상으로 제시되었기 때문이다. 탈관능화된 사랑의 비전은 성적 욕망과 물질적 욕망의 억압을 통해서, 근대적 자아는 민족이라는 집단적 주체의 일원이 된다는 이데올로기로 귀결된다. 여성은 처녀성과 모성성에 국한된 정체성만을 부여받았다. 여기에는 물질적 결핍에 대한 열패감과 사회적 소외를 내면화함과 동시에 이를 정신과 도덕의 우위에 놓음으로써 그러한 열패감과 소외를 심리적으로 보상하려는 의식적 무의식적 의도가 개입되어 있다. 육체와 정신의 분열 자체가 총체적 자아상의 균열을 의미하듯이, 이상 등 모더니스트의 작품에서 성적 욕망은 긍정되든 부정되든 더 이상 자기 우월성을 확보를 위한 신비화와 이상화의 거점이 될 수 없었으며, 자신의 의지와 의도가 개입될 수 없을 정도로 성적 욕망은 물상 그 자체로 제시되었다. 1930년대 중·후반 토속적 인간형의 세계는 이러한 근대적 자아의 위기와 분열을 보상하는 미적 구성물이었다. 문명화 단계 이전의 상태로 재현된 하층민의 본능은 무기력하고 위축된 지식인에게는 활동력과 생명력의 표상이었다. 그러나 이러한 본능의 자연화는 기존 질서의 자연화로 귀결되었다. 가난과 병 등은 어찌할 수 없는 자연적 재해로 그려졌으며, 가부장적 질서는 도덕적 규범이 거세되는 정도에 비례하여 폭력성과 야만성을 그대로 드러낸 채 운명이란 이름으로 승인되었다.

한국 근대소설에 나타난 섹슈얼리티의 서사 구조는 식민주의의 구조적 내면화 양상을 보여주었다. 이 시기 소설 텍스트를 통해서 근대적 자아의 정체성을 구성하는 데 타자는 누구였는가를 해명하면서 젠더와 계급의 문제를 중요하게 볼 수밖에 없음을 확인하였다. 섹슈얼리티의 문제는 이를 극명하게 드러냈는데, 제국주의 식민 지배자가 규정한 식민지민의 성격이 고스란히 투영된 대상은 바로 여성과 하층민이었기 때문이다. 문학 텍스트에 나타난 근대적 자아의 구성 방식과 식민지 규율권력이 강화시킨 인식론이 겹쳐지면서 야기할 수 있는 위험은 식민지 내부의 불균등한 권력관계를 부지중에 승인할 수 있다는 것이다. 토속적 인간형의 성격은 일제가 유포하고 주조하려고 했었던 모든 열등성의 총체인 조선인의 초상과 닮아 있다는 것을 간과해서는 안 된다. 이러한 양상을 냉정하게 보지 않을 때, 식민지 내부의 여성에 대한 남성의 성적 지배의 모순과 결함은 은폐되고, 파시즘과 같은 극단의 지배 논리가 무반성적으로 내면화될 수 있는 가능성이 높아질 수밖에 없다. 예컨대, 이광수의 『흙』과 『사랑』 그리고 김동리의 「황토기」는 문학적 지향 상 언뜻 거리가 먼 것 같지만, 파시즘의 내면화 양상을 뚜렷하게 보여준다는 점에서 동일하다. 전자는 정신과 도덕의 권위를 극단화시킨 사례이며 후자는 정반대의 사례이지만, 둘 다 여성에 대한 남성의 가부장적 질서를 공통분모로 한다.

이상에서 제기한 문제점은 한편으로는, 식민지 경험의 주체나 근대문학의 근대적 주체를 '민족'이라는 집단적 주체로 호명하는 것의 위험성과도 일맥상통한다. 이 글은 개인과 사회라는 이원적 대립항을 의식적이든 무의식적이든 전제해 온 지금까지의 문학사 인식에 대한 문제의식을 제기하고자 했다. 개인과 사회를 이원적으로 생각하는 근저에는 진정한 자아와 정체성은 외부의 사물과는 무관하게 전제되어 있다는 인식이 전제되어 있다. 이러할 때 사회는 자아에게 비본질적이고 외재적인 것으로만 현상할 수밖에 없다. 마찬가지의 맥락에서 일본의 제국주의 지배를 물리적·외재적 수탈과 억압으로만 바라보는 관점은 집단화된 '자아' 즉 민족을 자기 충족적이고 발전의 동력을 자신의 내부에 완결적으로 갖고 있는 존재로 상정하고 있는 인식과 다르지 않다. 하지만, 적어도 섹슈얼리티의 문제에서 보았을 때, 민족주의는 민족 정체성의 수호라는 과제 아래, 여성과 하층민의 정체성을 일방적으로 제한·규정했으며 그것이 가부장제와 계급의 불평등한 권력관계의 내면화 과정과 행보를 같이 했다. 또한 이것이 식민주의 인식론과 완전히 배치되지 않았다. 이는 한국 근대소설의 근대적 자아의 형성과 전개를 식민주의가 부과한 인식론의 내면화 문제와 관련시켜서 보아야 한다는 것을 의미한다.

이러한 기원을 끊임없이 확인하는 것, 그것은 '민족'이란 호명 속에서 '민족주의'라는 이데올로기 속에서 정작 역사적 사회적 존재성을 상실해야 했던 수많은 타자들과의 진정한 대화를 위한 길이다. 바흐친은 타인으로부터 규정된 정체성에 끊임없이 저항했던 도스토예프스키의 인물들에 대해 이렇게 말한다. "인간이 생존해 있는 한 인간은 아직까지 완성되지 않았고 인간은 아직까지 자신의 마지막 말을 하지 않았다는 사실에 의해 살아가고 있다." 섹슈얼리티의 문제를 통해서, 한국 근대소설에 나타난 근대적 자아의 구성 방식을 해명하고자 했던 이 글의 목적은 식민 조건과 식민주의가 부여했던 정체성을 단지 확인하고 고착화시키려는 것이 아니라 그것을 진정으로 거부하고 극복하는 데 있었음을 밝혀 둔다.

참고문헌

1. 기본 자료

『창조』『백조』『폐허』『단층』
『이광수 전집』, 삼중당, 1971.
『김동인 전집』, 조선일보사, 1987.
『염상섭 전집』(권영민·김우창·유종호·이재선 편), 민음사, 1987.
『나도향 전집』(주종연·김상태·유남옥 편), 집문당, 1988.
『현진건 전집』(이재선·김시태 편), 문학과비평사, 1988.
『채만식 전집』(전광용 외편), 창작과비평사, 1987.
『이태준 문학전집』, 서음출판사, 1988.
『이태준 전집』, 깊은샘, 1988.
『이효석 전집』, 창미사, 1983.
『김동리 전집』(유종호·김윤식·이문구 편), 민음사, 1995.
『원본 김유정 전집』(전신재 편), 한림대 출판부, 1987.

김말봉, 『찔레꽃』, 문학출판사, 1984.
심　훈, 『상록수』, 『한국문학전집』 13(박종화 외편), 삼성당.

2. 국내 논저

1) 단행본

강상희, 『한국 모더니즘 소설론』, 문예출판사, 1999.
구인환, 『한국 근대문학의 비평적 연구』, 삼지원, 1997.
＿＿＿, 『한국 근대소설 연구』, 삼영사, 1980.
김우창, 『궁핍한 시대의 시인』, 민음사, 1977.
김윤식, 『이상연구』, 문학사상사, 1987.
＿＿＿, 『한국 현대 현실주의 소설 연구』, 문학과지성사, 1990.
김윤식·심현, 『한국문학사』, 민음사, 1973.
김재용·이상경 외, 『한국 근대민족문학사』, 한길사, 1993.
김정자, 『한국여성소설연구』, 민지사, 1991.
김정자 외, 『한국 현대문학의 성과 매춘』, 태학사, 1996.
김진균·정근식 편저, 『근대주체와 식민지 규율권력』, 문화과학사, 1997.
김진송, 『서울에 딴스홀을 許하라』, 현실문화연구, 1999.

김철, 『국문학을 넘어서』, 국학자료원, 1999.

김철·신형기 외, 『문학 속의 파시즘』, 삼인, 2001.

망원한국사연구실, 『한국 근대민중운동사』, 돌베개, 1989.

박용옥, 『한국 근대여성운동사 연구』, 한국정신문화연구원, 1984.

______, 『한국 여성 근대학의 역사적 맥락』, 지식산업사, 2001.

박종성, 『한국의 매춘－매춘의 정치사회학』, 인간사랑, 1994.

박헌호, 『한국인의 애독작품－향토적 서정소설의 미학』, 책세상, 2001.

백 철, 『신문화사조사』, 수선사, 1948.

상허문학회 편, 『이태준 문학연구』, 깊은샘, 1993.

__________, 『근대문학과 구인회』, 깊은샘, 1996.

__________, 『박태원 소설연구』, 깊은샘, 1995.

__________, 『1920년대 동인지문학과 근대성』, 깊은샘, 2000.

서종택, 『한국 근대소설의 구조』, 시문학사, 1982.

송명희, 『문학과 성의 이데올로기』, 새미, 1994.

윤병로, 『한국근·현대문학사』, 명문당, 1991.

______, 『한국근·현대 작가·작품론』, 성균관대 출판부, 1993.

______, 『박종화의 삶과 문학』, 서울신문사, 1993.

임지현, 『민족주의는 반역이다』, 소나무, 1999.

임 화, 『임화신문학사』(임규찬·한진일 편), 한길사, 1993.

전신재 편, 『김유정문학의 전통성과 근대성』, 한림대 아시아문화연구소, 1997.

조건상, 『한국현대골계소설연구』, 문학예술사, 1985.

______, 『소설쓰기의 이론과 실제』, 집문당, 1998.

조연현, 『한국현대문학사』, 성문각, 1969.

천이두, 『한국현대소설론』, 형설출판사, 1979.

최원규 편, 『일제 말기 파시즘과 한국사회』, 청아출판사, 1988.

최혜실, 『신여성들은 무엇을 꿈꾸었는가』, 생각의나무, 2000.

현길언, 『문학과 사랑과 이데올로기』, 태학사, 2000.

2) 논문

권보드래, 「공화(共和)의 수사학과 일부일처제」, 『문화과학』 24호, 2000.

______, 「한국 근대의 '소설' 범주 형성에 관한 연구」, 서울대 박사논문, 2000.

권명아, 「수난사 이야기로 다시 만들어진 민족 이야기」, 『문학 속의 파시즘』(김철·
        신형기 외저), 삼인, 2001.

권정호, 「이효석 소설 연구－구조 분석을 중심으로」, 성균관대 박사논문, 1989.

김경일, 「한국 근대사회의 형성에서 전통과 근대－가족과 여성관념을 중심으로」, 『사회와 역사』 54(한국사회사학회 편), 문학과지성사, 1998.
______, 「한국 근현대사에서 근대성의 경험과 근대주의」, 『현대사상』 2호, 1997년 여름.
김동식, 「연애와 근대성」, 『민족문학사연구』 18호, 민족문학사연구소, 2001.
김미현, 「한국 근대 여성소설의 페미니스트 시학―여성적 글쓰기를 중심으로」, 이화여대 박사논문, 1996.
김상환, 「이상 문학의 존재론적 이해」, 『이상문학연구 60년』(권영민 편저), 문학사상사, 1998.
김수진, 「'신여성', 열려 있는 과거, 멎어 있는 현재로서의 역사쓰기」, 『여성과 사회』 11호(한국여성연구소 편), 창작과비평사, 2000.
김신정, 「'시어의 혁신'과 '현대시'의 의미」, 『1930년대 후반문학의 근대성과 자기성찰』(상허문학회 편), 깊은샘, 1998.
김양선, 「1930년대 후반 소설의 미적 근대성 연구」, 서강대 박사논문, 1997.
김윤선, 「1920년대 한국소설에 나타난 성담론 연구」, 고려대 박사논문, 2001.
류승현, 「일제하 조혼으로 인한 여성범죄」, 『여성, 역사와 현재』(박용옥 편저), 국학자료원, 2001.
박상준, 「1920년대 초기소설 연구」, 서울대 석사논문, 1993.
박정애, 「초기 '신여성'의 사회진출과 여성교육」, 『여성과 사회』 11호(한국여성연구소 편), 창작과비평사, 2000.
박헌호, 「한국 근대 단편양식과 김동인(I)」, 『작가연구』 2호, 새미, 1996.
______, 「한국 근대단편양식과 김동인(II)」, 『광산구중서박사 회갑기념논문집』, 태학사, 1996.
______, 「이태준 문학의 소설사적 위상」, 성균관대 박사논문, 1997.
______, 「삶에 부딪혀 파멸한 근대적 욕망―나도향, 그리고 그의 『어머니』」, 『민족문학사연구』 12호, 민족문학사연구소, 1998.
박현수, 「1920년대 초기소설의 근대성 연구」, 성균관대 박사논문, 1999.
백낙청, 「문학과 예술에서의 근대성 문제」, 『창작과비평』 82호, 1993년 겨울.
송연옥, 「일제 식민지화와 공창제 도입」, 서울대 석사논문, 1998.
신영숙, 「일제하 한국여성사회사 연구」, 이화여대 박사논문, 1989.
______, 「일제 시기 여성사 연구에 있어 민족과 여성 문제」, 『여성, 역사와 현재』(박용옥 편지), 국학자료원, 2001.
양현아, 「한국적 정체성의 어두운 기반―가부장제와 식민성」, 『창작과비평』 106호, 1999년 겨울.
______, 「한국가족법에서 어머니는 어디에 있(었)나」, 『모성의 담론과 현실』(심영희·정진성·윤정로 편), 나남출판, 1999.
유종호, 「현실주의의 승리―다시 읽는 김동리 초기 단편」, 『김동리 전집』 1, 민음사, 1995.

유희석, 「李箱과 식민지근대」, 『창작과비평』 107호, 2000년 봄.
윤지관, 「상품인가 물건인가 : 국가경쟁력과 민족문화」, 『창작과비평』 84호, 1994년
　　　여름.
＿＿＿, 「민족문학에 떠도는 모더니즘의 유령」, 『창작과비평』, 1997년 가을.
윤해동, 「식민지 인식의 '회색지대'―일제하 '공공성'과 규율권력」, 『당대비평』 13호,
　　　2000년 겨울.
＿＿＿, 「한국 민족주의의 근대성 비판」, 『역사문제연구』 4호, 역사문제연구소,
　　　2000.
이　경, 「1920・30년대 소설에서의 매춘―제도의 거울」, 『한국 현대문학의 성과 매춘
　　　연구』(김정자 공저), 태학사, 1996.
이승희, 「한국 사실주의 희곡 연구」, 성균관대 박사논문, 2001.
이재복, 「李箱 소설의 몸과 근대성에 관한 연구」, 한양대 박사논문, 2001.
이혜령, 「성적 욕망의 서사와 그 명암―나도향의 『환희』론」, 『반교어문연구』 10집,
　　　1999.
＿＿＿, 「1920년대 동인지문학의 성격과 여성인식의 관련성」, 『1920년대 동인지문
　　　학과 근대성』(상허학회 편), 깊은샘, 2000.
＿＿＿, 「이효석의 『화분』론―두 개의 성적 위계 질서」, 『두명윤병로교수정년기념
　　　국어국문학논총』, 국학자료원, 2001.
임지현, 「'전지구적 근대성'과 민족주의」, 『역사문제연구』 4호(역사문제연구소 편),
　　　역사비평사, 2000.
＿＿＿, 「한반도 민족주의와 민족 담론」, 『당대비평』 10호, 2000년 봄.
임형택, 「근대계몽기 국한문체의 발전과 한문의 위상」, 『민족문학사연구』 14호, 민족
　　　문학사연구소, 1999.
＿＿＿, 「한민족의 문자생활과 20세기 국한문체」, 『창작과비평』 107호, 2000년 봄호.
전광용, 「근대 초기소설에 나타난 성문제 연구」, 『예술논문집』 14집, 1975.10.
전은정, 「일제하 '신여성' 담론에 관한 분석」, 서강대 석사논문, 1999.
정진성, 「동아시아의 공사 개념과 성―근대국가와 민족・성 : 한국과 일본의 비교를
　　　중심으로」, 『발견으로서의 동아시아』(정문길 외편), 문학과지성사, 2000.
조건상, 「1930년대 소설에 나타난 사회인식의 양상」, 『대동문화연구』 20호, 대동문화
　　　연구원, 1986.
조형근, 「식민지체제와 의료적 규율화」, 『근대주체와 식민지 규율권력』(김진균・정
　　　근식 편저), 문화과학사, 1997.
조영복, 「1930년대 문학에 나타난 근대성 담론 연구」, 서울대 박사논문, 1995.
진정석, 「김동리 문학 연구」, 서울대 석사논문, 1992.
＿＿＿, 「민족문학과 모더니즘」, 『민족문학사연구』 11호, 민족문학사연구소, 1997.
＿＿＿, 「모더니즘의 재인식」, 『창작과비평』 96호, 1997년 여름.

최원식, 「한국문학의 근대성을 다시 생각한다」, 『민족문학과 근대성』(민족문학사연구소 편), 문학과지성사, 1995.

최원식 외, 「좌담―한국문학에서 식민지 근대와 민족문제」, 『민족문학사연구』 13호, 민족문학사연구소, 1998.

최익현, 「이효석의 미적 자의식에 관한 연구」, 중앙대 박사논문, 1998.

하정일, 「근대성과 민족문학」, 『실천문학』, 1994년 여름.

______, 「리얼리즘의 가능성―오해와 편견을 넘어서」, 『민족문학사연구』 13호, 1998.

한기형, 「신소설의 근대문학적 위상」, 성균관대 박사논문, 1997.

한형구, 「日帝末期 世代의 美意識에 관한 研究」, 서울대 박사논문, 1992.

홍일표, 「일본의 식민지 '동화정책'에 관한 연구」, 서울대 석사논문, 1999.

홍정선, 「한국단편소설과 정한의 문제」, 『역사적 삶과 비평』, 문학과지성사, 1986.

황종연, 「한국문학의 근대와 반근대―1930년대 후반기 문학의 전통주의 연구」, 동국대 박사논문, 1992.

황호덕, 「1920년대 동인지문학의 성격과 미적 주체 담론」, 성균관대 석사논문, 1997.

3. 국외 논저

Anthony Giddons, 배은경·황정미 역, 『현대사회의 성·사랑·에로티시즘 *Sexuality, Love, and Eroticism in Modern Societies*』(1992), 새물결, 1996.

Arnold Hauser, 백낙청·염무웅 역, 『문학과 예술의 사회사―현대편 *Sozialgeschichte der Kunst und Literatur*』(Verlagsbuchhandlung, 1953), 창작과 비평사, 1974.

Ashis Nandy, 이옥순 역, 『친밀한 적 *The Intimate Enemy*』(Oxford University Press, Delhi, 1983), 신구문화사, 1993.

Benedict Anderson, 윤형숙 역, 『민족주의의 기원과 전파 Imagined communities―reflections on the origin and spread of nationalism』(London; Verso, 1983), 나남출판, 1991.

Edward Said, 박홍규 역, 『오리엔탈리즘 *Orientalism*』(New York : Patheon Books, 1978), 교보문고, 1991.

Elaine H. Kim, Chungmoo Choi(ed), *Dangerous Women : Gender and Korean Nationalism*, Routledge : New York and London, 1998.

Eugene Lunn, 김병익 역, 『마르그시즘과 모더니즘 *Marxism and modernism*』(California University Press, 1982), 문학과지성사, 1986.

Francette Pacteau, 이민아 역, 『미인 *The symptom of beauty*』(1994), 까치, 2000.

Gayatri Chakravorty Spivak, "Can the subaltern speak?"(1988), *Postcolonialism―Critical conception IV*, edited by Diana Drydon, Routledge, 2000.

Georges Bataille, 조한경 역, 『에로티즘 *L'erotisme*』, 민음사, 1989.

Georg Lukács, 반성완 역, 『소설의 이론』, 심설당.

__________, 김혜원 역, 『루카치 문학이론』, 세계, 1990.

__________, 박정호 · 조만영 역, 『역사와 계급의식 Geschichte und Klassenbewußtsein, Studien über marxistische Dialektic』(Sonderausgabe der Sammlung Luchterhand, Darmstadt und Neuwied 1970), 거름, 1986.

George L. Mosse, *Nationalism and Sexuality : Middle-Class Morality and Sexual Norms in Modern Europe*, The University of Wisconsin Press, 1985.

Hannah Arendt, 권영빈 역, 『어두운 시대의 사람들 Men in dark times』(Brace & World, Inc., 1968), 문학과지성사, 1983.

__________, 이진우 · 태정호 역, 『인간의 조건 The Human Condition』(Chicago : The University of Chicago Press, 1958), 한길사, 1996.

Herbert Marcuse, 김문환 편역, 『마르쿠제의 美學思想』, 문예출판사, 1989.

Ian Watt, 『소설의 발생 The rise of the novel』(Penguin, 1977), 열린책들, 1988.

John Berger, 박범수 역, 『본다는 것의 의미 About Looking』(1980), 동문선, 2000,

J. Sarsby, 박찬길 역, 『낭만적 사랑과 사회 Romantic love and society』, 민음사, 1985.

Leo Ching, "Yellow Skin, White Masks : Race, Class, and Identification in Japanese Colonial Discourse", *Trajectories : Inter-Asia Cultural Studies*, edited by Kuan-Hsing Chen, Routledge, 1998.

Leela Gandhi, 이영욱 역, 『포스트식민주의란 무엇인가 Postcolonial Theory : a critical introduction』(Colombia Univ Press, 1998), 현실문화연구, 2000.

M. Horkheimer · Th. W. Adorno, 김유동 · 주경식 · 이상훈 역, 『계몽의 변증법 Dialectic of Enlightement』(New York; The Seabury Press, 1969), 문예출판사, 1995.

Mikhail Bakhtin, 김근식 역, 『도스또예프스키 詩學 — 도스또예프스끼 창작의 제문제』 (1963), 정음사, 1988.

Michael Robinson, 김민환 역, 『일제하 문화적 민족주의 Cultural Nationalism in Colonial Korea, 1920~1925』(University of Washington Press, 1988), 나남출판, 1988.

Michel Foucault, 이규현 역, 『성의 역사 I — 앎의 의지 L'histoire de la sexualite I-La volont'e de savoir』, 나남출판, 1990.

Nathalie Heinich, 서민원 역, 『여성의 상태 Etats de femme』(Editions Gallimard, 1996), 동문선.

Rita Felski, 김영찬 · 심진경 역, 『근대성과 페미니즘 The Gender of Modernity』(Harvard University Press, 1995), 거름, 1998.

Peter Brooks, 이봉지 · 한애경 역, 『육체와 예술 Body Work : Objects of Desire in Modern Narrative』(Harvard University Press, 1993), 문학과지성사, 2000.

Robin May Schott, 허라금 · 최성애 역, 『인식과 에로스 Cognition and Eros : A Critique do the Kantian Pardigm』(Beacon Press, 1989), 이화여대 출판부, 1999.

Sigmund Feud, 『프로이트 전집』 9, 김정일 역, 열린책들, 1996.

Terry Eagleton, "Nationalism : Irony and Commitment", Terry Eagleton · Frefric Jameson · Edward W. Said, *Nationalism, Colonialism, Literature*, University of Minnesota Press,

Theodor. W. Adorno, 홍승용 역, 『미학이론 *Asthetische Theorie*』(Suhrkamp, 1970), 문학과지성사, 1984.

__________, 최문규 역, 『한줌의 도덕 *Minima moralia*』(London : New Left Books, 1974), 솔, 1995.

丸山眞男, 김성근 역, 『현대정치의 사상과 행동 現代政治の思想と行動』(未來社, 1964), 한길사, 1997.

柄谷行人, 김경원 역, 「계급에 대하여―나츠메 소세키론 I 階級について―夏目漱石論 I」, 『마르크스 그 가능성의 중심 マルクス、その可能性の中心』(講談社, 1990), 이산, 1999.

______, 박유하 역, 『일본근대문학의 기원 日本近代文學の起源』(講談社, 1980), 민음사, 1997.

陳光興, 김수정 역, 「아직은 탈식민주의 시대가 아니다 Not Yet the Postcolonial Era」 (*Cultural Studies*, vol.10, no.1, 1996), 『현대사상』 4, 1997년 겨울.

酒井直樹, 임성모 역, 「염치없는 내셔널리즘―서양과 아시아라는 이항대립의 역사적 역할에 대하여 Shameless Nationalism : On the Historical Role of the West and Asia Binary」, 『당대비평』 13호, 2000년 겨울.